中华优秀传统文化系列读物

中华先哲思维技艺趣谈

孙中原 著

商务印书馆
创于1897 The Commercial Press

图书在版编目（CIP）数据

中华先哲思维技艺趣谈 / 孙中原著. —北京：商务印书馆，2022
（中华优秀传统文化系列读物）
ISBN 978-7-100-20854-3

Ⅰ.①中… Ⅱ.①孙… Ⅲ.①哲学思想－中国－古代－通俗读物 Ⅳ.①B21-49

中国版本图书馆CIP数据核字（2022）第038783号

中华优秀传统文化系列读物
中华先哲思维技艺趣谈
孙中原　著

商　务　印　书　馆　出　版
（北京王府井大街36号　邮政编码 100710）
商　务　印　书　馆　发　行
三 河 市 尚 艺 印 装 有 限 公 司 印 刷
ISBN 978－7－100－20854－3

2022年6月第1版　　　开本 880×1230　1/32
2022年6月第1次印刷　　印张 14　1/4
定价：68.00元

创转创发相融通

——"中华优秀传统文化系列读物"丛书序

习近平总书记 2014 年 9 月 24 日在纪念孔子诞辰研讨会上讲话说,要"努力实现传统文化的创造性转化、创新性发展,使之与现实文化相融相通"。故本丛书取名"中华优秀传统文化系列读物"。以下简述本丛书著作的宗旨、缘起和内容。

一、宗旨

本丛书的宗旨,是弘扬中华优秀传统文化,阐发中华优秀传统文化"与现实文化相融相通"的意涵,推动中华优秀传统文化在新时代的"创造性转化、创新性发展",为振兴中华,实现中华民族伟大复兴的中国梦,提供锐利的思想武器和强大的精神动力,致力于中华优秀传统文化的大众化、普及化,力求做到通俗易懂,有科学性、知识性和可读性,适合广大人民群众阅读。

二、缘起

本丛书著作，缘起于我跟商务印书馆多年良好的合作共事。经多年酝酿，编撰拙著《中国逻辑研究》，2006 年由商务印书馆出版。2015 年经全国哲学社会科学规划办公室组织专家评审，全国哲学社会科学规划领导小组批准，获 2015 年国家社科基金中华学术外译项目立项，译为英文，在国外刊行。合著《墨子今注今译》，2009 年由商务印书馆出版，2012 年第 2 次印刷。从 2012 年至今，我陆续跟商务印书馆签约，致力于本丛书的编撰。这是我1961 到 1964 年奉调师从中国科学院哲学研究所汪奠基、沈有鼎教授，专攻古文献，历经数十年教学和研究积淀的成果。

三、内容

本丛书首批出版著作 15 种：

1.《五经趣谈》：趣谈《诗》《书》《礼》《易》与《春秋》的义理。

2.《二十四史趣谈》：趣谈二十四史的启示借鉴。

3.《诸子百家趣谈》：趣谈诸子百家人物、流派、典籍与学说。

4.《古文大家趣谈》：趣谈古文大家的文学精粹。

5.《墨学趣谈》：趣谈墨学的知识启迪。

6.《墨子趣谈》：趣谈墨家的智慧辩术。

7.《墨学与现实文化趣谈》：趣谈墨学与现代文化的关联。

8.《墨学与中国逻辑学趣谈》：趣谈墨学与中国逻辑学的前沿课题。

9.《中国逻辑学趣谈》：趣谈中国逻辑学的精华。

10.《诡辩与逻辑名篇趣谈》：趣谈先秦两汉的诡辩与逻辑名篇。

11.《诸子百家逻辑故事趣谈》：趣谈诸子百家经典的逻辑故事。

12.《中华先哲思维技艺趣谈》：趣谈中华先哲的思维表达技巧。

13.《东方逻辑趣谈》：日学者趣谈中印西方逻辑，著者授权译介。

14.《管子趣谈》：趣谈《管子》的治国理政智谋。

15.《墨经趣谈》：趣谈《墨经》的科学人文精神。

本丛书著作，由商务印书馆编审出版，谨致谢忱。不当之处请指正。

孙中原

2016 年 7 月 15 日

创转创发相融通

前　　言

本书宗旨是趣谈中华先哲思维技艺。本书用电子检索手段，从 11 亿字的《四库全书》和《四部丛刊》等特大型丛书中，精选中华先哲思维技艺典型案例，围绕逻辑核心内容——概念、命题、论证、规律和方法，揭示其逻辑内涵，兼及其在现代的应用，促进逻辑知识的普及和运用。

本书选取的典型案例有故事、成语、典故、寓言和文章等类型。故事是有连贯性、富有吸引力和感染力的事情，如"自相矛盾"。成语是为人们长期习用、简洁精辟的定型词句，如"模棱两可"。典故是载籍引用的词句，如"摸床棱宰相"。寓言是用比喻故事来说明道理，如"望洋兴叹"。文章是表达论证、命题和概念的原典，如《公输》说"义不杀少而杀众，不可谓知类"。

本书对案例进行选取加工，反复推敲，力求达到通俗性、科学性和真实性的统一，揭示中华先哲思维语言跟逻辑学的内在联系。写作方法是从先哲的思维实际出发，针对历代经济、政治、思想、文化、科学、教育、法律等社会生活各领域的逻辑问题，分析思维技艺，阐发逻辑知识。

本书选取的典型案例是分析思维表达技艺、阐发逻辑学知识的资料依据，冠为节名。思维表达技艺、逻辑学知识（概念、命题、推论、思维规律和方法）是典型案例的升华，冠为章名。典型案例是全书的材料、经、目和纵剖面；思维表达技艺、逻辑学知识是全书的观点、纬、纲和横剖面。全书采用观点统帅材料、经纬交织、纲举目张、纵横交错的论述方法，从具体案例引申出思维表达技艺，案例生动，观点鲜明。

分析方法借鉴现代西方逻辑，这是全球化时代的历史需求，是古为今用、洋为中用的价值期待。发达的现代西方逻辑，是当代学术的利器。在当今全球化的新时代，古今中外的逻辑融会贯通，是势之必至、理所固然。

《荀子·正名》说："凡同类同情者，其天官之意物也同，故比方之疑似而通，是所以共其约名以相期也。"全人类头顶同一蓝天，足踏同一地球，共享同一科技成果，使用同一逻辑工具。

逻辑是思维经验的结晶，是正确思维的理论，是成功交际的工具，人人得而用之，功效结果相同。揭示中华先哲思维表达技艺同逻辑学的联系，是把古代资料和现代方法融为一体，促进人类在逻辑学领域和谐相处，趋近求同。

开场白"先哲思维"，趣谈中华先哲思维技艺的一般概念。第一章"概念艺术"，阐发中华先哲思维概念表达的特点。第二章"命题技艺"，阐发中华先哲的命题表达方式。第三章"论证技巧"，阐发譬、侔、援、推、止以及演绎、归纳、类比、类推谬误和谬误诡辩理论。第四章"思维规律"，相当于同一律、矛盾律、排中律和充足理由律。第五章"思维方法"，阐发中华先哲思维技艺的方法论特色。

本书的分析法是超越对象理论的元研究。德国逻辑学家希尔伯特把所研究的理论叫对象理论，把研究对象理论所使用的另一种工具理论叫元理论。现代逻辑学家塔尔斯基提出语言层次论，区分被断言和分析的语言，即对象语言以及用以断言和分析对象语言的工具语言、元语言。傅伟勋的创造性诠释学提倡实谓、意谓、蕴谓、当谓和创谓等多层次分析，同希尔伯特、塔尔斯基理论、语言分层论的思想一致，是分析中华先哲思维表达技艺的方法论依据。

美国科学哲学家库恩认为，科学革命是新旧范式变革的过程，范式变革必然引起科学理论体系和方法论的变革。本书对中华先哲思维技艺的论述，是在超越前人的基础上，以新范式弘扬先哲的思维技艺，是思维技艺旧范式向新范式的转换。

先哲思维技艺新旧范式不同，表现在主体、对象、元语言工具、成果、层次、方法和作用对象方面。先哲思维技艺旧范式的主体是中华先哲，对象是先哲面对的思维实际，元语言工具是古汉语，成果是昔日逻辑运用和理论总结，层次是昔日逻辑运用和第一层次元研究，方法是中国古代逻辑，作用对象是昔日社会生活。先哲思维技艺新范式的主体是现代人，对象是先哲的思维技艺，元语言工具是现代汉语，成果是今日逻辑理论总结，层次是第二层次元研究，方法是现代逻辑，作用对象是今日社会生活。见先哲思维技艺新旧范式表。

先哲思维技艺新旧范式表

先哲思维技艺	旧范式	新范式
主体	中华先哲	现代人
对象	先哲面对的思维实际	先哲思维技艺
元语言工具	古汉语	现代汉语
成果	昔日逻辑运用和理论总结	今日逻辑理论总结
层次	昔日逻辑运用和第一层次元研究	第二层次元研究
方法	中国古代逻辑	现代逻辑
作用对象	昔日社会生活	今日社会生活

马克思说:"人体解剖对于猴体解剖是一把钥匙。低等动物身上表露的高等动物的征兆,反而只有在高等动物本身已被认识之后才能理解。"[1] 发达的现代逻辑是全人类的思维工具,是开启中华先哲思维艺术奥秘的钥匙。《诗·小雅·鹤鸣》:"他山之石,可以为错。""他山之石,可以攻玉。"毛传:"错,石也,可以琢玉。"郑玄笺:"他山喻异国。"其他山上的石头,可作为琢磨玉器的砺石。现代逻辑可作为分析先哲思维技艺的工具。

杜甫《望岳》:"会当凌绝顶,一览众山小。"屹立于现代逻辑的巅峰,用超越的、宏观的眼光鸟瞰,方可一览先哲思维技艺的全貌。朱熹《朱子集注》卷2:"人在堂上,方能辨堂下人曲直,若犹未免杂于堂下众人之中,则不能辨决矣。"身处现代思维殿堂,方能辨别中华先哲思维技艺的曲直。不在古今中外思维技艺和逻辑间挖沟筑墙、割裂区隔,把二者看作只对立、不统一的两截,而是在二者间铺路搭桥,融会贯通,把二者看作既对立、又统一的整体。古为今用,激活经典;洋为中用,创新发展。

本书是拙著《中华先哲的思维艺术》(北京大学出版社2006年版)的修订版。谨向原版"逻辑时空丛书"主

·9·

---

① 《马克思恩格斯选集》第2卷,人民出版社1972年版,第108页。

编刘培育研究员与北京大学出版社丛书策划杨书澜、责任编辑闵艳芸，以及本修订版责任编辑王璐诸同仁，致以由衷谢意。不当之处，敬请指正。

孙中原

2022 年 5 月 15 日于中国人民大学哲学院

目　　录

开场白：先哲思维

一、明明仰先哲：智人则哲

春秋时鲁国大夫叔孙豹（？—前537）多次出使晋国，赋诗应对合事宜，博得晋人齐赞誉。叔孙豹回答晋国政治家范宣子问什么是"死而不朽"的问题时说："大上有立德，其次有立功，其次有立言，虽久不废，此之谓不朽。""三不朽"：立德、立功、立言三不朽。叔孙豹巧用思维术，用"三不朽"概念概括中华先哲光辉业绩。立德、立功、立言"三不朽"成语为后人乐道。"三不朽"一语在《四库全书》中用例78次，《四部丛刊》22次。

叔孙豹所说的"三不朽"，指人在道德、事功、言论方面有建树，传久远，虽死犹生，名立人心，才是不朽。有一副对联："五百年间气，三不朽伟人。"死而不朽叫伟人。叔孙豹"三不朽"说代表时代精神、精英风貌，表现出国人的人生观和价值观。"三不朽"对后世影响很大，成为国人传统的人生信仰，为精英学人信奉。人生的意义在做事有益于社会和人民。人的自然生命可死而朽，但立德、立功、立言可永不朽。人生应对社会有责任感，其道德、功业、言论才有社会价值，才能不为后人忘却，才能不朽。叔孙豹的人生三不朽说摆脱了"天""天命"对人生价值的影响，表明中国思想的社会本位、伦理本位特色，体现出社会人文的历史观。

本书分析孔子论思维、正名和类推，属"圣人立德"的思维艺术。分析东汉张衡发明地动仪用"剩余法"推论，唐李世民"论治盗方法"推论，北魏贾思勰"麻田育苗"类推，明代潘季驯"治黄方略"推论，属"贤人立功"的思维艺术。分析诸子百家逻辑创获，属"贤人立言"的思维艺术。

中国称"中华"。"先哲"：先代有才德、聪明智慧的人。"哲"：聪明，智慧。《尚书·皋陶谟》："智人则哲。""先哲"概念包含历史上有重大贡献和影响的历代哲人、诸子百家，中华民族开化史上的思想家、科学家、发明家、政治家、军事家、文学家和艺术家。[①] 司马谈《论六家要旨》列举阴阳、儒、墨、法、名、道六家，班固《汉书·艺文志·诸子略》列举儒、道、阴阳、法、名、

_____

① 参见毛泽东：《中国革命和中国共产党》。

墨、纵横、杂、农、小说十家，另列传统兵家、医家和天文家，共十三个流派。

先哲的学问、言论和经典，是后人不竭的智慧之源。唐许敬宗《掖庭山赋》："览先哲之英华。"宋陈起《江湖小集》卷55："夜窗勤苦追先哲。"宋卫泾《后乐集》卷11："先哲学则必问。"元刘仁本《羽庭集》卷1："民维邦本，先哲有言。"元顾瑛《玉山名胜集》卷7："先哲有训，有典有经。"明胡奎《斗南老人集》卷1："先哲有遗训，兢兢常在兹。"明孙承恩《文简集》卷14："明明仰先哲，载籍有光辉。""明明"：勉力。"载籍"：书籍。先哲巧用思维艺术，挥洒载籍，光照千古，值得后人景仰取法，汲取智慧。明杨士奇《东里续集》卷18："发先哲之精蕴，启来学之聪明。"《清文颖》卷40："撷先哲之菁华。"在先哲的思维表达技艺中，发挥精蕴，撷取精华，启迪来学的聪明才智，有助于今人在新时代新生活中，正确思维，成功交际，创造超前业绩。中华先哲思维术语见表1。

表1　中华先哲思维术语　　（单位：次）

术语	四库全书	四部丛刊	合计
中华	2883	442	3325
先哲	2552	260	2812
思维	807	45	852
合计	6242	747	6989

中华先哲思维表达技艺，是客观存在的历史事实，影响现代和未来。分析中华先哲的思维表达技艺，有重要的现代意义和未来价值。

二、心之官则思：思维艺术

先哲注重思维表达技艺的运用和总结。清陆世仪《思辨录辑要》卷3："孔子曰：'学而不思则罔，思而不学则殆。'孟子亦曰：'心之官则思。'古来圣贤，未有不重思者。"《孟子·告子上》定义："心之官则思，思则得之，不思则不得也。此天之所与我者。"心智的器官功能在思维，思有所得，不思无所得，是人天生的特性。

孟子"心之官则思"的定义对后世有重大影响。在《四库全书》中用例131次，《四部丛刊》9次。朱熹《孟子集注》："官之为言司也。""心则能思，而以思为职。凡事物之来，心得其职，则得其理。""失其职，则不得其理。""心之虚灵，无有限量。如六合之外，思之即至。前乎千百世之已往，后乎千万世之未来，皆在目前尔。"心智官能是思考，发挥心智的思考作用，才能把握事物规律。心智思考有超越时空局限的能动作用。宋陈思《两宋名贤小集》卷209诗题《心之官则思》："一身胡属此心微，只为能思择所为。底事虚灵成暗塞，独于物欲用其思。"不要轻看微小心体，它能为自己选择思考方向。究竟是什么暗暗堵塞心灵？原来是物质欲望占有思考用场。心智思考要谨慎选择方向，不要被物质欲望堵塞智慧聪明。

明罗钦顺《困知记》卷下："有心必有意，心之官则思，是皆出于天命之自然。"心智思维有意识，是人天生自然的特性。明刘宗周《刘子遗书》卷3："心之官则思，一息不思，则官失其职。""人心无思"，"如官犯赃，乃溺职也"。心智器官的专职是思考。不思无思，是心智器官的失职渎职。

1703年，清康熙帝下令在河北承德建"避暑山庄"（承德离宫，热河行宫），1790年建成，内有盛景"澄观斋"。1715年康熙帝诗咏《澄观斋》："目之官为观，心之官则思。观以外物引，思因内几驰。外物静可拒，内几动不时。内实要于外，曰澄乃无为。其观亦自息，精一有训辞。"诗据《尚书·大禹谟》"惟精惟一"（精纯专一）的成语，发挥孟子"心之官则思"命题的含义，强调思维专一，不为外物惑。1749年清乾隆帝《理心楼有会》诗咏"心之官则思"命题："理非方寸外，动即一身随。必也无所欲，斯能有可为。"①表达"心之官无欲则得理"意境。

清王清任著《医林改错》，总结亲身观察、实验、解剖所发现的事实，说："灵机记性不在心，在脑。"纠正

· 5 ·

---

① 该诗见清御制《诗集》4。

开场白·先哲思维

孟子"心之官则思"命题为"脑之官则思"。孟子"心之官则思"命题被沿用，因在长期应用中已被"约定俗成"为成语。《荀子·正名》："约定俗成谓之宜。"共同约定，形成习惯，就是合适用语。

毛泽东在《学习和时局》中说："脑筋这个机器的作用，是专门思想的。孟子说：'心之官则思。'他对脑筋的作用下了正确的定义。凡事应该用脑筋好好想一想。俗话说：'眉头一皱，计上心来。'就是说多想出智慧。"他把孟子"心之官则思"命题解释为"对脑筋的作用下了正确的定义"，是对孟子命题含义的新解。心脑术语见表2。

表2　心脑术语　　　　（单位：次）

术语	四库全书	四部丛刊	合计
心	986279	6008	992287
脑	6177	1524	7701
合计	992456	7532	999988

数据表明，用"心"的案例大大多于用"脑"的案例，这也与习惯用法把"心"理解为"脑"有关。

除了孟子，孔子对思维也有论述。

子路强辩思不足。子路（前542—前480），孔子弟子，姓仲名由，字子路，鲁国人，出身贫贱，为鄙人，常吃野菜粗食，比孔子小9岁，在孔门弟子中年龄较大。子路耿直好勇，自持"勤苦轻死、安贫行义"。任卫国大夫孔悝的邑宰，卫国贵族内讧，子路以"食其食者不避其难"的侠义精神，参与争斗，被斩断帽缨，牢记"君子死而冠不免"信条，重系帽缨，被剁成肉酱。孔子在鲁听闻，悲痛至极。

子路服事孔子，经常直率地提意见，跟孔子争辩。子路叫年轻的高柴（字子高，前521年生）做费邑宰（县长），孔子说这是害高柴，子路犟嘴争辩："有民人焉，有社稷焉，何必读书，然后为学？"有人民，有土地，为什么定要读书，才叫学问？孔子训斥子路："是故恶夫佞者！"所以我讨厌你这样犟嘴利舌。子路所说的"学问"跟孔子所说的概念不同。子路说的是直接、实践的学问，不限于读书。孔子说的是间接、理论的学问，指读书。

思学兼顾勿偏忽。孔子提倡学习和思考应相辅相成，防止"思而不学"和"学而不思"两种片面性。《论语·为政》载孔子说："学而不思则罔，思而不学则殆。"只读书，不动脑筋思考，会上当受骗；只冥思苦索，不读书，会疑惑不定。

不学之偏。《论语·卫灵公》载孔子说："吾尝终日不食，终夜不寝，以思，无益，不如学也。"孔子曾整天不吃，整夜不睡，冥思苦索，这没益处，不如学习。清王引之《精义述闻》解释："思而不学，则事无征验，疑而不能定也。"《论语·为政》载孔子说："多闻阙疑。""多见阙殆。"增加见闻，有助于解疑释惑，免除危殆。

不思之偏。只读书，不思考，会受错误信息迷惑。这方面的正面例子是《孟子·尽心下》："尽信《书》，则不如无《书》。吾于《武成》，取二三策而已矣。仁人无敌于天下，以至仁伐至不仁，而何其血之流杵也？"孟子用"以意逆志"（用自己心意，推测别人意图）、"知人论世"（了解历史人物，分析时代背景）的方法，解析《尚书》记载的语义，纠正夸张失实，认为《尚书·武成》只有两三条简策记载的材料可信。《武成》载，武王伐纣，纣王军队流血多，使木杵漂流，夸张失实。孟子分析，武王伐纣，"以至仁伐至不仁"，"仁人无敌于天下"，纣王军队，在武王仁义之师攻势前，必土崩瓦解，老百姓会箪食壶浆迎王师，武王军队不需肆意杀戮，使纣王军队"血流漂杵"。这是用考证学结合理性分析法来分辨古书真伪。

《论语·卫灵公》载孔子和子贡对话：子曰："赐也，女以予为多学而识之者与？"对曰："然，非与？"曰："非也，予一以贯之。"孔子说："子贡，你以为我是多多学习，又能记得住的吗？"子贡说："对呀，难道不是这样吗？"孔子说："不是的，我有一个一以贯之的基本观念。"孔子说"一以贯之"，指思想理论贯通始终，把学得的材料用思想贯穿，在现象中寻求一贯的规律。

"一以贯之"在《四库全书》中用例1136次,《四部丛刊》中用例193次。如《汉书·王莽传上》:"包其终始,一以贯之。"清汪琬《尧峰文钞》卷38:"内外本末,一以贯之也。"朱自清《经典常谈》:"包罗万有,而能一以贯之。"

孔子主张学习和思考并重,相辅相成,开思维规律探讨的先河。殷商甲骨文和稍后的青铜器铭文(金文),未出现表示思维意义的"思"字,而记载孔子言行的《论语》中有24次。《论语·公冶长》载,鲁国大夫"季文子三思而后行",孔子说:"再,斯可矣。"想两遍就可以。《论语·里仁》载孔子说:"见贤思齐焉,见不贤而内自省也。"遇到贤人,思考向他看齐。遇到不贤之人,思考自己有无跟他一样的缺点。《论语·宪问》载孔子说:"见利思义。"遇到利益,思考自己该不该得到。《论语·季氏》载孔子说:"君子有九思:视思明,听思聪,色思温,貌思恭,言思忠,事思敬,疑思问,忿思难,见得思义。"君子有九种事情要思考:看的时候,思考看明白了没有。听的时候,思考听清楚了没有。从脸面上,思考是否温和。从容貌上,思考是否恭敬。说话时,思考是否忠诚老实。做事时,思考是否严肃认真。有疑问时,思考向人询问。发怒时,思考有无后患。获得,思考是否符合仁义。孔子论"思",认识深入,体现思维的作用。

后人发挥有妙义。孔子"学而不思则罔，思而不学则殆"的名言，两千多年来，屡被引用、说明和发挥。《四库全书》中用例58次，《四部丛刊》中用例3次。如魏何晏、梁皇侃《论语集解义疏》卷1："学而不寻思，其义理则罔然无所得。"宋朱熹《论语精义》卷1下："学以治之，思以精之。学而不思，则无得于内，故罔，罔之言亡也。思而不学，则无得于外，故殆，殆之言危也。博学而多识，非不美也，然不能思以索之，则无以致其精，故罔而无得也。殚思研精以求微妙，非不善也，然不能学以聚之，则殆而不安。"

宋陈祥道《论语全解》卷1："思由中出，学自外入。学而不思，则内无自得之明，故不信而罔。思而不学，则外无多识之益，故不安而殆。子曰：'博学之，慎思之。'荀子曰：'诵数以贯之，思索以通之。'扬雄曰：'学以聚之，思以精之。'是思以学而后得，学以思而后精，二者谓其可偏废乎？"宋蔡节《论语集说》卷1："思者，研穷其理之所以然也。""学与思相为表里，要不可以偏废。"卷8："思愈精，而学愈明。"

元许谦《读四书丛说》卷1："聪明睿智，圣人之资质。聪明不专在耳目，盖主于心而言也。听得精审，见得明了，皆是心上事。睿是思通乎微，智是知识周遍。"元张存中《大学章句或问通证》："视曰明，听曰聪，思曰睿。""明作哲，聪作谋，睿作圣，思而作睿，则无所不通。"元袁俊翁《四书疑节》卷11："夫子固尝以思学互言之，正以见二者可相有，而不可相无。思者求诸心，学者习其事，要当两轮并进可也。"

明胡广等《四书大全·论语集注大全》卷2："思与学字相对说。""学而思，则知益精。""学所以致广大，思所以尽精微。"清陆世仪《思辨录辑要》卷3："学者所以求悟也，悟者思而得通也。""不学则无可思。""不思无由得。"清《四书文·化治四书文》卷2，学思"废一不可"，"思者，求诸心也。测度以探其精微，绸绎以索其旨趣，其谁能废思？""学而能思，学益明矣。思而能学，思益实矣。""交养互发之机熟，其进岂能已哉？"后人对孔子"学而不思则罔，思而不学则殆"名言的说明和发挥，都强调思维的重要性，注重学习和思考的相辅相成，不可偏废。

儒家之外，墨家的墨子也对思维有所论述。《墨子·尚贤中》载墨子说"精其思虑"。[①]《贵义》载墨子说"默则思"，把精心思虑看作成圣成贤的必要条件。《公孟》说"游于子墨子之门者"，"思虑徇通"，把思维敏捷通达作为受教育的素质。《非命下》说"殚其思虑之知"，把深入思考作为智慧的特征。《尚同中》说："使人之心，

---

① 本书以下引《墨子》只列篇名。

·11·

助己思虑。""助之思虑者众，则其谋度速得矣。"把借助众人帮助思考作为提高谋划效率的途径，是集中群众智慧思维的萌芽。《经上》："虑，求也。"《经说上》解释："虑也者，以其知有求也。"把思虑定义为以自身认知能力寻求知识的状态、活动和过程。

"思维"即专注、专一思索、考虑。宋戴侗《六书故》卷 13："思，心所抽索也。虑，思之所挂曰虑。惟，思之专也，故引之为专、独之义，亦通作唯、维。"诠释恰当精到。汉焦赣《易林》诗："古今道由一，谈对吐所谋。学者加勉力，留念深思维。"学者努力深刻思维，是古今一致的道理。"思""虑""思虑""思索"和"思考"，是"思维"的等义词，表明中华先哲对思维艺术的重视。思维术语见表 3。

表 3　思维术语　　　　（单位：次）

术语	四库全书	四部丛刊	合计
思	6601	6000	12601
虑	37272	6001	43273
思虑	4229	938	5167
思索	679	172	851
思考	103	17	120
思维	807	45	852
总计	49691	13173	62864

先哲对思维表达的技艺有精辟规定和独到阐发。《史记·宋微子世家》载箕子对武王说:"鸿范九等","五曰思","思曰睿"。《管子·内业》:"思之思之,又重思之。""思索生智。"《荀子·劝学》:"思索以通之。"《修身》:"通之以思索。"《性恶》:"专心一志,思索熟察。"汉刘向《说苑·建本》:"思虑者智之道也。"《说丛》:"往事不可及,无思虑之心则不达。"《汉书·张安世传》:"思维得失。"

梁顾野王《玉篇》卷8:"思,愿也,念也,深谋远虑曰思。虑,谋也,思也。"唐陆德明《经典释文》卷9:"思索,求也。"宋杨时《二程粹言·论道篇》:"考古今,察物情,揆人事,反复研究,而思索之。"宋吕本中《东莱诗集》卷13:"此道要琢磨,苦语费思索。"宋朱熹《朱子语类》卷33:"读书每思索不通处,则翻来覆去,倒横直竖,处处窒塞,然其间须有一路可通,只此便是许多艰难险阻,习之可以求通。"《晦庵集·答吕子约》:"讲论思索,要极精详,然后见得道理,巨细精粗,无所不尽。"

宋陆九渊《象山集》卷10:"事理有未明,则不容不疑,思索之,问辨之,则疑有时而释矣。"宋贾昌朝《群经音辨》卷6:"思虑,度也。虑,谓之思。"宋丁度《集韵》卷7:"思,虑也。"宋魏了翁《经外杂钞》卷2:"详细思维,反复参考。"元盛如梓《庶斋老学丛谈》卷中上：“天下之理无穷，愈思索愈有意思。”明曹端《通书述解·思》：“思曰睿：思，心之官也。睿，通也。人而能思则通矣。”“不思则不能通微：通微，睿也。不思索，则不能通乎几微。”

明顾璘《息园存稿文》卷8：“苦心极虑，反复思维，以求必得其当。”明杨慎《转注古音略序》：“思不厌精，索不厌深。”《说文》：“思，睿也。”《尚书·洪范》：“思曰睿。”《六书总要》：“思，念也，虑也，绎理为思。”清《礼记义疏》卷33：“学探千古群圣之奥，而思索问辨，以求其正。”清江永《礼书纲目》卷74：“能思索，谓之能虑。”清魏裔介《兼济堂文集》卷9：“诸家之学，探讨思索，辨而晰之。”

先哲思维表达技艺，即思维方法、技巧、技艺、方术和规律。《庄子·天下》：“天下之治方术者多矣。”唐成玄英疏：“方，道也。”“治道、艺术、方法甚多。”方术、方法、技巧、技艺、艺术、道理和规律，意义相近，可互相解释。

三、典型在夙昔：以史为鉴

典型意义。南宋政治家、文学家文天祥1281年夏在元大都（北京）狱中作《正气歌》说：“哲人日益远，典型在夙昔。”宋司马光《传家集》卷8：“幸有文章见典型。”明归有光《跋仲尼七十子像》：“年代久远，而典型具存。”

典型指常规、规范、模型、模范，有代表性的事物，是代表一般的个别。《说文》："型，铸器之法也。"清段玉裁注："以木为之曰模，以竹曰范，以土曰型，引申之为典型。"《诗·大雅·荡》："尚有典型。"郑玄注："犹有常事故法可案用也。"

恩格斯论文艺创作的原则说："现实主义的意思是，除细节的真实外，还要真实地再现典型环境中的典型人物。"又说："每个人都是典型，但同时又是一定的单个人，正如老黑格尔所说的，是一个'这个'，而且应当是如此。"①以下中华先哲思维表达技艺的典型案例，可资借鉴。

章士钊（1881—1973），湖南长沙人，曾任段祺瑞政府司法总长兼教育总长。1949年国共和谈，为南京国民党政府代表团成员，后留北京，任全国人大常委会委员、政协常委、中央文史研究馆馆长。1917年著《逻辑指要》，并于1943年在重庆出版，自序说，1943年2月蒋介石"审国人用智浮泛不切，欲得逻辑以药之"，要章士钊"为讲录，俾便览观"。章氏给蒋介石讲课，给他看此书。1959年5月章士钊为此书再版拟《序言》说："北京解放后，一日，主席毛公忽见问曰：'闻子于逻辑有著述，得一阅乎？'予踌躇答曰：'此书印于重庆，与叛党有关，

开场白：先哲思维

---

① 《马克思恩格斯选集》第4卷，人民出版社1972年版，第462、453页。

吾以此上呈一览，是侮公也，乌乎可？'公笑曰：'此学问之事，庸何妨？'"

毛泽东认为，章士钊给蒋介石讲《逻辑指要》是"学问之事"，不妨碍自己"一阅"。毛泽东看过此书后3个月，跟章士钊谈话，章氏看见此书摆在毛泽东案头。毛泽东告诉章士钊："吾于此书以一字不遗者"，"阅一通。多少年来吾览此类述作亦夥矣，然大抵从西籍迻译得来，不足称为专著，独子刺取古籍材料，排比于逻辑间架之中，在同类书中，为仅见。""吾意此足以为今日参考资料，宜于印行。"毛泽东推荐此书列入他提议中央政治研究室编的《逻辑丛刊》。

1959年6月7日上午8时，毛泽东在感冒病中，"倚枕"为章士钊《逻辑指要》拟《重版说明》说："近年以来，逻辑一学引起了学术界的极大兴趣，于逻辑的范围及其与唯物辩证法的关系，争论繁兴，甚盛事也。"本书"作为参考材料之一"，"不敢说对于方今各派争论有所裨益"，但"保卫正确论点，指出纰缪地方，导致真理之日益明白，则不胜馨香祷祝之至！"这体现了毛泽东对当时逻辑论争的看法。①

---

① 参见《毛泽东书信选集》，人民出版社1983年版，第559页；龚育之等：《毛泽东的读书生活》，生活·读书·新知三联书店1986年版，第139—147页。

《逻辑丛刊》于1961年由三联书店出版。《逻辑指要·自序》说:"寻逻辑之名,起于欧洲,而逻辑之理,存乎天壤。其谓欧洲有逻辑,中国无逻辑者,謿言(虚假言论)也。其谓人不重逻辑之名,而即未解逻辑之理者,尤妄说也。"《例言》说:"逻辑起于欧洲,而理则吾国所固有。""此学谊当融贯中西,特树一帜。""先秦名学与欧洲逻辑,信如车之两轮,相辅而行。"[1]

本书论述先哲思维技艺,是对先贤开拓性研究的继承和创新。

---

[1] 章士钊:《逻辑指要》,生活·读书·新知三联书店1961年版。

开场白:先哲思维

第一章 概念艺术

第一节 扫鸡三足：概念分类

宋陈渊《默堂集》卷 9 诗："奇言尽扫鸡三足，妙意谁窥豹一斑？"在古代辩论高潮中，名辩学者公孙龙等人抛出"鸡三足"等诡辩奇言，《墨经》和《荀子·正名》总结运用概念的艺术，"尽扫鸡三足"奇词怪说。分析诡辩和逻辑对立转化的妙意，可以对先哲运用概念的艺术略窥一斑。借鉴先哲运用概念的艺术，有助于思维的精密和工作效能的提高。

一、深而辩

《吕氏春秋·淫辞》载："孔穿、公孙龙相与论于平原君所。深而辩，至于'臧三耳'。公孙龙言臧之三耳甚辩。孔穿不应。少选，辞而出。明日，孔穿朝，平原君谓孔穿曰：'昔者公孙龙之言甚辩。'孔穿曰：'然。几能令臧三耳矣。虽然，难。愿得有问于君：谓臧三耳甚难，而实非也。谓臧两耳甚易，而实是也。不知君将从易而是者乎？将从难而非者乎？'平原君不应。明日，谓公孙龙曰：'公无与孔穿辩。'"

故事的大意是这样的：一天，孔穿、公孙龙在平原君寓所讨论问题，他们深刻辩论许多问题，最后讨论到公孙龙"臧三耳"的辩题。公孙龙论证臧有三只耳朵，头头是道。孔穿不想跟公孙龙继续辩论，辞别回旅馆。第二天，孔穿拜访平原君，平原君对孔穿说："昨天公孙龙的辩论头头是道。"孔穿说："是的。几乎能让臧有三只耳朵。虽然如此，他的论题还是难以成立。说臧有三只耳朵很难，并且实际上是不对的。说臧有两只耳朵很容易，并且实际上是对的。不知道您是同意容易并且是对的呢？还是同意难并且是不对的呢？"平原君不说话。过了一天，平原君对公孙龙说："你不要再跟孔穿辩论了。"

· 19 ·

孔穿是孔子的六世孙，受人委托，到赵国劝公孙龙放弃诡辩的学说。公孙龙是战国中后期最著名的诡辩家，平原君门客。平原君（赵胜）是赵惠文王弟，赵国宰相。公孙龙诡辩"臧三耳"的手法，是把"臧耳"这一个集合算做1个，再把"臧左耳""臧右耳"这两个元素算作2个，然后再把这两个不同类的东西，当作同类的东西，用算术方法简单相加，得到"臧三耳"的诡辩论题。公孙龙等人还用同样的方法论证"鸡三足""牛羊足五""黄马骊牛三"等诡辩论题。《公孙龙子·通变论》说：

> 谓鸡足，一。
> <u>数足，二。</u>
> 二而一，故三。
>
> 谓牛羊足，一。
> <u>数足，四。</u>
> 四而一，故五。

"鸡足"本应是1个集合，在论证中被偷换为"鸡足"的1个元素，然后与数"鸡足"的元素数目2机械相加，而得3。算式如下：

"鸡足"（集合）1＋"鸡足"（元素）2＝3

这是混淆集合与元素的谬误论证。"牛羊足五"，是说牛羊有5足（把1个"足"的集合，和4个"足"的元素机械相加）。"臧三耳"，是说"臧"这个人有3只耳朵（把1个"耳"的集合，和2个"耳"的元素机械相加）。"黄马骊牛三"，是说"黄马骊牛"的成分，不是两个，而是 3 个（把一个"黄马骊牛"的集合，和 2 个"黄马""骊牛"的元素机械相加）。这些论证的谬误，是把不同类事物，误作同类事物，进行加法运算。《荀子·正名》定义辩说推论："辩说也者，不异实名以喻动静之道也。"推论的实质，是运用同一概念，说明是非道理。制定推论规则："辩异而不过，推类而不悖。"辨别异同无过错，以类相推无悖谬。"鸡三足"等推论，违反了上述定义和规则。

二、俱一和惟是

把集合和元素概念的不同层次加以明确区分时，不应产生诡辩，如果刻意混淆，就产生"鸡三足"之类的诡辩。《墨经》作者区分兼名和体名（集合和元素概念）的不同性质，为廓清"鸡三足"等诡辩奇言提供锐利的武器。有反则有正，有诡辩则有逻辑生。诡辩搞乱思维，清理混乱生逻辑。这是逻辑从辩论生，从诡辩对立面脱胎而出的机制原理。

《墨经》把集合概念叫"兼名"。《经下》说："牛马之非牛，与可之同，说在兼。""牛马"是一个"兼名"（集合概念）。《经上》说："体，分于兼也。"《经说上》解释说："若二之一、尺之端也。""兼"：整体。"体"：部分。集合概念叫"兼名"，相对而言，元素概念叫"体名"。"牛马"是"兼名","牛""马"是体名。"二"是兼名,其中的"一"是体名。直线是"兼名",其中的点是"体名"。

《经下》说:"区物一体也,说在俱一、惟是。"《经说下》解释说:"俱一若牛马四足,惟是当牛马。数牛数马则牛马二,数牛马则牛马一。若数指,指五而五一。"区分事物为不同的集合,都具有两方面的性质,即元素的各个独立性和集合的唯一整体性。"俱一"和"惟是"是墨者独创的两个范畴。"一体"解为一个集合,是把许多不同的"体"(部分、元素)统一、整合,而得的高一层次的集团。这个集合,在集和子集的序列中,可解为整体,也可解为部分。如对"兽"而言,"牛马"为一子集,一部分。对"牛""马"而言,"牛马"为一集合,一整体。《墨经》对概念的划分有相对和辩证的色彩。

"俱一"指每个元素的各个独立性,字面意思是"每一个都是独立的一个"。"俱"在《墨经》是全称量词。《经上》定义"尽,莫不然也",举例是"俱止、动","俱"与"尽"同义。《经说上》说"二人而俱见是楹也。"《经说上》说"俱一不俱二"。《经下》说"俱一与二"为"不可偏去而二"的一个例子。"俱一"是墨家惯用词语。"惟是"指集合的唯一整体性、不可分配性,字面意思是"仅仅这一个"。"惟"是独、仅仅,"是"即这一个。

《墨经》常以"牛马"为例。"俱一"如说"牛马四足",指的是牛四足,马四足。"四足"的性质不是从"牛马"这一集合的意义上说的,而是从非集合即类的意义上说的:"四足"的性质,可以同等地分配给"牛"和"马"两个元素(或子集合)。

"惟是"如说"牛马"的集合。数起元素来,"牛马"有"牛"和"马"2个;而数起集合来,"牛马"只是1个。《经说下》说:"牛不二,马不二,而牛马二。则牛不非牛,马不非马,而牛马非牛非马。"这是从另一角度说集合和元素的不同。即"牛"不是两样元素,"马"也不是两样元素,而"牛马"则有"牛"和"马"两样元素。可用形式逻辑同一律说,牛是牛,马是马,牛马是牛马。在《经说下》被概括为"彼止于彼""此止于此""彼此止于彼此"的规律。这是用汉字表达的元素和集合的同一律。用字母来表达,即:A = A,B = B,AB = AB。由此可见《墨经》逻辑的合理性和中外逻辑的同一性。

《墨经》常以"数指"为例:"若数指,指五而五一。"在讲解集合和元素的抽象逻辑理论时,数手指是方便、形象的教学手段。老师问学生:"右手有几个'指头'?"学生回答:"有5个。"这是从手指集合的元素,即"指头"角度说的("俱一")。这就是"指五"的意思。老师再问学生:"右手'五指'的集合有几个?"学生回答:"有1

个。"这是从"手指"集合的角度说的（即"惟是"）。这就是"五一"的意思。左手情况相同。

老师问学生："两只手有几个'指头'？"学生回答："有 10 个。"这是从元素即"俱一"角度说。老师问："两只手'五指'的集合有几个？"学生答："2 个。"这是从"惟是"的角度说的。于是《经说下》总结说："五有一焉，一有五焉。十，二焉。""五有一焉"，即五指的集合有 1 个。"一有五焉"即一指的元素有 5 个。"十，二焉"，即十指中"五指"的集合有 2 个。

《经下》总结说："一少于二，而多于五，说在建、住。""一少于二"是从元素角度说，1 指少于 2 指，更少于 5 指、10 指。"一多于五"是从元素跟集合的关系说，因为从一只手说，一指的元素有 5 个，而"五指"的集合只有 1 个。从两只手说，一指的元素有 10 个，而"五指"的集合只有 2 个。

"建、住"提示元素和集合（俱一和惟是）的两个角度。"建"指建立集合。如在一只手上建立 1 个"五指"的集合，在两只手上建立 2 个"五指"的集合。"住"指在集合中住进（放进）元素或子集。

如在 1 个"五指"的集合中，住进 5 个一指的元素，在 2 个"五指"的集合中，住进 10 个一指的元素。从住进元素的数目说，住一少于住二、五、十。从住进元素的数目和建立集合的数目相比较来说，住一多于建五。

如从一只手或两只手的情况说，住进一指元素的数目多于建立五指集合的数目。这就是"一少于二，而多于五"的趣味数学命题的奥妙所在。《墨经》作者从清理诡辩的需要出发，总结集合和元素概念的理论，为古代逻辑增添了异彩。

三、海外奇谈

黑格尔说："中国人是笨拙到不能创造一个历法的，他们自己好像是不能运用概念来思维的。"[①]这一海外奇谈既没有道理，又不是事实。从道理上说，人与动物的区别是人能用概念思维，而动物不能。语词指号（声音、笔画）的信号系统和概念的抽象、理性思维形式，只有人才有，动物没有。动物只有与本能（进食、繁殖等）相联系的信号系统。中国人自然"能运用概念来思维"。

从事实上说，中国人自古就有发达的物质和精神文明，有数千年文明史，有与农业生产规律相适应的历法（农历），有浩如烟海的典籍。同西方人一样，"能运用概念来思维"。墨家著作《墨经》是"运用概念来思维"的

---

① 黑格尔：《哲学史讲演录》第2卷，生活·读书·新知三联书店1957年版，第275页。

典范，有丰富、深刻的概念理论。《墨经》的概念论，涉及名（语词、概念）的性质、作用和种类等问题，列举并解释上百个科学范畴，是中国逻辑概念论的宝库。

1. 人的概念是典型

什么是人？《尚书·泰誓上》："人，万物之灵。"孔颖达疏："人是万物之最灵。"宋欧阳修《秋声赋》说："人为动物，惟物之灵。"又《怪竹赋》说："有知莫如人，人者万物之最灵也。"朱熹《四书集注·大学》说："人心之灵，莫不有知。"宋袁燮《絜齐家塾书钞》卷8："人亦天地间一物尔，而惟人最灵。""灵者，言其有所知也。"相当于定义"人是有知识的动物"。

《春秋谷梁传·僖公22年》说："人之所以为人者，言也。人而不能言，何以为人？"这是把语言作为人的特有属性，相当于定义"人是有语言、会说话的动物"。东汉刘熙《释名》说："人，仁也，生物也。"相当于定义"人是有仁义道德的动物"。唐刘禹锡《天论上》说："人之所能者，治万物也。""人之能，天亦有所不能也。"这是说人有治理万物的属性。

《荀子·王制》说："人有气，有生，有知，亦且有义，故最为天下贵也。力不若牛，走不若马，而牛马为用，何也？曰：人能群，彼不能群也。""群"即社会性。这是把社会性作为人的特有属性，相当于定义"人是社会的动物"。《荀子·非相》说："人之所以为人者，非特以其二足而无毛也，以其有辨也。"古希腊柏拉图说人的特有属性是"二足无毛"，荀子说这不是人的特有属性，认为人的特有属性是"有辨"，即能辨别是非，有道德伦理观念，相当于定义"人是有道德、懂礼义的动物"。

指出人有语言、会说话、有社会性、有道德等特有属性，是揭示人概念的内涵，起到"举实""拟实"的作用。《小取》说："以名举实。"《经上》说："举，拟实也。言，出举也。"《经说上》解释说："告以之名举彼实也。故言也者，诸口能之，出名者也。名若画虎也。言，谓也。言由名致也。"即名（语词、概念）的实质，是举实、拟实，用语词、概念列举和摹拟实际事物。"举"的定义是"摹拟"，即用摹拟事物性质的语句、短语或摹状词，反映事物。"举实""拟实"，表示语词（词项）的指谓、表意和认识功能。用语句来"举实""拟实"，构成概念的内涵和外延。"之名"即"此名"，"以此名举彼实"，意味着名与实是相对的。

在名（语词、概念）和言（语句）的关系上，名对实的反映作用是通过一系列语句来实现的。从结构上说，语句是由名联结而成的。从认识作用上说，名对实的反映靠语句对事物的列举、指谓来实现。利用名（语词、概念）和言（语句）认识事物、表达感情、进行交际和指导行动，这是人类独特之处。

名的作用是列举实际事物，列举是模拟，即《小取》所谓"摹略"（反映、抽象、概括）。列举、模拟、摹略，是人的意识对外界事物的认识方式。列举、模拟、摹略，实质上是概念、范畴的抽象、概括作用。这种抽象、概括作用，需要通过语言来实现。表达概念、范畴的"名"（即语词），可以通过口说出来。用"模拟"定义"列举"，拿图画比喻概念、范畴对事物的反映作用，表明墨家概念论以能动反映论的认识论为基础。

《大取》说："名，实名。实不必名。"即名称是实体的名称，而有实体则不一定有名称。这是科学的观点。告诉你这个名称，列举那个事实，语言是人们用口说出名称，用来表明名称、语言的指谓和交际作用。指谓和交际是语言的两大功能。墨家从事物、语言和意义（人的意识对事物列举、模拟、摹略的结果）三者的关系上，说明了名的性质和作用。而名称（语词、概念）是语言的构成元素，是推论说词的细胞，所以逻辑学的研究以概念论为必要成分。

《经说上》说："声出口，俱有名。""声"即"言"，"言为心声"。这接近于黑格尔所谓"人只要一开口说话，在他的话中就包含着概念"，说明人生注定要跟语词、概念打交道，说明语词、概念运用的普遍性。《经说上》说：

"若姓字丽。"即"名""言"与事物的关系，犹如姓名后面跟着一个人（姓名附属于人），名实并存。

《墨经》讨论名称的指谓作用。《经上》说："谓：命、举、加。"《经说上》解释说："谓犬'狗'，命也。'狗，犬。'举也。叱：'狗！'加也。"列举指谓的三种含义：命名、列举和附加感情因素。把犬叫作"狗"，是命名。用"狗"名作主项构成命题，说："狗是犬。"这是用名称列举事物。对着狗叱责说："狗！"这是附加感情因素。

与"指"相比较，"名"有抽象、概括作用。"指"即用指头指着实际事物说，相当于"实指定义"。一个人不认识鹤，于是指着鹤的实体或标本说："这是鹤。"《经说下》说："或以名示人，或以实示人。举友富商也，是以名示人也。指是鹤也，是以实示人也。"我的朋友某某不在眼前，我利用现成的概念说："我的朋友某某是富商。"这是给"我的朋友某某"的主项，加以"富商"的谓项，是用一般概念使人了解。指着面前的一种鸟说："这是鹤。"这是把实体、实物展示给人看。"名"是脱离个别事物的一般概念，"指"是不脱离个别事物的感性直观。

《经下》说："所知而弗能指，说在春也、逃臣、狗犬、遗者。"《经说下》解释说："春也，其死固不可指也。逃臣，不知其处。狗犬，不知其名也。遗者，巧弗能两也。"即有些知识只能用概念表达，不能用手指着说。如名叫"春"的女仆因病死了，不在人间，无法指着说。逃亡的奴仆，不知他现在哪里，无法指着说。小孩子不知道狗、犬的名称，必须分别解释，仅用手指指着实物，区分不出这两个名称。遗失的东西不能指着说，即使能工巧匠，也很难造出与原物完全同样的实物。

科学的概念、范畴，通过心智的抽象、概括作用获得。《经下》说："知而不以五路，说在久。"《经说下》解释说："以五路知久，不当以目见。若以火见。"即有些知识的获得，不是直接通过五种感官（眼耳鼻舌身），而是通过心智的抽象、概括作用。五种感官所提供的经验，是形成抽象知识的条件。如"时间"概念的获得，是通过概括作用。五种感官的经验，是认识时间概念的条件，犹如光线是见物的条件，不是见物的器官。见物的器官是眼睛。所以"以五路知久"，不相当于"以目见"的"以"字，而相当于"以火见"的"以"字。意思是"五路"（五种感官）是认识时间概念的条件，心智是认识时间概念的器官。

《经上》对"久"（时间）的定义，是"弥异时"，即概括各种不同的具体时间，如"古、今、旦、暮"等。感官只能感知具体的时间，思维才能抽象时间的共同性质（普遍本质），用语词"久"概括，使之成为"时间"的哲学范畴。《墨经》中上百个各门科学的范畴，是通过心智理性的抽象、概括而获得。

2. 意义重叠须谨防

名是语词和概念的统一体。语词是声音或笔画文字，概念是语词的意义。为文用字，提倡简洁精炼，避免意义重叠。宋杨彦龄《杨公笔录》说："世之为文者，常患用字意义重叠，故有'一个孤僧独自归'之语。然《那颂》云：'自古在昔，先民有作。'毛注云：'先王称之自古，古曰在昔，昔曰先民，得不近是邪？'"杨彦龄指出，《毛诗》用"先王""自古""在昔""先民"这些意思相近的词，注《诗·那颂》"自古在昔，先民有作"句，存在意义重叠问题。

古人有讽刺说话重复的打油诗：

一个孤僧独自归，关门闭户掩柴扉。

半夜三更子时分，杜鹃谢豹子规啼。

诗中以下语词，意义重叠：

一个＝孤僧＝独自

关门＝闭户＝掩柴扉

半夜＝三更＝子时分

杜鹃＝谢豹＝子规

· 31 ·

第一章 概念艺术

排除重叠后，剩余的有效概念是：

> 孤僧归关门，半夜杜鹃啼。

如此表达，何其精炼！

　　明曹安《谰言长语》说："作诗文等，忌头上安头，所谓'关门闭户掩柴扉，半夜三更子时候'。又宋徽宗因至三河，吟曰：'半醒半醉当半夜，三更三点过三河'。"明杨慎《丹铅续录》卷1指出，在"缮完葺墙以待宾客"语句中："'缮'也，'完'也，'葺'也，一义也。一墙也，'缮'未足，而又加'完'与'葺'焉，于义为复矣，是谚所谓'一个孤僧独自归'也。"即：缮＝完＝葺。没有必要用"缮""完""葺"三个意义相同的词，形容一个"墙"字，这里存在谚语所谓"一个孤僧独自归"这种意义重叠的问题。排除重叠，剩余的有效概念是："缮墙以待宾客。"

　　用字意义重叠现象当前仍十分普遍。"亲眼目睹"用语媒体常见。清华新闻网有题：《我亲眼目睹日本鬼子残害乡民》。"亲眼"是亲自用眼睛看，"目睹"是用眼睛看，"亲眼目睹"的表达为用字意义重叠。2006年3月22日《报刊文摘》第3版有文《亲眼目睹一种植物的入侵》。1995年6月12日《中国电视报》发文称，"亲眼目睹"

用语"语义重复、叠床架屋","常常出现在报刊或视听工作者的口头上"。

又如"这是个坏毛病""你要改掉这个坏毛病","毛病",指缺点或不良习惯，是坏事，没有必要加"坏"字。如果有"坏毛病"，难道有"好毛病"？这是由用字意义重叠导致的语言不通、逻辑混乱的问题。另有以下用语："年迈的老妪""有知识的知青""有危险的危房""看不见的盲人""历史的史册""第一篇处女作""来我处光临"，都存在用字意义重叠的问题。

3. 车轭之名故事精

《韩非子·外储说左上》："郑县人有得车轭者，而不知其名，问人曰：'此何种也？'对曰：'此车轭也。'俄又复得一，问人曰：'此是何种也？'对曰：'此车轭也。'问者大怒曰：'曩者曰车轭，今又曰车轭，是何众也？此汝欺我也。'遂与之斗。"郑县有人拾到一个车轭，不知道叫什么名，问人说："这是什么？"对方说："这是车轭。"一会儿，又拾到一个，问人说："这是什么？"对方说："这是车轭。"问的人大怒说："以前说车轭，现在又说是车轭，哪里有这么多车轭？你这是欺骗我。"于是跟人打斗。车轭是一个普遍概念，类概念，不是单独概念，这位郑县人只理解单独概念，不理解普遍概念。

《经上》说："名：达、类、私。"《经说上》举例解释说："物，达也，有实必待之名也命之。马，类也，若实也者，必以是名也命之。臧，私也，是名也止于是实也。声出口，俱有名，若姓字丽。""名"（语词、概念）从外延上分为三种：达名、类名和私名。达名是外延最大的普遍概念，最高类概念，相当于范畴。如物质，是一个哲学范畴，它同实体的范围一样大。凡是存在着的实体，都一定等待着物质这个名来称谓。类名是一般的普遍概念，类概念，属或种概念。类名可以根据其外延大小，构成一定序列，如"兽""马""白马"等。就"马"而言，凡具有如此这般性质的实体，都一定用这个名来称谓。私名是外延最小的单独概念，反映特定的个体，又叫专有名词。如"臧"作为一个人的名字。达、类、私三种名称对应于一般、特殊、个别三种实体。墨家以这种分类层次为基础，制定一个囊括各门科学的范畴体系。

4. 白大概念性不同

《大取》说："以形貌命者，必知是之某也，焉知某也。诸以形貌命者，若山、丘、室、庙者皆是也。长人之与短人也同，其貌同者也，故同。指之人也与首之人也异，人之体非一貌者也，故异。将剑与挺剑异，剑以形貌命者也，其形不一，故异。不可以形貌命者，虽不知是之某也，知某可也。苟是石也白，败是石也，尽与白同。诸非以举量数命者，败之尽是也。是石也虽大，不与大同，是有使谓焉也。诸以居运命者，苟人于其中者，皆是也，去之因非也。诸以居运命者，若乡、里、齐、荆者皆是。"

"以形貌命者"，即以事物的形态、状貌命名，指实体概念（具体概念），如山、丘、室、庙等。其特点是一定要知道它指谓哪种对象（实体），才能了解它。高身材和短身材的人，都是"人"，因为其形态、状貌相同。而人指和人首不同，因为它们是人体的不同部分。用于威仪装饰的"将剑"，和用于刺杀敌人的"挺剑"不同，因为其形态、状貌不同。

"不可以形貌命者"，是指属性、关系概念（抽象概念），它不以事物的形态、状貌命名，而是指谓事物的属性和关系。对这种概念，即使不知道它是指称哪种对象（实体），也可以了解它。这里又可分为属性和关系两种情况。

属性概念带有绝对性，它不依赖于跟别的事物相比较，而是本身就是如此。如说这块石头是"白"的，这"白"不依赖于跟别的事物相比较，本身就是"白"的："白"的性质渗透在石头的每一颗粒。把这块石头打碎，它的每一颗粒都是"白"的。"诸非以举量数命者"，指属性概念。所谓"败之尽是也"，指把一块坚硬石头打碎，每一小块仍是坚硬的。关系概念带有相对性，它依赖于跟别的事物相比较，从与其他事物的比较中得出。说这块石头"大",是有小石头作参照物("是有使谓焉也")。如果把这块大石头打碎,不能说每一部分仍是"大"的。所谓"举量数命者",是指"大""小""多""少"这种数量方面的关系概念。

《大取》还从"不可以形貌命者"中,分出一种"以居运命者",即反映空间范围的概念,如乡、里、齐、楚即是。这是指,人在一个空间范围内居住和运动,如果一旦离开了那里,就不再属于那个空间范围。如某人生于齐国,长于齐国,算是齐国人,后来举家离开齐国,迁居楚国,服务于楚国,就称为楚国人,而不再是齐国人。这种概念分类有一定启发意义。

5. 范畴王国在《墨经》

黑格尔在《哲学史讲演录》第 1 卷中谈到"中国哲学"时说,中国哲学"没有能力给思维创造一个范畴〔规定〕的王国"。"中文里面的规定〔或概念〕停留在无规定〔或无确定性〕之中"。这种说法不符合事实,他对《墨经》丰富的概念、范畴一无所知。《墨经》有一个庞大的范畴王国,对这些范畴有专门规定,至今仍不失其科学价值。

范畴是大概念,即《墨经》说的"达名"(外延最广的概念)。《墨经》六篇,定义了上百个各门学科的范畴。仅就《经上》篇而言,可以说是墨家的范畴篇,其中从

"故"至"正"共100条，或用定义，或用分类，从内涵或外延上规定上百个各门科学的范畴。

关于世界观的范畴：（1）物（物质）、实（实体）。《经上》说："物，达也，有实必待之名也命之。"物（物质）是外延最广的哲学范畴，所有的实（实体）都用它来概括。

（2）久（时间）、宇（空间）。《经上》说："久，弥异时也。"《经说上》说："古今旦暮。"时间范畴用来概括一切不同的具体时间（如古代、现代，早上、晚上）。《经上》说："宇，弥异所也。"《经说上》说："东西南北。"空间范畴用来概括一切不同的具体空间（如东方、西方、南方、北方）。

（3）有穷、无穷。《经说上》说："或不容尺有穷，莫不容尺无穷也。"用尺子量度一个空间，前面容不下一尺，这叫"有穷"。若前面永远、处处容下一尺，这叫"无穷"。

（4）化（性质变化、质变）。《经上》说："化，征易也。"变化、质变就是特征、性状改变。如蝌蚪变为青蛙，鹌鹑蛋变化为鹌鹑。

（5）损益（量的增加和减少，量变）。《经上》说："益，大也。"说："损，偏去也。"《经说上》解释说："偏也者，兼之体也。其体或去或存，谓其存者损。"增益是量的扩张，减损是量的缩小。

（6）法（规律）。《经上》说："法，所若（遵循）而然也。"《经说上》解释说："然也者，民若法也。"法则（规律）是遵循着它，就可以取得一定结果的东西。如使用圆规，遵循"圆，一中同长也"的法则，可以制定一个标准的圆形。

关于认识论的范畴：（1）虑（思考）。《经上》说："虑，求也。"《经说上》说："虑也者，以其知有求也，而不必得之，若睨。"虑即思考，是以认识能力求知的状态和活动。但仅有思虑求知的活动，不一定能取得知识，就像仅用眼睛斜视，不一定能看清楚对象一样。

（2）知（知识）。《经上》说："知，材也。"《经说上》解释说："知也者，所以知也，而必知，若明。"这里"知，材也"的"知"，指人的认识能力。材即才能、本能。墨家的认识论是可知论，充分相信人对世界的认识能力，认为凭借自身所具有的认识能力，再加上其他条件和过程，人就一定能取得知识。犹如人具有健全的视力，再加上其他条件，就一定能看见东西。

《经上》说："知，接也。"《经说上》解释说："知也者，以其知过物而能貌之，若见。"这里"知，接也"的"知"，指感性认识。"接"是接触事物。感性认识是用人的认识能力与物相接触，从而能描摹出事物的样貌，犹如以健全的视觉能力接触事物，从而构成事物的视觉形象一样。

《经上》说："知，明也。"《经说上》解释说："知也者，以其知论物，而其知之也著，若明。"这里"知，明也"的"知"，指理性认识。"明"是清楚明白。理性认识是用人的认识能力整理分析事物，而能取得深切著明的认识，犹如用眼睛仔细看东西，看得清清楚楚，明明白白。

《经上》说："知：闻、说、亲；名、实、合、为。"《经说上》解释说："传授之，闻也。方不障，说也。身观焉，亲也。所以谓，名也。所谓，实也。名实耦，合也。志行，为也。"这里讲知识从来源说，分为闻知、说知和亲知。从内容说，分为名知、实知、合知和为知。

亲知是用感官亲自感知外界事物，而取得的直接知识。如墨家通过实验，亲自了解各种青铜球面镜成像的规律；又如在烽火台守望的警戒兵，亲眼看到有多少敌寇来犯。闻知是传授而来的（听来的）知识，有亲闻（亲自听到的）和传闻（经别人传播听到的）两种。这是别人获得的知识，通过语言媒介传达的间接途径而了解。如墨子听到公输般帮助楚国造好云梯，准备攻打宋国。说知是由已知引出未知的推论之知。通过推论，原来不知的，变为知；原来不明显的知，变为明显的知。如已知"凡有节制地满足生理欲望不会伤生损寿"，又已知"适量喝酒是有节制地满足生理欲望"，由此推出结论："适量喝酒不会伤生损寿。"名知是知道语词、概念。如墨子门徒禽滑厘知道墨子"连弩车"的语词、概念。实知是知道实物。如禽滑厘知道墨子"连弩车"的实物。合知是既知语词、概念，又知实物。如禽滑厘既知"连弩车"的名称，又知"连弩车"的实物。为知是有意识的自觉行动。如禽滑厘有意识地、自觉地参与制造"连弩车"的行动。墨家认为有意识的、自觉的行动本身，就是知识，而且是比较高级的知识，这种见解是新颖、深刻的。墨家关于知（知识）范畴的论述，与现代和外国认知理论的基本原理相吻合。

（3）诐（错误）。《经上》说："诐，穷之而悬于欲也。"《经说上》解释说："欲饮其鸩，智不知其害，是智之罪也。若智之慎之也，无遗于其害也，而犹欲饮之，则饮之是犹食脯也。搔（搔马）之利害，未可知也，欲而搔，是不以所疑止所欲也。墙外之利害，未可知也，趋之而得刀（钱币），则弗趋也，是以所疑止所欲也。观'诐，穷知而悬于欲'之理，食脯而非智也，饮鸩而非愚也。所为与所不为相疑也，非谋也。"

"诐"指犯错误。错误的发生，是由于没有用理智去支配行动，而且是受欲望盲目支配的结果。譬如想喝毒酒，如果理智不知道毒酒的害处，那是理智的过失。如果理智清楚地了解毒酒的害处，但还是想喝毒酒，那么喝毒酒就像吃肉干一样，是受欲望的支配的结果。又如搔马时，不知道马是否踢人，但由于想搔而去搔（希望侥幸不被马踢），这是没有以自己对利害的疑问而克服欲望的结果。再如对墙外的利害不了解，即使到墙外可以拾到钱币，但还是不去，这是以自己对利害的疑问而克服欲望的结果。总之，吃肉干不是由于理智，而是由于欲念。喝毒酒不是由于愚蠢，而是由于欲念。所做的（如搔马）和所不做的（如到墙外），都是由于对利害疑而未决的情况下所采取的态度，而并非是由于理智对利害有正确的判断，并用以支配自己的行动。

墨者主张人的行为应该受理智的支配。他们把有意识的自觉行为也叫作知识。人在实践中追求的最高境界，是用正确理论、知识指导行动，按规律办事，达到预期目的，实现动机和效果的统一。如由于勤学苦练，把握规律，掌握技巧，射箭想射中靶心，果然射中，这就是动机和效果的正确结合。相反，不受理智支配，受欲望或不确定的意见（疑问）支配，就难免在行动中犯错误。这是对犯错误原因的认识论和心理学解释。

关于政治学的范畴，有功、罪、赏、罚、诽（批评）、誉（表扬）等。关于伦理学的范畴，有仁、义、礼、忠、孝、任、勇、利、害等。关于物理学的范畴，有动（运动）、止（静止）、力等。关于数学的范畴，有方、圆、平、直、中、厚、倍等。

第二节　巧驳诡辩：名正言顺

一、一网打尽

元王恽《秋涧集》卷66盛赞儒家智者荀子说："金声绝响，诡辩纵横。兰陵著书，吐辞为经。"荀子的概念论达到了儒家正名逻辑的高峰。荀子的宏愿是用自己总结的概念论，把当时的流行诡辩一网打尽。

1. 用名乱名

"用名以乱名"的诡辩，用"所为有名"（制名目的）的原则反驳。荀子说："'见侮不辱'、'圣人不爱己'、'杀盗非杀人也'，此惑于用名以乱名者也。验之所以为有名，而观其孰行，则能禁之矣。"

"见侮不辱"是宋钘的观点，意思是遇到欺侮，心理上不感到耻辱，就不会产生斗争的意念，发生斗争的行为，于是就能天下太平。这是用"不辱"的概念，把"侮"的概念弄混乱。实际的情况是，受到欺侮，就会感到耻辱，侮和辱紧密相连，而不是互相排斥的。用"所为有名"的理论衡量，说"见侮则辱"是行得通的，因为它符合制名目的（指称实际、辨别同异）的原则，而说"见侮不辱"是行不通的，因为它不符合制名的目的。

"圣人不爱己"是墨子的观点。墨子提倡以古代圣人夏禹为榜样，自苦利人，"爱人"而"不爱己"。荀子认为圣人爱人，圣人也是人，所以圣人爱人包括爱自己。说"爱人不爱己"，是把自己这个人，从"人"的普遍概念中排除，也就是用"不爱己"的概念，搞乱"爱人"的概念，这不符合制名的目的。《大取》说："爱人不外己，己在所爱之中。己在所爱，爱加于己。伦列之：爱己，爱人也。""己，人也。爱己，爱人也。"这种"附性法"的复杂概念推理，符合《小取》中"是而然"的侔式推理的格式，是正确的推理。荀子批评的"圣人不爱己"论点不是《大取》的观点。由于荀子等人的批评，墨家学派起而修正本派祖师墨子的观点。

"杀盗非杀人"的命题见于《小取》。荀子从生物学的意义着眼，认为盗是人，杀盗是杀人。这也符合《小取》中"是而然"的侔式推理的格式，是正确的推理。如果说"杀盗"不是"杀人"，那么就是把作为盗的人，从普遍概念的"人"中排除，不符合"区别同异"的制名原则。荀子把"杀盗非杀人"，看作用"非杀人"的概念搞乱"杀盗"的概念。出于回应论敌批评的需要，《小取》对"杀盗非杀人"命题进行了精心的辩护。墨家指出论证这个命题的推论模式不是应用"是而然"的"侔"，而是应用"是而不然"的"侔"。杀盗非杀人论证见表4。

表4　杀盗非杀人论证

序号	是	不然
1	获之亲，人也	获事其亲，非事人也（"事人"指做别人奴仆）
2	其弟，美人也	爱弟，非爱美人也（"爱美人"指性爱）
3	车，木也	乘车，非乘木也（"乘木"指乘未凿的原木）
4	船，木也	入船，非入木也（"入木"指进棺材）
5	盗，人也	多盗，非多人也（"人"指"盗"以外的一般人、好人） 无盗，非无人也 恶多盗，非恶多人也 欲无盗，非欲无人也 爱盗，非爱人也 不爱盗，非不爱人也 杀盗，非杀人也

为论证"杀盗非杀人"的命题，墨家提供了许多同类事例作为类比素材，以增强议论说服力。墨家总结"是而不然"侔式论证的核心，在于前提谓项附加新词素，在结论中构成的新谓项，意义发生变化，出现与前提中不同的新概念，违背荀子所谓"不异实名，以喻动静之道"的辩说原则，所以不能应用"是而然"的"侔"，即不能像荀子说的"盗是人，杀盗是杀人"，而只能应用"是而不然"的"侔"，说"盗是人，杀盗非杀人"。荀子对"杀

盗非杀人"命题的批评，着眼于"盗"的生物学意义。墨家对"杀盗非杀人"命题的辩护，着眼于"盗"的伦理学意义。两家对同一概念的意义理解不同，应用的论证模式不同，结论也不同。

2. 用实乱名

"用实以乱名"的诡辩，用"所缘而以同异"（制名的本体论和认识论基础）的原则反驳。荀子说："'山渊平'、'情欲寡'、'刍豢不加甘，大钟不加乐'，此惑于用实以乱名者也。验之所缘以同异，而观其孰调，则能禁之矣。"

"山渊平"，是邓析、惠施等人的命题。荀子认为，这是用个别事实来搞乱一般概念。从个别事实说，有的山（较低的山），和有的渊（高山上的渊），一样平。但从一般概念说，山和渊是不平的：山高于平地，渊低于平地。这种一般概念是对大量事实的概括。用个别、特殊和偶然的事例来否认一般概念，是一种诡辩手法。

荀子所谓"用实以乱名"的诡辩，在现今逻辑学的谬误论中被称为"特例概括""非典型论证""仓促概括""以偏概全"或"逆偶然"，是属于论据不足型的、错误归纳的谬误。

"情欲寡"是宋钘的观点。就实际情况说，个别生理不正常的人是情欲寡浅的。一般生理正常的人是情欲多。

眼睛喜欢看美丽的颜色，耳朵喜欢听悦耳的声音，嘴巴喜欢尝可口的味道，鼻子喜欢嗅醇厚的气味，身体喜欢享受轻松安适。宋钘的诡辩是用"情欲寡"的个别、特殊、偶然事例，来抹杀"情欲多"的一般概念。

"当豢不加甘，大钟不加乐"，是老庄、宋钘或墨子等人的观点。少数生理和心理情况特殊的人不喜欢吃牛羊猪狗肉，不喜欢听钟鼓音乐。多数生理和心理情况正常的人感觉牛羊猪狗肉好吃，钟鼓音乐好听。"当豢不加甘，大钟不加乐"的诡辩，也是以个别、特殊、偶然的事例来抹杀一般概念。荀子认为，以"所缘而以同异"的理论，即制名的本体论（对象的同异）和认识论根源（不同感官的感觉和理性的概括）来衡量，就能禁止这种"用实以乱名"的诡辩。

3. 用名乱实

"用名以乱实"的诡辩，用"名约"（名称约定俗成）的原则反驳。荀子说："'非而谓盈'，又'牛马非马也'，此惑于用名以乱实者也。验之名约，以其所受，悖其所辞，则能禁之矣。"

"非而谓盈"，是针对公孙龙"白马非马"之类的诡辩。"非"即"不是"，它断定主项"白马"，与谓项"马"为概念的全异、排斥关系。但这违反名称约定俗成的原则。因为"白马"和"马"，在命名时就表示它们是

"盈"，即相容、包含关系，即"白马"包含在"马"中。按概念的共、别（属种）关系说，"白马"是别名（种概念），"马"是共名（属概念），"白马"的概念隶属于"马"，可以往上概括为"马"。公孙龙用"非"（全异、排斥）的概念来称谓"盈"（相容、包含）的关系，是混淆概念的诡辩。

"牛马非马"的命题也见于《墨经》。在《墨经》中，这个命题不是诡辩。《墨经》的意思是，"牛马"是集合，"马"是其中的元素，二者不等同，所以说"牛马非马"。这是对集合和元素关系的正确说明。可能有人撇开《墨经》中这一命题的科学内容，从字面和经验上曲解《墨经》命题，把《墨经》命题误解为某人家里有"牛马"，却没有"马"，即只承认有"牛马"的集合，而不承认"牛马"的集合中有"马"的元素，这自然就陷入了诡辩。荀子说这是用"非马"的概念来搞乱"牛马"的概念，指出用名称约定俗成的原则，看人们是接受有"牛马"为有"马"，还是接受有"牛马"为"非马"。荀子认为人们肯定接受前者，而不接受后者，这样就能禁止"牛马非马"之类的诡辩。但这样从字面和经验上误解《墨经》"牛马非马"的命题，是忽略《墨经》集合与元素概念分类思想的理论倒退，或许是由于文化交流的障碍，而受错误传闻的影响所致。这不奇怪，无需指责，至今仍有不少人误读、不解《墨经》集合与元素概念分类的思想。

荀子关于"三惑"（三种诡辩）的术语，包含了名实关系排列组合的全部可能性：用名以乱名，用实以乱名，用名以乱实。这说明荀子概念论体系一定程度上的完整性、全面性和严密性。荀子自信地说："凡邪说僻言之离正道而擅作者，无不类于三惑者矣。"似乎世上所有的诡辩奇谈都已被荀子的"三惑"说一网打尽。

从今天观点看，此说未免夸张。诡辩和谬误问题复杂，种类繁多，涉及客观世界和人类思维表达的一切领域，涉及哲学、逻辑学和语言学等各科知识。古往今来，人们并没有穷尽对诡辩和谬误的认识与分类，未来也仍是一个亟待探讨的繁难课题。荀子在中国古代百家争鸣中，已经全面、深入思考了所涉及的概念理论。荀子一网打尽所有诡辩的自信心，有一定根据。"用名以乱名""用实以乱名"和"用名以乱实"，确实已从名实关系角度，穷尽了全部可能性。

二、语言逻辑

荀子适应当时社会需要，从儒家智者的视角，创发孔子正名的逻辑内涵，建构了以概念论为中心的逻辑体系，继墨辩之后，把中国古代逻辑推向又一高峰。荀子对概念论和语言论、本体论、认识论、判断论、推理论、诡辩论、语言规范化、华夏大一统等的相关论述，是当前有积极价值的学术精华。以现代方法揭示荀子正名论的逻辑意义是中国逻辑元研究的课题。

孔子从当时社会政治伦理的思维表达实践中，率先总结概括出"正名"的思辨课题，说"名不正，则言不顺"（《论语·子路》），对诸子百家产生深刻、持久的影响。各家从不同角度阐发"正名"的课题，提出各具特色的独到见解。荀子撰写了体现儒家特色的逻辑名篇《正名》，对先秦名辩思潮作出适合儒家需要的系统总结。

"名"相当于语词、概念。汉字"名"，在商、周甲骨文、金文中，由"夕""口"两部分会合而成。甲骨文"夕"，模拟月牙形状，表示黑夜；"口"描绘口部形状，表示说出名称。"夕""口"会合为"名"，表示在黑夜里，用眼睛看不清对象，需要用口说出名称，区分、说明对象。东汉许慎《说文解字》说："名，自命也。从口、夕。夕者冥也。冥不相见，故以口自名。"清段玉裁注说："故从夕、口会意。"汉字"名"的构造形成过程，透露出名（名称、语词）的指谓、交际功能。

语词的指谓功能，涉及语言符号同所指称、意谓的对象的关系，是指号学（符号学）分支学科语义学的研究对象。荀子《正名》说："故智者为之分别制名以指实。"并提出"制名以指实"的系统理论，这相当于指号学分支学科语义学的知识。以语词的形式，巩固、凝结对象及其本质反映的意识内容，是逻辑学概念论的应有之义。用语义学（指号学）和逻辑学概念论这两种方法，分析荀子正名论，并行不悖，不是水火不容。现代学者持这两种方法，分析古代名辩材料，相容互补。

荀子正名论的逻辑体系由"名""辞""辩说"三元素构成，所谓"名也者，所以期累实也；辞也者，兼异实之名以论一意也；辩说也者，不异实名以喻动静之道也"。荀子正名论详于语词和概念论，使用"名"的统称，故被后人称为名学。墨辩和荀子名学本质一致，但各有侧重。它们同为中国古代百家争鸣和名辩思潮的硕果，是儒、墨两家显学对中国古代思维方式理论化建设的范本，是中国古代逻辑的两大典型，二者交相辉映。

"名"是中国古代逻辑的第一个专门术语，相当于当今逻辑教本中的词项。古代逻辑家对名的论述涉及语言符号和概念两方面。《荀子·正名》说："名也者，所以期累实也。"名称、语词是各种实体、实质、本质的概括。唐杨倞注引"或曰"："累实当为异实，言名者所以期于使实各异也。"名称、语词是区分、说明各种不同对象的工具。墨家、荀子从反映论、认识论的角度，揭示名称、语词的实质是用来列举、摹拟和表示不同实体、实质和本质的，名称、语词是称谓、指谓对象及其性状，包含概念、意义的语言符号。《墨经》和荀子对名的论述，具有相当于语义学（指号学）和概念论（逻辑学）两方面的内容。

语词和概念有密切联系，它们是一个统一体的不同侧面。瑞士著名语言学家索绪尔将语词和概念的关系比喻为一张纸的两面，不能去掉纸的一面，而同时不毁坏另外一面。也就是说，以声音为表现形式的语词指号是不能够同概念分开的。"正名"即矫正和规范语词、概念，这是语义学、指号学的任务，也是逻辑学概念论的应有之义。

荀子逻辑著作标题为"正名"，意味着其逻辑是以概念论为主轴来展开的。荀子提出"制名之枢要"，即制定语词、概念的基本原则，有以下六大要点：

1. 辨同异

荀子提出"制名之枢要"说："然后随而命之：同则同之，异则异之。单足以喻则单，单不足以喻则兼。单与兼无所相避则共。虽共，不为害矣。知异实者之异名也，故使异实者莫不异名也，不可乱也，犹使同实者莫不同名也。"同样事物，给予同样名称；不同事物，给予不同名称。

这是由荀子概念论的第一个要点"所为有名"（为什么要有名称，即制名目的）中概括出的一个总原则。荀子概念论的第一个要点"所为有名"说："异形离心交喻，异物各实互纽，贵贱不明，同异不别，如是，则志有不喻之患，而事必有困废之祸。故智者为之分别制名以指实：上以明贵贱，下以辨同异。贵贱明，同异别，如是，则志无不喻之患，事无困废之祸：此所为有名也。"

不同形体、事物、实质，离开主体的认识器官，纷然杂陈，互相纽结纠缠。所以智慧的人就要为不同的形体、事物、实质分别制定不同的名称、语词和概念，把事物的同异辨别清楚，思想就能正常交流，行动也易于产生预期效果。如牛、马是不同的动物，要分别用不同的名称来称呼。如果人要牛，却说要马；要马，却说要牛，则必然达不到目的，事情也会出问题。荀子倡导"别同异"的制名原则，今日仍然有效。

怎样做到"同则同之，异则异之"的制名原则呢？这涉及荀子概念论的第二个要点"所缘而以同异"。根据什么来辨别同异，是讨论名称、语词、概念形成的本体论和认识论基础。

从本体论的角度说，客观事物存在着形体、声音、口味、气味、状况等差异。从认识论角度说，人类具有感性和理性的认识器官和认识成果。即"天官意物"（眼、耳、鼻、舌、身不同感官的感觉）和"心有征知"（心思证明的知识）。

荀子说："然则何缘而以同异？曰：缘天官。凡同类同情者，其天官之意物也同，故比方之拟似而通，是所以共其约名以相期也。""心有征知。征知，则缘耳而知声可也，缘目而知形可也。然而征知，必将待天官之当簿其类然后可也。五官簿之而不知，心征知而无说，则人莫不然谓之不知。此所缘而以同异也。"

　　人类面临同样的客观世界，具有同样的认识器官，经过对事物的比较、推断、摹拟和反映，对同样的事物会形成同样的认识。再通过约定共同的名称、语词，形成概念，人们就能在交往中相互了解。用眼区分形状、颜色，用耳区分声音的清浊调谐，用口区分甘苦咸淡，用鼻区分香臭芬郁，用触觉区分冷热痛痒，用心思区分喜怒哀乐。眼耳鼻舌身五种感官，接触、感应事物的不同性质，形成感性认识。思维器官，在感性认识的基础上，加以推理、论证，具有"征知"（理性认识，证明的知识）。如闻语声而知有人，见炊烟而知有火等。有感性认识和理性认识，还要用语言明确表达，使人了解。有感性认识却未发展到理性认识，有理性认识却不能用语言明确表达，使人了解，这都不是完全的知识。

　　荀子从本体论和认识论角度，指明语词、概念的形成过程。其概念论同语言论密切结合，并以从实际出发的本体论和唯理论的认识论为基础。从逻辑学上说，"同则同之，异则异之"的制名原则，要求保持语言符号指谓对

· 53 ·

象的确定性，这相当于形式逻辑同一律的要求。在政治学术观点上，墨家和儒家相互批判，但在逻辑思维方式和思维规律上两家完全一致。墨辩经典《墨经》赫然引进孔子首创的"正名"术语，总结思维的基本规律说："正名者"："彼止于彼""此止于此""彼此止于彼此"。把"彼""此"这两个古汉语代词，置换为英文字母 A、B，相应地把原公式置换为 A＝A，B＝B，AB＝AB，其逻辑意义不变。对应的实例是：牛＝牛，马＝马，牛马＝牛马。墨辩把儒家领袖孔子首创的"正名"术语剔除其本来具有的强烈政治伦理应用性，重铸改造为应用于一般思维的纯粹逻辑规律，这一方面说明儒、墨对立学派的相互渗透，另一方面说明逻辑思维规律的超学派性和普遍工具性。

2. 单兼共别

荀子提出的"制名之枢要"说："故万物虽众，有时而欲遍举之，故谓之物。物也者，大共名也。推而共之，共则有共，至于无共然后止。有时而欲偏举之，故谓之鸟、兽。鸟、兽也者，大别名也。推而别之，别则有别，至于无别然后止。"这与现今逻辑教本中阐述的概念概括和限制的知识，实质是一样的。

单、兼之名，是从语言形式上分的。单名是单音节的词，如"马"。兼名是复音词（双音词、多音词或词组），如"白马""好白马""我家东邻的好白马"等，都可以根据表达、交流思想的需要来应用。单名和兼名不相违背，有共同性、相容性，就可以采用概括的方法。如我家东邻的好白马→好白马→白马→马，就是概念概括的过程。

共名和别名是从反映事物一般性和特殊性不同性质上对名的分类。它们的区分是相对的。如对"动物"而言，"马"是别名。对于"白马"而言，"马"是共名。共名和别名是指在概念概括和限制过程中出现的相邻概念。共名相当于现今逻辑学中所说的属概念，别名相当于种概念。

概念概括的方法叫"遍举"，即往普遍化的方向列举。其特点是"推而共之，共则有共；至于无共然后止"。即依据一般性往上推，一般之上还有一般，一直到哲学上的最高类概念"物"，就到达概括极限，因为它没有上位概念。"物"是"大共名"（外延最大的普遍概念）。如我家东邻的那匹好白马→好白马→白马→马→哺乳动物→动物→物，就是概念概括的逻辑推演。

《孟子·梁惠王下》说："老而无妻曰鳏。"《礼记·王制》说："老而无妻者，谓之鳏。"宋魏了翁《尚书要义》卷1批评说："无室家名鳏，不独老无妻。无妻曰鳏。""舜于时年未三十，而谓之鳏者。书传称孔子对子张，舜父顽母嚚，无室家之端，故谓之鳏。鳏者无妻之名，不拘老少。""《诗》云，何草不玄，何人不鳏。暂离室家，尚谓之鳏。"这等于指出，"老而无妻曰鳏"的定义过窄，需要去掉"老"的限制词，而扩大到"无妻"（包括像"时年未三十""无室家之端"或"暂离室家"的成年男性），这是使用荀子"共"、"遍举"（概括）的逻辑方法，使概念精确化。

概念限制的方法叫"偏举"，即往特殊化的方向列举。其特点是"推而别之，别则有别，至于无别然后止"。即依据特殊性往下推，特殊之下还有特殊，一直到表示个体的单独概念，就达到限制极限，因为它没有下位概念。单独概念是"小别名"（外延最小的概念）。如把概念的概括过程逆转，就是限制。如：物→动物→哺乳动物→马→白马→好白马→我家东邻的那匹好白马。这里，"我家东邻的那匹好白马"是"小别名"。荀子说"鸟""兽"是"大别名"，是指外延较大的"别名"，还存在继续限制的余地。

荀子关于概念种类共名、别名的逻辑性质和概念概括、限制逻辑推演方法的元理论研究，对语义学、指号学和概念论、逻辑学有杰出贡献，至今仍有充沛的生命活力和实践价值。

3.合适名称

荀子提出"制名之枢要"说："名无固宜，约之以命。约定俗成，谓之宜。异于约，则谓之不宜。"即名称没有本来就合适的，人们共同约定用它来指称某一个实体。词语被人们共同约定，在应用中形成习惯，就是合适的。违反约定俗成的原则是不合适的。如犬、羊两个语词，在最初命名时是主观、任意的，而在命名以后，在应用中已经形成习惯，就是合适的名称。如果有人违反约定俗成的原则，把犬叫作羊，羊叫作犬，名称就不合适。诡辩家有"犬可以为羊"的命题，就是强调、夸大最初命名时的主观随意性，而抹杀名称约定俗成原则所造成的诡辩。

4. 真假

荀子提出"制名之枢要"说："名无固实，约之以命实。约定俗成，谓之实名。"名称本来并没有其固定所指的实际，是人们共同约定它来指称某一个实际。合乎约定的，就是实名，否则就是虚名。如把和氏璧叫作"良玉"，是真实概念，把它叫作"怪石"，是虚假概念。荀子认为在推理的前提和结论中都使用同一的真实概念，才能得到可靠的结论。

5. 好名称

荀子提出"制名之枢要"说："名有固善。径易而不拂，谓之善名。"名称有本来就是好的。通俗易懂而不引起矛盾与混乱的，是好名称。通俗易懂，便于普及，利于流通。不引起矛盾和混乱，才能准确表达思想，进行正常交流和交际。有一位老汉，把大儿子叫作"盗"，二儿子叫作"殴"。一天大儿子外出，老汉在后边追着喊："盗！盗！"负责维持秩序的官吏听到，叫人把他的大儿子捆绑起来，老汉想叫小儿子去向官吏解释，慌乱中大叫："殴！殴！"官吏就叫人殴打他的大儿子。因名称用得不好，引起误解和混乱，老汉的大儿子"盗"差点被殴丧命。

北齐刘昼《刘子·鄙名》说："名者，命之形也。言者，命之名也。形有巧拙，名有好丑，言有善恶。名言之善，则悦于人心。名言之恶，则忮于人耳。是以古人制邑名子，必依善名。名之不善，害于实矣。昔毕万以盈大会福，晋雠以怨偶逢祸。然盈大者不必尽吉，怨偶者不必皆凶。而人怀爱憎之意者，以其名有善恶也。今野人昼见喜子者，以为有喜乐之瑞。夜梦见雀者，以为有爵位之象。然见蟢者未必有喜，梦雀者未必弹冠。而人悦之者，以其名利人也。"

名称称谓形体，语言说出名称。形体有巧拙，名称有好丑，语言有善恶。好的名称、语言，听了使人心里高兴。不好的名称、语言，听了不顺耳。古人给地方和人命名，一定要取好名称。名称不好，有害于实际。过去晋国大夫毕万，名字吉利得福，晋穆侯太子名"雠"（即"仇"）得祸。名字好听，未必都吉利。名字不好听，未必都不吉利。而人怀爱憎之意，是因为名称有好和不好。现在人们白天见"喜子"（蜘蛛名），以为是喜乐的象征。夜里梦见"雀"（"爵"的谐音），以为是升迁的象征。见"喜子"（蜘蛛名），未必都有喜。夜里梦见"雀"，未必都得升迁。人喜欢听好名称，是因为他们认为好名称有利于人。

又说："水名'盗泉'，尼父不漱。邑名'朝歌'，颜渊不舍。里名'胜母'，曾子还轫。亭名'栢人'，汉后（高帝）夜遁。何者？以其名害义也。以喜、雀之征，无益于人。名苟近善，而世俗爱之。邑泉之大，生人所庇。名必伤义，圣贤恶之。由此而言，则善恶之义在于名也。昔有贫人，命其狗曰'富'，命其子曰'乐'。方祭，而狗入于室，叱之曰：'富出！'祝曰：'不祥。'家果有祸。其子后死，哭之曰：'乐！'而邻人不知其悲。立名不善，而受其弊。审名之宜，岂不信哉！"

水名"盗泉"，孔子不用它漱口。邑名"朝歌"，颜渊不在那里住下。里名"胜母"，曾子不进去。亭名"栢人"，汉高帝不住宿而离开（"栢人"谐音"迫人"，即"迫于人"。见《史记·张耳陈余列传》）。为什么？因为名称有不好的意义。"喜""雀"的象征，虽无益于人，但世人喜欢好名称。邑、泉之大，是生人的庇护所。名称有不好的意义，圣贤就讨厌。由此可见，善恶之义潜藏在名称之中。过去有穷人把狗叫作"富"，把儿子叫作"乐"。正在祭祀，狗进入室内，他大叱一声："富出去！"主祭

· 59 ·

第一章 概念艺术

者说:"不祥。"家里果然有祸。儿子后来死了,他又哭着说:"乐!"邻人不知道他悲痛。取名不好,要承受其弊端。审察名称的合宜,难道不值得相信吗?

6. 按实定量

荀子提出"制名之枢要"说:"物有同状而异所者,有异状而同所者,可别也。状同而为异所者,虽可合,谓之二实。状变而实无别而为异者,谓之化。有化而无别,谓之一实。此事之所以稽实定数也,此制名之枢要也。"荀子认为事物有两种情况,应该加以区别。

第一种情况是不同个体有共同性质。它们虽然可以合用同一个普遍概念来概括,但毕竟是同一类属之下的不同个体。如孔子和孟子,都是"儒者",但毕竟是两个不同的"儒者":孔子是儒者的第一个代表人物,孟子是其第二个代表人物。他们有共同点,也有不同点,不能混同。

第二种情况是同一个体在不同阶段有不同性质。这种情况叫作"化"(变化)。有变化而实体还是一个,就应该用同一个单独概念。如"青年孔子""中年孔子""老年孔子",尽管情况有所变化,但毕竟还是同一个"孔子",不能看作不同个体。

注意这两种情况的区别,叫作根据实际情况来决定名称的数量。这是荀子原创的独特概念"稽实定数"的含义。

荀子提出"制名之枢要",即制定语词、概念的六大基本原则,是荀子原创逻辑学概念论的精华,反映人类思维认识和言词交际"施诸四海而皆准"的普遍真理,具有"行诸百世而不悖"的悠久价值,将其移植于今日逻辑教本,依然正确精彩,是今人思维、表达亦须掌握的"运用概念的艺术"。荀子的概念论同语言论、本体论、认识论有密切联系,逻辑学家、语言学家和哲学家,可从各自不同的视角,诠释评析《正名》原典。

三、判断推理

荀子较为透彻地研究了逻辑概念论,在一定程度上涉及概念论和判断论、推理论的联系。

1. 概念和判断

荀子说:"名也者,所以期累实也。辞也者,兼异实之名以论一意也。"名(即语词和概念),是对许多事物实质的概括反映。荀子说:"人之所以为人者,非特以其二足而无毛也,以其有辨也。"(《非相》)"人有气、有生、有知,亦且有义。""人能群。"(《王制》)即人是有道德、有知识、有社会性的动物。这种对人本质的概括,是关于人的概念。辞(语句、判断)是联结"异实之名"(反映不同事物的名称),以表达完整意思。如说"人是有道德的动物",是"辞"。其中"人"是"单名","有道德的动物"是"兼名"。

荀子认为名称有累积、联结、构成语句的功能。《正名》说:"名闻而实喻,名之用也。累而成文,名之丽也。用、丽俱得,谓之知名。"听到名称,就能明白它所意谓的实际,这是名称的作用。累积名称,构成文句,是名称的配合。会用名称指谓实际,并能联结名称造成语句,才可以说是知道名称。

荀子说:"命不喻然后期。"即给事物命名,还不能使人明白,就加以期会表白,即用语句、判断来揭示概念的内容,这类似给概念下定义的方法。如说:"人是有道德的动物。"概念是判断内容的浓缩,判断是概念内容的展开。通过下判断,概念的内容就能揭示明白。荀子对概念和判断关系的认识具有启发意义。

荀子正确阐述了名称和语句的认识意义和交际意义。他说"名足以指实,辞足以见极",即语词贴切地指谓实际,语句恰好说到问题的关键,就是"正其名,当其辞",即正确的名称,恰当的词句。这是说名称、语句的认识意义。他把名称、语句看作"志义之使",即表达思想的工具。"白其志义""足以相通",是指名称、语句的交际意义。他把不利于认识和交际的花言巧语叫作"诱其名、眩其辞",认为这种言词会把人引向邪路,应该引为警戒。

2. 概念和推论

荀子列举思维和表达形式的次序，是名（语词、概念）、辞（语句、判断）、说（推理）、辩（证明、反驳）。他认为"说"和"辩"是较复杂的形式，其中包含着较简单的形式"名"和"辞"。荀子说："辩说也者，不异实名，以喻动静之道也。期命也者，辩说之用也。"即辩论是用前后一致的真实概念，弄清是非的道理，概念、判断是辩说中应用的元素。如说："人能群。华人是人。所以，华人能群。"这是推理，它由概念、判断组成，其中每一概念前后出现时意思一致。可见，荀子的推理论是在概念论的基础上展开的。

荀子的推理论不乏精彩处。他说："推类而不悖。"即推理中所用的类概念要前后一致，不矛盾，这相当于形式逻辑同一律、矛盾律的要求。他说："辩则尽故。"这是指证明、反驳要全面列举理由。荀子说"言之成理""持之有故"，被作为成语千古流传，成为规范思维表达的一般原则。"言之成理"即言论顺理成章，自圆其说，相当于推论形式正确的要求。"持之有故"即持论有充足理由，这是推论原理的重要概括，相当于逻辑充足理由律的要求。

四、华夏一统

荀子的概念论同语言论密切结合。篇名为"正名"，不仅要探讨概念的性质、种类和相关逻辑推演，而且包含着提倡语言规范化、促进华夏大一统的学术、政治用意。荀子（前316—前238年）盛年，距秦统一中国（前221年）为期不远。当时秦统一中国的大势已初露端倪。荀子近50岁时（前268年前后），应邀到秦国考察政治、军事、地理和民俗。秦相范雎问荀子入秦的观感。荀子称秦国自然条件优越，百姓纯朴，官吏廉洁，大夫不结党营私，朝廷治国有方，必然在未来大一统中占据优势。荀子写《正名》，意在以儒家智者的身份，为未来统一中国的王者制定语言名分的蓝图。

荀子看到语言规范化是促进华夏大一统的重要因素，所以《正名》一开篇，他就建议未来统一中国的王者应制定一套标准的名称："刑名从商，爵名从周，文名从礼。散名之加于万物者，则从诸夏之成俗曲期。远方异俗之乡，则因之而为通。"他主张刑法的名称根据商朝，等级的名称根据周朝，礼节的名称根据《礼经》。一般事物的名称根据华夏文化发达地区的习俗和普遍约定，边远不同风俗的地区则据此沟通了解。

荀子编制了一份有关人自身的一般语词目录。性（本性）：人天生的本性，也指本性所产生，精神和事物相接触、相感应，不经过人为的自然性质。情（感情）：人的本性好、恶、喜、怒、哀、乐。虑（思虑）：心智对感情的选择判断。伪（人为）：人的官能根据思虑的判断而行动，也指积久的思虑和官能行动的习惯所形成的规范。事（事业）：符合功利的行为。行（德行）：符合道义的行为。知（认识能力）：人所固有的认识事物的才能。智（知识）：人的认识能力接触外界所获得的认识。能（本能）：人天生所固有的本能，也指人的本能发挥作用而获得的效果（效能）。病（残疾）：本性所受的损伤。命（命运）：各种条件巧合所带来的遭遇。

这是语言规范化的尝试，是为未来统一中国的王者提供可参考的范本。荀子劝诫未来王者应颁行规范的名称，谨慎地率领百姓走向大一统。这种思想有其合理性。

五、严复正名

严复翻译的《名学浅说》第 30 节，列举现实生活实例："即如中国老儒先生之言'气'字。问人之何以病？曰：'邪气内侵。'问国家之何以衰？曰：'元气不复。'于贤人之生，则曰'间气'。见吾足忽肿，则曰'湿气'。他若'厉气'，'淫气'，'正气'，'余气'，'鬼神者二气之良能'，几于随物可加。今试问先生所云气者，究竟是何名物，可举似乎？吾知彼必茫然不知所对也。然则，凡先生所一无所知者，皆谓之'气'而已。指物说理如是，与梦呓又何以异乎！他若'心'字、'天'字、'道'字、

'仁'字、'义'字，诸如此等，虽皆古书中极大、极重要之立名，而意义歧混百出，廓清指实，皆有待于后贤也。"

《名学浅说》说："夫名学为术，吾国秦前，必已有之。""盖惟精于名学者，能为明辩以晰"。严译逻辑学为"名学"，概念为"名"，判断为"辞"。严译《穆勒名学》部甲篇一第一节原著原意是"为什么名称理论是逻辑学的必要部分"，严复借用孔子"君子于其言，无所苟而已矣"，意译为"论名之不可苟"。严复借孔子"正名"说，开宗明义说："言名学者深浅精粗虽殊，要皆以正名为始事。"《名学浅说》第29节说："治名学，第一事在用名不苟。即有时与人辩理，亦须先问其所用名字界说云何。"

严复说："科学入手，第一层工夫便是正名。""既云科学，则其中所用字义，必须界线分明，不准丝毫含混。""科学名词，涵义不容两歧，更不容矛盾。""孔子曰：'必也正名乎！'未有名义含糊，而所讲事理得明白者。"科学"用一名义，必先界释明白"，须运用定义（"界说"）方法。严复认为，中文名义更需在通晓"文理"（文章条理，上下文、语境、语构）的基础上辨识，"读者必合其位与义而审之，而后可得"（《穆勒名学》部甲第二按语）。"位"指语词所在的语句、上下文的位置。"义"即语义、概念。需从语法（语形、语构）和语义的联系上来确定词类性质。"正名"，严复是提倡者，也是实行者。严复为文，"一名之立，旬月踟蹰"，"字字由戥子称出"。[①] 严复致力于中国传统"正名"和西方逻辑的贯通，以促进国人思维表达的精确化。

---

① 《严复集》，中华书局 1986 年版，第 1247、1280、1290、1285、969、1322、1243 页。

第二章　命题技艺

第一节　孤驹有母：模态命题

一、负类反伦

《庄子·天下》载，诡辩家公孙龙等，提出"孤驹未尝有母"等诡辩论题，与惠施辩论，"饰人之心，易人之意，能胜人之口，不能服人之心"，蒙蔽人心，惑乱人意，使人口服却心不服。《列子·仲尼篇》载，公孙龙的追随者魏牟，与乐正子舆辩论"孤驹未尝有母"等论题："中山公子牟者，魏国之贤公子也。好与贤人游，不恤国事，而悦赵人公孙龙。乐正子舆之徒笑。公子牟曰：'子何笑牟之悦公孙龙也？'子舆曰：'公孙龙之为人也，行无师，学无友，佞给而不中，漫衍而无家，好怪而妄言，欲惑人之心，屈人之口，与韩檀等肄之。'公子牟变容曰：'何子状公孙龙之过欤？请闻其实。'子舆曰：'吾笑龙之诒孔穿。……龙诳魏王曰："孤犊未尝有母"，其负类反伦，不可胜言也公子。'牟曰：'子不谕至言而以为尤也，尤其在子矣。孤犊未尝有母，有母非孤犊也。'乐正子舆曰：'子以公孙龙之鸣皆条也，设令发于余窍，子亦将承之。'公子牟默然良久，告退，曰：'请待余日，更谒子论。'"

　　战国时魏国公子魏牟，因封于中山，世人称其中山公子牟，是贤能的公子，喜欢结交才学之士，不问国事，尤其喜欢赵国公孙龙。乐正子舆等人嘲笑他。魏牟说："你们为什么笑我喜欢公孙龙呢？"子舆说："公孙龙为人，行动没有老师，做学问没有朋友，巧辩不合道理，思维散漫，不成系统，爱好怪诞，胡言乱语，以迷惑人心，折服人口，与韩檀等人一起钻研。"魏牟变脸说："你怎么这样说公孙龙的过错？请举出证据。"子舆说："我笑公孙龙的欺骗孔穿（孔子六世孙）。……公孙龙还欺骗魏王说：'孤犊未曾有母'，混淆类别，违反常理，这类例子举不胜举。"魏牟说："你不懂最高深的言论，却误认为荒谬，真正荒谬的恰是你自己。孤犊未曾有母，有母不叫孤犊。"乐正子舆说："你把公孙龙的奇谈怪论看作条条是道，是香臭不分。"魏牟沉默很久，告辞说："请等待几天，我再跟你辩论。"

　　"孤驹未尝有母"即"孤驹从来无母"，"未尝"即

"未曾","尝"是"曾经"。《经下》说:"可无也,有之而不可去,说在尝然。"《经说下》说:"已然,则尝然,不可无也。"《经下》说:"无不必待有,说在所谓。"《经说下》解释说:"若无马,则有之而后无。无天陷,则无之而无。"一件事情可以是"无"(从来没有),但是一旦有了(发生了),就不能把它从历史上抹掉(有之而不可去),因为它确实曾经发生过。所谓"已然"(已经如此)就是"曾经发生过"(尝然),就不能说"没有发生过"(不可无也)。"无"不以"有"为必要条件,这里就看你说的是哪种"无"。如说:"我现在无马了。"这是指过去曾经有马,而后来无马(有之而后无)。又如说:"没有天陷(天塌下来)这回事。"这是指从来就没有(无之而无)。"杞人忧天"(怕天塌陷下来)是多余的顾虑。

"孤驹未尝有母"这一诡辩的谬误,是混淆不同的时间模态。说是"孤驹",就是说"现在无母",而"现在无母"不等于"过去无母"。既然说是"驹",就是说它"曾经有母",而不能由"现在无母",推出"未尝有母"(未曾有母,从来无母)。这正是"有之而不可去","已然则尝然,不可无也"的一例。以"现在无母"的事实,抹杀"过去曾经有母"的事实,是偷换概念的诡辩手法。

《列子·仲尼篇》载公孙龙"孤犊未尝有母",意思一样,"犊"指牛,"驹"指马。公孙龙的追随者魏牟为其论证说："孤犊未尝有母，有母非孤犊也。"即既然叫作"孤犊"，那就应该是"无母"。这是从孤驹或孤犊现在无母而推论从来无母，是混淆现在时与过去时，把现在时态夸大为全时态（所有时态）。《列子·仲尼篇》载乐正子舆说公孙龙用"负类反伦"（混淆类别，违反常理）的诡辩欺骗魏王，其对"孤犊未尝有母"诡辩论证是混淆不同时间的模态命题。墨家澄清这类诡辩，精心研究命题理论，对或然、实然、必然、主观、客观等模态命题，假言命题，命题和判断的要求等，有独到论述和巧妙运用，对今人思维表达有重要借鉴意义。

二、模态命题

1. 或然命题

在事物发生之前，断定它有可能发生，用将来时模态词"且"（将、将要）来表示，即《经说上》所说的"自前曰且"。这相当于或然命题（可能命题）。《小取》有如下推论式：

> A. 且入井，非入井也。止且入井，止入井也。（意思是："将要入井"的可能性不等于"入井"事实，阻止"将要入井"可能性发生，却等于阻止"入井"事实发生。）

B.且出门，非出门也。止且出门，止出门也。（意思是："将要出门"的可能性不等于"出门"事实，阻止"将要出门"可能性发生，却等于阻止"出门"事实发生。）

C.且夭，非夭也。寿且夭，寿夭也。（意思是："将要夭折"的可能性不等于"夭折"事实，阻止"将要夭折"可能性，却等于阻止"夭折"事实发生，即采取措施，使"将要夭折"的人长寿，却真就是使"夭折"的人长寿。）

在推论式A中，"且入井"（将要入井）表示一种"入井"的可能性（或然性，或然命题），它不等于"入井"（现实性，实然命题）。但是，采取措施阻止"且入井"可能性的发生（如拉住将要入井的人，或盖住井口），则"入井"的现实性也不会出现。

同理，在推论式B中，"且出门"（将要出门），不等于"出门"。但采取措施阻止"且出门"这种可能性的发生（如拉住将要出门的人，或把门关上），则"出门"的现实性也不会出现。

在推论式C中，"且夭"（将要夭折）不等于"夭"（夭折）。但采取措施，阻止"且夭"这种可能性的发生（如治好将要夭折人的病，改善营养状况和卫生条件），使"且夭"人有"寿"（"寿且夭"），就等于"寿夭"（使夭折人有寿）。

墨家出于批判儒家宿命论的需要，特设这一推论式。《论语·颜渊》载，子夏说："死生有命，富贵在天。"墨子在跟儒家信徒公孟子辩论时对方也说："贫富寿夭，全然在天，不可损益。"墨家反对儒家这种消极的命定论思想，主张强力而为，主张有病医治，改善营养，益人寿命。例 A 和例 B 是为例 C 提供类比论证的前提和论据。在墨家这样做的时候，自然也就发展了中国古典逻辑的理论。从模态逻辑的形式规律看，这里三个推理式是正确合理的。

令一事实（如"入井""出门""夭"）为 P，这 P 就是一个实然命题。而"可能 P"则为一个或然命题。实然命题 P，比或然命题"可能 P"断定得多，所以在模态命题的对当关系中 P 处于上位，"可能 P"处于下位。根据模态命题对当关系的规律，断定下位命题真，则上位命题真假不定。可能 P 真，则 P 真假不定。可能 P 不等于 P。于是，"且入井，非入井"、"且出门，非出门"和"且夭，非夭"成立。而断定下位命题假，则可断定相应的上位命题假，即如下公式成立：

$$\neg \Diamond P \rightarrow \neg P$$

读作：如果并非可能P，则并非P。于是，"止且入井，止入井也"、"止且出门，止出门也"和"寿且夭，寿夭也"成立。墨家有关时间模态逻辑的推论是科学、合理的。

2. 实然命题

"实然"即确实如此，实然命题反映确实发生的事实。用过去时间模态词"已"（已经）、"已然"（已经如此）或"尝然"（曾经如此）表达确实发生的事实，即实然命题。《墨经》讨论了用过去时模态词"已"表示的实然命题。《经上》说："已：成；无。"《经说上》解释说："为衣，成也。治病，无也。""已"（已经）是表示过去时、完成时的时间模态词。模态是英文 mode 的音译，是一种特殊的命题形式，表示断定的程度、样式、方式。《墨经》研究了古汉语中模态词的性质和用法。过去时模态词"已"的用法有两种：一种是表示建设性的，如说："已经制成一件衣服。"一种是表示破坏性的，如说："已经消除了病根。"

《墨经》仔细研究了过去时的实然性质。《墨经》定义了时间模态词"且"。《经上》说："且，言然也。"《经说上》解释说："自前曰且，自后曰已，方然亦且。""且"是表述事物存在状况和样式（"然"）的，有两种基本用法：一是在事物发生之前说"且"，相当于现代汉语"将""将要"，表将来时态，是或然命题（可能命题）。二是在事物发生过程中说"且"，相当于现代汉语"正在""刚刚"，表现在时态，是实然命题。"已"（"已然""尝然"）相当于现代汉语"已经""曾经"，表过去时态，也是实然命题。在一事物过程已经完成之后来表述它，使用过去时间模态词"已"（"自后曰已"）。

在一事物发生过程中来表述它，可以使用现在时间模态词"方"或"且"，即《经说上》所谓"方然亦且"。"方"即"开始""正在"。"方兴未艾"（方兴未已）可以说"且兴未艾"。"来日方长"可以说"来日且长"。"国家方危"可以说"国家且危"。"日方中方睨，物方生方死"，可以说"日且中且睨，物且生且死"。既然现在时语句表示一种事实开始发生、正在发生，那么从模态上说，它是实然命题。

辩者"卵有毛"诡辩的成因，是混淆可能性和现实性的不同模态。晋司马彪解释说："胎卵之生，必有毛羽。""毛气成毛，羽气成羽。虽胎卵未生，而毛羽之性已著矣。故曰卵有毛也。"这是从卵有变毛的可能性而说"卵有毛"的现实性，是混淆可能性和现实性的谬误论证。可能性是事物现象出现之前所具有的某种发展趋势，用或然命题（可能命题）表示。现实性是可能性的实现，是存在的事实，用实然命题表示。这是两种不同的模态，不能混淆。《墨经》的逻辑对此作了明确区分。"卵有毛"的可能性 ≠ "卵有毛"的现实性，公式是：

$$可能 P ≠ P$$

"可能 P"和"P"两个命题的关系，是从属（差等）关系，"可能 P"真，"P"命题真假不定，其间不是等值关系。

3. 必然命题

《经下》说："无说而惧，说在弗必。"《经说下》解释说："子在军，不必其死生。闻战，亦不必其死生。前也不惧，今也惧。"如下推论不成立："所有军人都必死，所以，所有军人都死，所以并非有军人不死。"如下推论成立："有军人不死，所以，并非所有军人都死，所以，并非所有军人都必死。"墨家用这种负必然命题及其推论，对参加防御战争的军人父母做工作，希望他们不要为参军和参战的儿子担心恐惧，认为这种担心恐惧是没有根据的。《小取》说："以说出故。""说"即有根据的推论。这是由于不具有全称性，而得出负必然命题的例子。

必然命题的否定（负必然命题）叫作"不必""非必"或"弗必"。对一类事物而言，如果不具有全称的意义或全时间性的意义，那就不能说是"必"，就是"不必""非必"或"弗必"。

必然命题带有必然模态词"必"。《墨经》指出，必然命题的论域，如果涉及一类事物，则带有全称性和全时间性（贯穿于过去、现在和将来三个时态）。《经上》说："必，不已也。"《经说上》解释说："谓一执者也。若弟兄。一然者，一不然者，必不必也，是非必也。"当必然命题涉及一类事物时，"必然"蕴涵着"尽然"（所有个体都是如此，即全称）。如果是"一然者，一不然者"（有是这样的，有不是这样的），即"不尽然"，那就一定不是"必然"，而是"非必然"。下列两公式成立：

所有 S 必然是 P →所有 S 是 P →并非有 S 不是 P
有 S 不是 P →并非所有 S 是 P →并非所有 S 必
然是 P

"必然"除了具有"尽然"即全称性以外，还具有全时间性，即作为一种永不停止的趋势而贯穿于过去、现在和将来三种时态。"不已"，即不停止。"一执"，即维持一种趋势，永不改变。如说："有弟必有兄。"这对所有场合都是如此（全称性），并且对任何时刻都是如此（全时间性）。《经说上》说："二必异。"（只要是两个事物，必然相异。）《经说下》说："行者必先近而后远。"（走路的人，必然是先近后远。）"民行修必以久。"（人走一定长度的路，必然要用时间。）这些都是对任何场合和时间都适用的必然命题。

同样，如不具有全时间性，也会得出负必然命题。已知过去和现在"凡人都有死"，假如将来有一天，可以研究出一种办法，使自己不死，那么"凡人必有死"这种必然性也就可以推翻。根据科学原理，可以断言，将来任何时刻，也不可能长生不老。所以"凡人必有死"是既有全称性，又有全时间性的正确必然命题。

祈使句主观或然模态和客观必然模态也有必和不必的区分。《经上》说："使：谓；故。"《经说上》解释说："令、谓，谓也，不必成。湿，故也，必待所为之成也。""使"有两种含义：一种含义是指使，即甲用一个祈使句命令或指谓乙去干某件事，仅仅由于这种主观指使，乙"不必成"，即不必然成功。如甲命令乙："你必须把丙杀死！"这种祈使句中的"必"实际上只表达甲主观上的杀人意图，并不构成乙杀死丙的充分条件。即尽管甲有这种主观上的杀人意图，乙也可能由于主观或客观原因，而没有把丙杀死。所以，不能仅仅用甲的这一祈使句给乙定杀人罪。第二种含义是原因，相当于充分条件，即如果 P 必然 Q。如天下雨，必然使地湿。所以说："湿，故也，必待所为之成也。"

这是用必和不必来区分祈使句主观或然模态和客观必然模态的不同性质。祈使句的主观或然模态，是"不必成"，即为负必然命题"不必"。在模态命题的等值关系中，"不必然P"等值于"可能不P"。如"乙不必然杀死丙"，等值于"乙可能没有杀死丙"。客观必然模态是"必成"，即如果P必然Q。如下雨必然地湿。祈使句主观或然模态和客观必然模态有原则区别，墨家明确认识到这种区别，初见模态逻辑之端倪。

三、荀子模态

《荀子·性恶》说，"涂之人可以为禹则然，涂之人能为禹，未必然也。""足可以遍行天下，然而未尝有能遍行天下者也。夫工匠农贾未尝不可以相为事也，然则未尝能相为事也。用此观之，然则可以为，未必能也。""然则能、不能之与可、不可，其不同远矣。"

1. 案例分析

荀子分三组分析模态命题的典型案例。第一组："涂之人可以为禹则然，涂之人能为禹，未必然也。"这一组又细分为：

（1）"涂之人可以为禹"，即"路人可能为禹"：可能P，或然命题。

（2）"涂之人能为禹"，即"路人能为禹"：能P，实然命题。

（3）"未必然也"，即"并非路人必然能为禹"：并非必然P，等值于"路人可能不为禹"：可能不P。

荀子说的"可以"，指或然P，可能P。"能"，指实然P。"未必然"，指"并非必然P"，等值于"可能不P"。

第二组："足可以遍行天下，然而未尝有能遍行天下者也。"这一组又细分为：

（1）"足可以遍行天下"，即"足可能遍行天下"：可能P，或然命题。

（2）"然而未尝有能遍行天下者也"，即"并非足能遍行天下"，并非实然P，实然命题的否定，负实然命题。

（3）"并非足必然能遍行天下"，并非必然P，必然命题的否定，负必然命题。

第三组："夫工匠农贾未尝不可以相为事也，然则未尝能相为事也。"这一组又细分为：

（1）"工匠农贾未尝不可以相为事也"，即"工农商可能互相交换做事"：可能P，或然命题。"相为事"：互相交换做事。

（2）"然则未尝能相为事也"，即"并非工农商能互相交换做事"，并非实然P，实然命题的否定，负实然命题。

（3）"并非工农商必然能互相交换做事"，并非必然

P，必然命题的否定，负必然命题。

2.逻辑总结

荀子在分析以上几组模态命题典型案例的基础上，总结这些命题间的逻辑关系，构成逻辑规律："用此观之，然则可以为，未必能也。""然则能、不能之与可、不可，其不同远矣。"分以下两点：

（1）"可以为，未必能也"，指可能P，可能非P，并非必然P。用古汉语表达模态逻辑的公式："或然（可能）P"不等于"实然P"，不等于"必然P"。即"或然（可能）P"的模态断定程度弱于"实然P"和"必然P"。

（2）"能、不能之与可、不可，其不同远矣"，指实然P、实然不P和可能P、可能不P有很大不同。用古汉语表达模态逻辑的公式："实然P""实然不P"的模态断定程度强于"或然P""或然不P"。唐杨倞《荀子》注说："工贾可以相为，而不能相为，是'可'与'能'不同也，'可'与'能'既不同，则终不可以相为也。"这是说"或然P"的模态断定程度弱于"实然P"，工商可能相互交换做事，但始终做不到，不可能做到。

荀、墨从中华先哲思维艺术总结出模态逻辑规律，证明用古汉语表达的逻辑规律同西方和现代逻辑规律本质一致，古今中西人类遵守同一逻辑。

荀子分辨以下不同的模态命题："路人可能为禹；路

·81·

第二章 命题技艺

人能为禹；路人必然能为禹。""足可能遍行天下；足能遍行天下；足必然能遍行天下。""工农商可能相为事；工农商能相为事；工农商必然能相为事。"荀子模态见表5。

表5　荀子模态

公式	可能 P	能 P	必然能 P
名称	或然命题	实然命题	必然命题
荀子公式	可以为	能为	必然能为
荀子案例	路人可能为禹，足可能遍行天下，工农商可能相为事	路人能为禹，足能遍行天下，工农商能相为事	路人必然能为禹，足必然能遍行天下，工农商必然能相为事

这说明荀子对模态命题区分及其逻辑关系的理解与西方和现代逻辑本质一致。

第二节　假者不然：假言命题

一、假设词

1. 未来可知

《鲁问》载辩论的故事。辩题是："未来可否预知。"正、反方辩论如下：

彭轻生子曰："往者可知，来者不可知。"子墨子曰:"借设尔亲在百里之外,则遇难焉,期以一日也,及之则生,不及则死。今有固车良马于此,又有驽马四隅之轮于此,使子择焉,子将何乘?"对曰:"乘良马固车可以速至。"子墨子曰:"焉在不知来?"

彭轻生子说:"过去的事情可以知道,未来的事情无法知道。"墨子说:"假如你的双亲在百里外,遇到危难,只有一日期限,你能赶到他们就能活,你不能赶到他们就会死。现在这里有坚车好马,也有劣马方轮车,让你选择,你将乘哪一种?"彭轻生子回答说:"坐坚车好马,可以快些赶到。"墨子说:"既然这样,怎么能说无法知道未来呢!"这是从假设和事实推论,证明正方墨子"未来可预知"(来者可知)的论点。"借":凭借,假设、假使、假定。"假"可指虚假,也可指假设或者凭借。如《淮南子·主术训》:"故假舆马者,足不劳而致千里。"《列子·杨朱篇》:"假济,为之乎?"《史记·司马相如传》:"假此蜀父老为辞。"《汉书·贾谊传》:"假设陛下居齐桓之处,将不合诸侯,而匡天下乎?"

2. 逻辑总结

"假"是中国古代逻辑术语,相当于假言命题或假说。《小取》说:"假者,今不然也。"假设是表示与当前事实不符合的假定、设想。以假设为条件,可引出一定结果,

· 83 ·

第二章 命题技艺

断定条件和结果间关系的命题称假言命题。产生一定结果的条件通常叫原因，中国古代逻辑术语叫"故"。"故"，从事物方面说，指原因。从逻辑上说，指理由、根据。

《经上》说："故，所得而后成也。"《经说上》举例解释说："小故：有之不必然，无之必不然。体也，若尺有端。大故：有之必然，无之必不然。若见之成见也。""故"（原因），得到它，能形成一结果。"小故"（原因中的部分要素，即必要条件）：有它，不一定有某一结果，没有它，一定没有某一结果。"小故"，形成某一结果的部分原因，如端（点）是形成尺（线）的小故（必要条件）。"大故"（形成某一结果的原因，相当于充分必要条件）：有它，一定有某一结果，没有它，一定没有某一结果。如看见的原因（条件）具备，则看见就变为事实。

"小故"是"无之必不然""非彼必不有"，即"没有前件，一定没有后件"（没有 P，一定没有 Q）。这里，"之""彼"代表前件，"然""有"代表后件。其公式是：

$$\neg P \rightarrow \neg Q$$

读作：非 P 则非 Q。"有之不必然"，相当于非充分条件，即"有前件，不一定有后件"（"有 P，不一定有 Q"）。其公式是：

$$P \wedge \neg Q$$

读作：P 并且非 Q。墨家把"小故"叫"体因"，即部分原因。《经说上》举例说："若（尺）有端"。尺是直线，端是点。即有点，不一定有直线；没有点，一定没有直线。"小故"即必要条件假言命题，在现代汉语中常用的联结词是"只有，才"。

二、用例

1. 用例一

2006 年 1 月 9 日，胡锦涛在全国科学技术大会发表题为《坚持走中国特色自主创新道路，为建设创新型国家而努力奋斗》讲话说："只有把科学技术真正置于优先发展的战略地位，真抓实干，急起直追，才能把握先机，赢得发展的主动权。"其中包含必要条件假言命题：只有把科技置于优先发展地位，才能赢得主动权。（等值于：没有把科技置于优先发展地位，就不能赢得主动权。）必要条件假言命题见表 6。

表 6　必要条件假言命题

名称	必要条件
墨经公式	无之必不然 非彼必不有

· 85 ·

第二章　命题技艺

名称	必要条件
现代解释	没有前件一定没有后件 没有 P 一定没有 Q ¬P → ¬Q 非 P 则非 Q
墨经用例	没有点，就没有直线
胡锦涛用例	没有把科技置于优先发展地位，就不能赢得主动权

"大故"是"有之必然，无之必不然"。即有前件，一定有后件，没有前件，一定没有后件。或：有P，一定有Q，没有P，一定没有Q。这相当于充分且必要条件。它是必要条件的集合，相对于必要且非充分条件被叫作"体因"来说，可以把"大故"这种充分且必要条件叫作"兼因"。在《墨经》中，"体"是与"兼"相对的范畴。有健全视力、一定光线、被看对象以及对象同眼睛有一定距离等必要条件的集合，可构成见物的充分且必要条件。"大故"，即充分必要条件假言命题，在现代汉语中的联结词是"当且仅当"（等于"如果，那么"和"只有，才"二者的合并）。

2. 用例二

2005 年 11 月 7 日《科学时报》报道，著名物理学家、诺贝尔奖获得者李政道说："只有重视基础科学研究，才能永远保持自主创新的能力。谁重视了基础科学研究，谁就掌握主动权，就能自主创新。"其中包含充分必要条件假言命题："永远保持创新能力，当且仅当重视基础科学研究。"

3. 用例三

2006年2月6日《光明日报》文《逻辑学的2005年》引潘天群用例说，主体的认知世界可以划分为信念世界、怀疑世界和无知世界，其中的元素是认知命题。这三个世界之间是不重叠的，并且它们构成一个认知世界全集。一个认知命题是真的，当且仅当它属于相应的认知世界之中。其中包含充分必要条件假言命题："一认知命题真，当且仅当属于相应的认知世界。"充分条件假言命题见表7。

表7　充要条件假言命题

名称	充分且必要条件
墨经公式	有之必然，无之必不然
现代解释	有前件一定有后件，没有前件一定没有后件 有 P 一定有 Q，没有 P 一定没有 Q $(P \rightarrow Q) \wedge (\neg P \rightarrow \neg Q)$ 如果 P 则 Q 并且如果非 P 则非 Q
墨经实例	见物条件完全具备，一定能见物；见物条件不完全具备，一定不能见物
李政道用例	永远保持创新能力，当且仅当重视基础科学研究
潘天群用例	一认知命题真，当且仅当属于相应的认知世界

第二章　命题技艺

这说明中西逻辑有相通处。

三、拟似假言

"有之必然"的充分条件假言命题，在现代汉语中常用的联结词是"如果，那么"（等于"如果，则"；"若，则"）。如："如果下雨，那么地湿。"这是"有之必然"的充分条件假言命题，性质是"有前件则有后件"。但是，有时用"如果，那么"联结的语句不具有事实上的前后件因果、条件关系，是拟似、虚假的因果、条件关系。

一网站介绍西方"情人节的习俗"说：每年 2 月 14 日的"情人节"，清早一起床你就该从钥匙孔向外窥探。如果你所看到的第一个人是在独行，那么你当年就会独身；如果你看到两个或更多的人同行，那么你当年肯定会觅得情人；如果你看到一只公鸡和一只母鸡的话，那你就会在"圣诞节"以前结婚。若能看见一对鸽子或一对麻雀也有同工之妙。单身汉们对"情人节"早晨所遇到的第一个人格外关注，因为如果你未婚而且正在寻觅伴侣，你注定要与 2 月 14 日所见到的第一个人结婚。

从古罗马至维多利亚时代，人们用两株半开的花来预测婚后状况。未婚男女栽种两株半开的花，花名的第一个字母要与各自名字的第一个字母相同。如果两花交相开放，则预示着夫妻终身美满；如果两花相背而开，则预示着夫妻将会分道扬镳；如果鲜花怒放，则表示未来的家庭人丁兴旺；若出现一朵花凋谢或死亡的情况，则意味着夫妻中有一方会先于另一方而早逝。

这里用"如果，那么"（"如果，则"）联结的若干复合语句，是拟似、虚假的因果、条件联系，不是真实的因果、条件联系。如说："未婚正在寻觅伴侣的单身汉们，注定要与 2 月 14 日情人节早晨所遇到的第一个人结婚。"这是拟似、虚假的假言命题，若信以为真，会上当受骗。

第三节　听话听声：言意之辩

一、京戏名言

京剧《沙家浜·智斗》选段：

　　　阿庆嫂　胡司令，参谋长，吃点瓜子啊。

　　　胡传魁　好……（喝茶）

　　　阿庆嫂　这茶吃到这会儿，刚吃出味儿来！

　　　胡传魁　不错，吃出点味儿来了。——阿庆嫂，我跟你打听点事。

　　　阿庆嫂　哦，凡是我知道的……

　　　胡传魁　我问你新四军……

　　　阿庆嫂　新四军？有，有！（唱西皮摇板）司令何须细打听，此地驻过许多新四军。

胡传魁　驻过新四军？

阿庆嫂　驻过。

胡传魁　有伤病员吗？

阿庆嫂　有！（接唱西皮流水）还有一些伤病员，伤势有重又有轻。

胡传魁　他们住在哪儿？

阿庆嫂　（接唱）我们这个镇子里，家家住过新四军。就是我这小小的茶馆里，也时常有人前来吃茶、灌水、涮手巾。

胡传魁　（向刁德一）怎么样？

刁德一　现在呢？

阿庆嫂　现在？（接唱）听得一声集合令，浩浩荡荡他们登路程！

胡传魁　伤病员也走了吗？

阿庆嫂　伤病员？（接唱西皮散板）伤病员也无踪影，远走高飞难找寻！

刁德一　哦，都走了？！

阿庆嫂　都走了。要不日本鬼子"扫荡"了三天，把个沙家浜像篦头发似地篦了这么一遍，也没找出他们的人来！

刁德一　日本鬼子人地生疏，两眼一抹黑。这么大的沙家浜，要藏起个把人来，那还不容易吗！就拿胡司令来说吧，当初不是被你阿庆嫂在日本鬼子的眼皮底下，往水缸里这么一藏，不就给藏起来了吗！

阿庆嫂　噢，听刁参谋长这意思，新四军的伤病员是我给藏起来了。这可真是呀，听话听声，锣鼓听音。照这么看，胡司令，我当初真不该救您，倒落下话把儿了！

胡传魁　阿庆嫂，别……

阿庆嫂　不……

胡传魁　别别别……

阿庆嫂　不不不！胡司令，今天当着您的面，就请你们弟兄把我这小小的茶馆，里里外外，前前后后，都搜上一搜，省得人家疑心生暗鬼，叫我们里外不做人哪！（把抹布摔在桌上，掸裙，双手一搭，昂头端坐，面带怒容，反击敌人）

胡传魁　老刁，你瞧你！

刁德一　说句笑话嘛，何必当真呢！

胡传魁　哎，参谋长是开玩笑！

阿庆嫂　胡司令，这种玩笑我们可担当不起呀！（进屋）

这里，伪忠义救国军参谋长刁德一说："日本鬼子人地生疏，两眼一抹黑。这么大的沙家浜，要藏起个把人来，那还不容易吗！就拿胡司令来说吧，当初不是被你阿庆嫂在日本鬼子的眼皮底下，往水缸里这么一藏，不就给藏起来了吗！"这两句话，实质上是演绎和类比推论的前提，而省略结论："新四军的伤病员是阿庆嫂给藏起来了。"其推论式如下：

演绎推论：

所有人藏在沙家浜很容易。

新四军伤病员是人。
_____

〔所以，新四军伤病员藏在沙家浜很容易。〕

类比推论：

胡司令曾被阿庆嫂在日本鬼子眼皮底下藏在沙家浜。
_____

〔所以，新四军伤病员也可能被阿庆嫂在日本鬼子眼皮底下藏在沙家浜。〕

党的抗日秘密工作者阿庆嫂，引用通俗成语"听话听声，锣鼓听音"，意为听别人说话，善于听出对方言词的深层含义和特定语境的特定语用含义，犹如听锣鼓声，善于听出敲击者表达的用意。阿庆嫂指出，刁参谋长言词的深层含义，即被省略的推论结论是："新四军的伤病员是我给藏起来了"。然后联系特定语境的特定语用含义："照这么看，胡司令，我当初真不该救您，倒落下话把儿了！"巧妙利用伪忠义救国军司令胡传魁和刁德一的矛盾，表现出阿庆嫂大智大勇，大义凛然，巧妙应对复杂局面的英雄性格。

阿庆嫂引用的通俗成语"听话听声，锣鼓听音"，在语言的实际应用中有多种变化。如"听话听声"和"锣鼓听音"前后两个子句，以及"声""音"两字，先后次序不同，"听话听声"和"听话听音"的单独应用等，其意义都是一样的。

中国新闻网 2006 年 1 月 26 日引《欧洲时报社论》说："1 月 9 日中国全国科技大会在北京高调开幕。这是中国在进入新世纪召开的第一次全国科技盛会。会议的关键词在中国元首的长篇讲话中脱颖而出：'建设创新型国家'。这是胡锦涛在提出构建'和谐社会'之际，以极为罕见的'高调'，呼唤科技强国，再次引起国际关注。胡锦涛在其讲话中有这样一段：'面对世界科技发展的大势，面对日趋激烈的国际竞争，我们只有把科学技术真正置于优先发展的战略地位，真抓实干，急起直追，才能把握先机，赢得发展的主动权。大量国际经验表明，一个国家的现代化，关键是科学技术的现代化。'听来字字珠玑，堪称是对纵向之历史与横向之现实的准确把握之后对中国发展的正确定位。但听话听音。胡锦涛的'条件句式''我们只有把科学技术真正置于优先发展的战略地位'说明：从中央到地方'真正'做到这个要求，任重道远。这是今后全体中国人在思考未来时，不可回避的首要课题。胡锦涛所说'急起直追'则说明，中国科技在很多领域还是落后的。这说明中国新一代领导人在'神舟飞天'之后，对中国科技事业的现状的估计，仍然相当冷静。"这是《欧洲时报社论》作者"听话听音"，理解胡锦涛"只有……才……""条件句式"假言命题的深层含义。

　　"听话听声，锣鼓听音"所表达的是，要关注语言表达之外的意义，体现的是"言意相离"（语言和意义相分离）。这就涉及中华先哲争论了千年的"言意之辨"。

二、千年之辩

1. 高谈雄辩

　　史载唐焦遂口吃，面对客人不出一言，与李白号为酒友，号称"酒八仙"，但醉后却不口吃，应对如流，时人称"酒吃"。唐杜甫《饮中八仙歌》说："焦遂五斗方卓然（超越寻常），高谈雄辩惊四筵。"后用"高谈雄辩"形容能言善辩。明徐有贞《武功集》卷5诗："故人相别半年余，不寄平安一纸书。梦想依然见风韵，高谈雄辩近

何如？"中国历史上有著名的"言意之辩"，辩论反方主
张"言不尽意"，正方主张"言尽意"，争论持续了数千
年也没有完结。言不尽意命题见表8。

表8　言不尽意命题　　（单位：次）

命题	四库全书	四部丛刊	合计
言不尽意	509	61	570
不可以言传	108	19	127
言尽意	41	6	47
合计	658	86	744

这说明"言意之辩"中反方的影响远大于正方，其中
缘由值得思索。

2. 反方雄辩：言不尽意

《庄子·天道》载：

　　桓公读书于堂上，轮扁斫轮于堂下，释锥、凿而
上，问桓公曰："敢问公之所读为何言邪？"公曰：
"圣人之言也。"曰："圣人在乎？"公曰："已死矣。"
曰："然则君之所读者，古人之糟魄已夫。"桓公曰：
"寡人读书，轮人安得议乎？有说则可，无说则死。"
轮扁曰："臣也，以臣之事观之：斫轮徐则甘而不固，
疾则苦而不入。不徐不疾，得之于手，而应于心，口

不能言，有数存于其间。臣不能以喻臣之子，臣之子亦不能受之于臣，是以行年七十，而老斫轮。古之人与其不可传也，死矣。然则君之所读者，古人之糟魄已夫。"

　　齐桓公在堂上读书。一位名叫扁的制轮工匠在堂下斫木头，做车轮。他忽然放下手中的锥凿，上前问桓公说："请问您读的书上写了些什么？"桓公说："写的圣人之言。"轮扁说："圣人还在吗？"桓公说："已经死了。"轮扁说："那么您所读的书，不过是古人的糟粕而已。"桓公曰："我读书，你做车轮，怎么敢妄加议论？说出道理，可免你一死。说不出道理，定治你死罪。"轮扁说："我就拿我做车轮的事来看：做车轮，榫眼对榫头，偏宽则甘滑易入而不坚，偏紧则苦涩难入而不成。不宽不紧，得之于手，应之于心，口虽不能用语言表达，但是有艺术技巧存于其间。我不能给我的儿子说清楚，我儿子也不能不经自己琢磨就从我这里传承，所以我已年届七十，还得在这里砍削车轮。古人和他们不可言传的意思，已经死了。所以我说您所读的书，不过是古人的糟粕而已。"

　　宋林希逸《庄子口义》卷5说，庄子"轮扁斫轮"的寓言"极为精妙"，用比喻说明"言不尽意"的命题。庄子说："世之所贵道者书也：书不过语，语有贵也。语之所贵者意也，意有所随。意之所随者，不可以言传也。"
世人所看重称道的是书。书不过是记载的语言，语言自有
其珍贵之处。语言可珍贵的是意义，意义有其所追随的道
理。意义所追随的道理不能用语言传达。唐成玄英解释
说："道者言说，书者文字，世俗之人"，"因书以表意"，
"以为贵重，不知无足可言也"。"所以致书，贵宣于语。
所以宣语，贵表于意也。""随，从也。意之所出，从道
而来。道既非色、非声，故不可以言传说"。庄子的意思
是："世人都说书最贵：书籍不过用语言写，语言比书更
为贵。贵于语言的是意义，意义更有其所贵。贵于意义的
是道理，不可言传难描绘。"其中包含程度递进公式：

书→语→意→道（书籍→语言→意义→道理）

有形事物的粗糙一面，可用语言表达。无形事物的精
妙所在，可用意念想象。抽象的道理，没有形体、颜色、
声音，不能用视听认识手段把握。道理的精妙意义不能用
语言穷尽，不能用意念想象。《庄子·知北游》说："道不
可闻，闻而非也；道不可见，见而非也；道不可言，言而
非也。""所以论道，而非道也。"即道理不能听，能听的
不是真道理。道理不能看，能看的不是真道理。道理不能
言说，能言说的不是真道理。道理不能议论，能议论的不

第二章　命题技艺

是真道理。

《易·系辞上》说："书不尽言，言不尽意。"即书面文字不能完全表达自然语言，自然语言不能完全表达内心深意。三国魏学者荀粲（209—238）认为精微奥妙的道理不能用语言来表达和用思维来把握。王弼（226—249）在《老子指略》说："名必有所分，称必有所由。有分则有不兼，有由则有不尽。不兼则大殊其真，不尽则不可以名。""言之者失其常，名之者离其真"，"不以言为主，则不违其常；不以名为常，则不离其真。"认为有名称，就有分别；有分别，就不会有整体。名言不能反映整体、全貌和真相。这是以语词、概念的相对性为根据，论证"言不尽意"而走向极端，认为不言、不名才不违失常道，却远离真相。蒋济（173—249）、傅嘏（209—255）和钟会（225—264）的著作都以"言不尽意"为立论根据。

"言不尽意"论，指出了言词表达意义的局限，对文学创作有重大影响。语言是人类的创造，但表达人类丰富感情和大千世界显有不足。所以，创作力求达意，既诉诸言内，又寄诸言外，运用启发暗示，唤起读者联想，体味字句外深长的意趣，以收"言有尽，而意无穷"的效果。苏东坡说："言有尽，而意无穷者，天下之至言也。"欧阳修说："状难写之景，如在目前；含不心之意，见于言外。"

陆机《文赋》说："意不称物，文不逮意，盖非知之难，能之难也。"刘勰《文心雕龙·神思》说："是以意授于思，言授于意，密则无际，疏则千里，或理在方寸，而求之域表，或意在咫尺，而思隔山河。""至于思表纤旨，文外曲致，言所不追，笔固知止。至精而后阐其妙，至变而后通其数，伊挚不能言鼎，轮扁不能语斤。"钟嵘《诗品》说："使味之者无极，闻之者心动，是诗之至也。"东晋诗人陶渊明（365—427）《饮酒》诗："结庐在人境，而无车马喧。问君何能尔，心远地自偏。采菊东篱下，悠然见南山。山气日夕佳，飞鸟相与还。此中有真意，欲辩已忘言。"诗作既设法言说，以诗言志，又昭示言外有欲辩真意，表达"言尽而意未尽"的境界。

99·

"言不尽意"论，强调语言的相对性，有反对绝对主义、独断论的合理一面。但真理向前多走半步，会陷于谬误。极端夸大语言的相对性，会走向相对主义、怀疑论和不可知论。《庄子·天道》说："智者不言，言之不智。"真正有智慧的人不说话，说话的人并非真正有智慧。《知北游》说："至言去言。""辩不若默。"最高明的言论是取消言论，能言善辩不如沉默无语，主张去除言谈辩说，沦于荒谬。唐欧阳询《艺文类聚》卷 17 载，西晋张韩著《不用舌论》说："留意于言，不如留意于不言。""普天地之与人物，亦何屑于有言哉？"把"言不尽意"论发挥到极致：既然"言不尽意"，不如"不用舌"说话。《春秋谷梁传·僖公 22 年》说："人之所以为人者，言也。人而不能言，何以为人？"语言是人猿相揖别的一个标志性特征，人如果倒退到"不用舌"、不说话的地步，人将不成其为人。

　　古希腊也有从辩证法走向诡辩论的案例。列宁说："辩证法曾不止一次地作过 —— 在希腊哲学史上就有过这种情形 —— 通向诡辩论的桥梁。"① 亚里士多德说："如那个闻名已久的赫拉克利特学派克拉底鲁执持的学说，可算其中最极端的代表，他认为事物既如此变动不已，瞬息已逝，吾人才一出言，便已事过境迁，失之幻消，所以他最后，凡意有所指，只能微扣手指，以示其踪迹而已；他评议赫拉克利特所云'人没有可能再度涉足同一条河流'一语说，在他看来，'人们就是涉足一次也未成功'。"② 列宁说："这一点质朴地绝妙地表现在赫拉克利特的一个著名公式（或格言）中：'不可能两次进入同一条河流' —— 其实（像克拉底鲁 —— 赫拉克利特的学生早就说过的那样）连一次也不可能（因为当整个身体浸到水里的时候，水已经不是原来的了）。""这位克拉底鲁把赫拉克利特的辩证法弄成了诡辩"，"关于任何东西都不可能说出什么

---

　　① 《列宁全集》第 22 卷，人民出版社 1958 年版，第 302、303 页。
　　② 亚里士多德：《形而上学》，商务印书馆 1959 年版，第 74 页。

来"。克拉底鲁只"动了动手指头",便回答了一切。[①]认为"万物变动难言说,微扣手指示踪迹"的论调,同张韩的《不用舌论》可谓异曲同工。

3. 正方回应:言尽意

(1)墨家创见。墨家首创"言合于意""以辞抒意""循所闻而得其意"和"执所言而意得见"等发挥"言尽意"论的命题,是先秦"言意之辩"中正方应对"言不尽意"论的第一次高潮。

① "言合于意"。《经上》说:"信,言合于意也。"《经说上》解释说:"不以其言之当也。使人视城得金。"可见,"信"和"当"有不同的定义,是不同的标准。"信"的定义,是"言合于意",即口里说的"言"(语句),符合心里想的"意"(判断),怎么想就怎么说,心口如一,语言和思维一致。"信"是指语言准确表达思维,这是发挥语言的表意功能、交际功能的目的和标准。

《淮南子·说山训》说:"得万人之兵,不若闻一言之当。""当"的定义是"意合于实",即心里想的"意"(判断)符合客观存在的"实"(实际),事实是什么就怎么想,思维和实际一致。"当"是指判断和语句符合实际,这是认识的目的和标准。

① 列宁:《哲学笔记》,人民出版社1956年版,第390页。

在墨家经典的话语系统里，"当""是""正""真"的含义一致，都是指语言和思维符合现实。"信"不以语句的"当"为必要条件。言、意、实（语言、意义、实际）三者的对应，有以下几种不同的情况：第一，判断符合实际，语句符合判断，语句既当且信。第二，判断不符合实际，语句符合判断，语句不当而信。第三，判断符合实际，语句不符合判断，语句可能不信且不当，也可能偶然"当而不信"。例子是："使人视城得金。"即甲骗乙说："城门内有金，你到那里能拾到金子。"乙去一看，碰巧拾到金子。这是"判断符合实际"，是"当"。实际上甲并不真的知道那里有金子，只是随口胡说。这是"语句不符合判断"，是"不信"。这种思考很是细密精到。

②"以辞抒意"。《小取》说："以辞抒意。"即用语句、命题抒发、表达意义、判断。"辞"，即言，语言、语句、命题。本意是讼词，《周礼·乡士》："听其狱讼，察其辞。"《说文》："辞，讼也。""犹理辜也。"又指言辞、言词，《史记·魏公子列传》："一言半辞。"唐欧阳询《艺文类聚·人部·言语》："《释名》曰：'言，宣也，宣彼此之意也。语，叙也，叙己所欲说述也。'《说文》曰：'直言曰言，论议曰语。'"

"抒"，抒发、表达。《楚辞·九章》说："发愤以抒情。""意"，意义。《荀子·正名》："天官之意物。"古

注："意，从心、从音。意不可见，因言以会意也。""意"由"心"和"音"两部分构成，表示意为心音，言为心声，用语言表达意义。王充《论衡·书解篇》："出口为言。"扬雄《法言·问神》："言，心声也。"宋俞琰《周易集说》卷23说："在心为志（意），出口为言，言，心声也。"清龚自珍说："言为心声。"朱熹咏《意》诗："意乃情专所主时，志之所向定于斯。要须总验心情意，一发而俱性在兹。"

《经上》说："闻，耳之聪也。循所闻而得其意，心之察也。言，口之利也。执所言而意得见，心之辩也。"这是"循闻察意""执言辩意"的方法。言是语句，由说者用"利口"说出，听者用"聪耳"听到。"意"是心智的判断，借助说出的语句，可以察知、辨别语句所表达的判断，这就是阿庆嫂所说的"听话听声，锣鼓听音"。语句的说出，凭借人的健全发音器官；语句的接受，通过人的健全听觉器官；把握语句中的判断，要依靠心智思维的辨察、分析作用。

墨家首创"言合于意""以辞抒意""循所闻而得其意"和"执所言而意得见"等等发挥"言尽意"论的命题，在当前也有重要影响。

（2）吕氏高论。吕不韦的高论"言者以喻意""辞者意之表""以言观意"等发挥"言尽意"论的命题，是先秦"言意之辩"中正方应对"言不尽意"论的第二次高潮。《吕氏春秋·淫辞》载:"荆柱国庄伯令其父'视日。'曰:'在天。''视其奚如?'曰:'正圆。''视其时。'曰:'当今。'令谒者:'驾。'曰:'无马。'令涓人:'取冠。''进上。'问:'马齿。'圉人曰:'齿十二与牙三十。'"

有一天,庄伯叫父亲"看看太阳",意思是叫他去看看太阳的位置,以确定时间的早晚。父亲对诡辩很感兴趣,故意转移话题说:"太阳在天上!"庄伯怕父亲没理解自己的意思,进而解释说:"看看太阳怎么样了?"意思还是叫他去看看太阳的位置,父亲却再次故意转移话题说:"太阳正圆着呢!"庄伯第三次解释说:"去看看什么时候了。"父亲也第三次转移话题说:"恰恰是现在这个时候。"庄伯叫传令官通知车夫"预备马车"。传令官故意转移话题说:"我没有马。"庄伯叫侍臣把帽子从头顶上"取"下来,侍臣却又"取"来一顶帽子说:"请戴上!"庄伯坐上车子,问养马人:"这马的牙口多少?"意思是问马的年龄,养马人却故意转移话题,回答马牙齿的数目:"12颗齿(指门牙),共30颗牙。"

"荆"是楚国的别名。庄伯是楚国的"柱国",原为保卫国都之官,后为最高武官,地位仅次于令尹,汉高诱注说:"柱国,官名,若秦之有相国。"则庄伯府就相当于相国府。在楚国的相国府庄伯官邸，父亲、谒者（传达）、涓人（近侍）与圉人（马夫）之间的诡辩，似乎是家常便饭，随手拈来。他们似乎都染上了诡辩顽症，对巧辞诡辩怀有极大兴趣，把诡辩看成斗智斗嘴的智力和语言的游戏、娱乐，俗话说"逗着玩"。在游戏、娱乐、"逗着玩"中，每个人都成了出色的语言艺术表演者。战国时期辩论成风，诡辩是必然的伴生品，成为人们习以为常的时尚。

　　庄伯的父亲，到传令官、侍臣和养马人各色人等，都一而再，再而三地利用语言的歧义性、灵活性耍贫嘴，以诡辩取乐，跟相声演员在舞台上表演语言艺术，与古希腊智者在贵族宴会上玩弄的语言游戏，如出一辙。黑格尔说，"在柏拉图那里，我们也发现有这样的一些开玩笑的、双关的话，用来嘲弄智者们"。"他们成了宫廷里的弄臣"。"曾被用在公共场所，也被用在国王们的宴席上作为游戏"。"在国王们的宴席上，有哲学家们的聪明的谈话和聚会，他们在互相嘲弄和寻开心。希腊人异常喜爱找出语言中和日常观念中所发生的矛盾"。斗嘴斗智的轻松诡辩，是王公贵族生活的润滑剂、开胃酒和调料。诡辩的滋生，从反面刺激了系统逻辑学的诞生，后来亚里士多德清理古希腊诡辩，创建了影响后世的希腊逻辑。

　　与古希腊相似，中国古代逻辑是名家、辩者诡辩的对立物。战国末，墨、儒、杂等学派都苦心思索怎样战胜诡辩。《墨经》逻辑是墨家反诡辩的产物，《荀子·正名》是儒家反诡辩的产物，《吕氏春秋》的《淫辞》《离谓》等篇是杂家反诡辩的产物。

《吕氏春秋》的《淫辞》《离谓》思考的是怎样解释诡辩，诡辩怎样产生，如何克服诡辩，论述语言指谓性、交际性的语言逻辑理论。《吕氏春秋》把庄伯身边的诡辩故事放到《淫辞》篇，把其中每一问答方式（答非所问、转移话题）都看成诡辩。庄伯身边的诡辩故事，是当时王公贵族宫廷府邸诡辩盛行的一个缩影，是由"言意相离"导致诡辩的典型案例。

"言意相离"。《吕氏春秋·离谓》说："言者以喻意也。言意相离，凶也。""辞者意之表也。鉴其表而弃其意，悖。""听言者，以言观意也。听言而意不可知，其与桥言无择。""齐有事人者，所事有难而弗死也。遇故人于途，故人曰：'固不死乎？'对曰：'然。凡事人，以为利也，死不利，故不死。'故人曰：'子尚可以见人乎？'对曰：'子以死为反可以见人乎？'"

语言的功能在于表达意义。语言和意义相背离是坏事。语言是表达意义的工具。只根据语言的表面意义，而抛弃其真实语义，是荒谬的。听人说话，是通过语言观察意义。听到语言，如果意义混淆难知，就跟诡辩无异。

汉高诱注："桥，戾也。择犹异。"戾：乖戾、违反。"桥言"，即"言意相离"（语言和意义背离），是用语句字面意思架空、偷换具体语境下确定语义的诡辩。

齐国人某甲，受雇作别人的保镖，规定主人有危难时，保镖应该以死相救。后来主人有危难，某甲没有以死相救，临阵脱逃。逃跑途中，遇到老朋友。老朋友说："主人有难，你怎么不以死相救呢？"某甲理直气壮地说："是的。凡受雇于人，是为了自己的利益，以死相救，对自己不利，所以我要逃跑。"老朋友根据一般规定和通常的道德标准问他："你这样做，还有脸见人吗？"某甲回答说："你以为人死了，反而可以看见人吗？"前一"见人"，是道德方面的含义（指没脸见人），后一"见人"，是生理方面的含义（指人死了，眼睛闭上，不能用眼睛看人）。这是用偷换概念的手法进行诡辩。

《吕氏春秋·淫辞》说："非辞无以相期，从辞则乱。乱辞之中又有辞焉。言者，心之谓也。言不欺心，则近之矣。凡言者，以谕心也。言心相离，而上无以参之，则下多所言非所行也，所行非所言也。言行相诡，不祥莫大焉。"没有言辞语句，就无法相互交际、交流。《说文》："期，会也。"仅听信言辞也会发生混乱。混乱的言辞生出新的混乱，造成恶性循环。语言是思维的表达。语言不违背思维，就接近于理想目标。所有语言都是表达思维的。

语言与思维背离，上者无法参考检验，下者语言与行为脱节，行为与语言脱节。语言与行为互相背离，是不希望出现的情况。这是说明语言有指谓事物、人际交流和引导行为的功能。

篇名"淫辞"，即诡辩。"淫"：邪僻、惑乱。《孟子·公孙丑上》："淫辞知其所陷。"语言之所以能作为交际工具，与其指谓对象、表达思想的功能分不开，语言的指谓性是其交际性的基础。语言离开其所指谓的对象和确定的思想内容，会引起交际中的语义混乱，产生偷换概念、转移论题的诡辩。

《吕氏春秋》把语言离开其所指谓的对象和所表达的思想叫"离谓"，即"言意相离"。《精谕》说："言者，谓之属也。""唯知言之谓者为可。"语言从属于其所指谓的对象和所表达的思想。"离谓"，"言意相离"，即语言离开其所指谓的对象和所表达的思想，则徒有其表，会受到诡辩者的任意曲解。指谓对象和表达思想，二者密切联系。思想是对象的反映，言辞离开了其所指谓的对象，也就离开了其所表达的思想，"离谓"导致"言意相离"。《经说上》说："言，谓也。"语言的功能是指谓对象，表达思想。《广雅·释言》："谓，指也。""指"同"旨"。《说文》："旨，意也。""离谓"即"离意"。《列子·说符》"唯知言之谓者"张湛注："谓者所以发言之旨趣。"

《吕氏春秋》讨论对象、思想和语言的关系，用意在于揭露使语言和思维、对象相脱离的诡辩手法。

阴阳家的著名代表邹衍，曾批评公孙龙及其门徒"白马非马"之类的诡辩，是"饰辞以相悖"，"引人声（引用别人的话）使不得及其意"（即言意相离），是有害于大道的"缴言纷争"的根源。司马谈指出，名家即公孙龙一派"苛察缴绕"（诡辩），"使人不得返其意"（违反别人原意，偷换概念或论题）。这都从语言和对象、思维相背离的角度，指明诡辩的起源和实质。

在庄伯与身边人的对话中，对话人对庄伯的每一句正常话语、问题或命令，都避开其所指谓的对象及其确定的思想内容，断章取义，望文生义，利用语句局部字面上的其他含义，偷换概念、转移话题。对话的一方，故意利用语言的多义性，答非所问，偷换话题，使语言离开对方的本意，由"言意相离"而造成诡辩。诡辩不考虑语言在具体语境的确定语用含义，利用语言的多义性，任意曲解，使语义丧失确定性，违反对话辩论中语义的同一律，给人际交流带来混乱。

解决"言意相离"，即使语言和思维、对象脱节，对语言作任意解释的问题，必须从两方面着手。一是说话人应把意思说明白，让人听其言而知其意，不容歪曲篡改。二是听话人应理解说话人话语所指谓的对象和原意，避免

"望文生义"和"断章取义"。

语境决定语义。《吕氏春秋·察传》载"夔一足"命题：

> 鲁哀公问于孔子曰："乐正夔一足，信乎？"孔子曰："昔者舜欲以乐传教于天下，乃令重黎举夔于草莽之中而进之，舜以为乐正。夔于是正六律，和五声，以通八风，而天下大服。重黎又欲益求人，舜曰：'夫乐，天地之精也，得失之节也。故唯圣人为能和乐之本也。夔能和之，以平天下。若夔者一而足矣。'故曰夔一足，非一足也。"

鲁哀公听到"夔一足"这句话，从字面上理解为"夔这个人天生只有一只脚"，感到迷惑不解，于是向孔子请教说："夔这个人，天生只有一只脚，您相信吗？"孔子解释说，过去舜想借用音乐教化天下，命令重黎（尧时掌管时令的官，后为舜臣）推举人才。重黎从民间把夔举荐给舜，舜叫夔作乐官，于是规范音律，调和五声，贯通八方风俗，天下服从。重黎又想再找一些像夔这样的人。舜说："音乐是天地的精华，得失的关节。所以只有圣智的人，才能调和音乐的根本。夔能调和音乐的根本，以教化天下。所以像夔这样的人，有一个就足够了。"所以说

"夔一足"（像夔这样的人，有一个就足够了），非"一足"也（并非夔天生只有一只脚）。"夔一足"语句的意义切分有两种可能：一是"夔一／足"（夔有一个，已足够）；二是"夔／一足"（夔这个人，有一只脚）。鲁哀公不理解"夔一足"这句话的具体语境，"鉴其表而弃其意"，只根据字面上的一种可能意义，理解为"夔这个人天生只有一只脚"，脱离了具体语境，导致"言意相离"，构成"望文生义""断章取义"的典型谬误。

对"夔一足"命题的误解，源远流长。有不少文献，把"夔一足"中"一足"理解为一只脚，把"夔"理解为神话动物。安阳殷墟出土文物中有一对白石雕成的龙，只有一足。《山海经·大荒东经》说："东海中有流波山，入海七千里。其上有兽，状如牛，苍身而无角，一足。"宋罗愿《尔雅翼》卷18说："夔，一足之兽。"明叶子奇《草木子》说："夔一足也，人两足也，马四足也，蜘蛛六足也，螃蟹八足也，蚰蜒四十足也，蚿百足也。"字书"夔"条释文常列"一足之夔"的神话。宋代以来，把青铜器、雕刻、绘画上表现一足，类似爬虫的动物，称为夔或夔龙。宋苏轼《东坡全集》卷21说："鹢疑鹏万里，蚿笑夔一足。"宋陆游《剑南诗稿》卷67说："目昏大字亦可读，齿摇犹能决濡肉。若知用短百无忧，此理正如夔一足。"明彭大翼《山堂肆考》卷228说："蛇无足亦足，夔一足亦足，蚿百足亦足。"

《察传》载"穿井得人"命题："宋之丁氏，家无井而出溉汲，常一人居外。及其家穿井，告人曰：'吾穿井得一人。'有闻而传之者曰：'丁氏穿井得一人。'国人道之，闻之于宋君，宋君令人问之于丁氏。丁氏对曰：'得一人之使，非得一人于井中也。'"

宋国丁先生，家中没有水井，经常需要一个劳动力到外边取水。后来丁先生家打了一口井，于是告诉别人："我家打井得到一个人。"在具体语境下，其确定语义是："我家里打井得到一个劳动力的使用（节省一个劳动力）。"但听话者、传话者脱离具体语境，从字面上理解为："丁先生打井从中捞出一个活人。"这使国人和宋君迷惑不解，直到查清真实语义，才解开疑团。这是"望文生义""断章取义"的典型案例。

《察传》载"三豕涉河"："子夏之晋，过卫，有读史记者曰：'晋师三豕涉河。'子夏曰：'非也，是己亥也。夫己与三相近，豕与亥相似。'至于晋而问之，则曰'晋师己亥涉河'也。"

有一次，孔子的学生子夏到晋国去，途经卫国，听见有人诵读史书说："晋国军队三头猪过黄河。"子夏说："您读错了，应该读为'晋国军队在己亥这一天过黄河'。因为'己'和'三'字形相近，'豕'和'亥'字形相似。"子夏到晋国请教别人，果然是应该读为"晋国军队在己亥这一天过黄河"。这是不了解具体语境下的确定语义而误读文字的一例。

子夏是孔子学校"文学"科的优秀毕业生，他熟悉古代文化典籍，曾传授《诗》《春秋》等儒家经典，懂得校勘学的知识，知道根据语句的语境，纠正抄错或读错的文字。从语境（上下文）看，作"晋师三豕涉河"（晋国军队三头猪过黄河）不通，而作"晋师己亥涉河"（晋国军队在己亥这一天过黄河）则通。这是根据校勘学的一般知识，用演绎法推断而得出的。到晋国作实际调查，是应用归纳法验证。演绎和归纳相结合，能纠正脱离语境导致的篡改古籍文字的错误。

有一县令，为表明自己清正廉明，堂悬一对联明誓："得一文天诛地灭，听一情男盗女娼。"但是送金帛的人很多，他都收了。想要办事，也一定徇情。有人对县令说："您错了，你没看见堂上对联所表示的意思吗？"县令说："我的意思没变：我得钱不止一文，听情也不止一次。"县令脱离原来语境，篡改原来对联所表示清正廉明的意思，为大肆贪污徇情的丑行辩解。

传言看语境。《察传》说："夫传言不可以不察。数传而白为黑，黑为白。故狗似玃，玃似母猴，母猴似人，人之与狗则远矣。此愚者之所以大过也。闻而审则为福矣，闻而不审不若无闻矣。""凡闻言必熟论，其于人必验之以理。""辞多类非而是，多类是而非。是非之经，不可不分。此圣人之所慎也。然则何以慎？缘物之情及人之情，以为所闻，则得之矣。"

在对话、辩论中，离开语境而篡改语义的现象很常见，这是诡辩产生的语言认识论根源。为了克服这种脱离语境篡改语义的诡辩现象，对于语言的传播要仔细审察。语言数次传播，容易导致信息失真，黑白颠倒。如以下连锁推论，越推离事实越远：

狗像玃。

玃像母猴。

母猴像人。

所以，狗像人。

"像""似"的语义，角度和标准不统一，经语言的数次传播，差别越来越大，离事实和真理越来越远。这是出错的原因。听话善于审察，是好事；听话不善于审察，还不如没有听。语言在很多情况下，像是不对的，实际是对的；像是对的，实际是不对的。这是本质和现象的区别。是非的界限，一定要分清。如果能够根据物情、人情、事理，即结合广义的语境，就有助于了解语言的确定语义，有助于揭露辩论对话中篡改语义的诡辩。

（3）刘昼新意。北齐刘昼（516—567）《刘子·崇学》说："至道无言，非立言无以明其理。"即最高的道理自己不会说话，不依靠语言就不能明白道理。《刘子·审名》说："言以绎理，理为言本。名以订实，实为名源。有理无言，则理不可明。有实无名，则实不可辨。理由言明，而言非理也。实由名辨，而名非实也。今信言而弃理，非得理者也。信名而略实，非得实者也。故明者课言以寻理，不遗理而著言。执名以责实，不弃实而存名。然则言理兼通，而名实俱正。"

用语言解释道理，道理是语言的根本依据。名称确定实体，实体是名称的本原。有道理不说出来，道理就不能明白。有实体无名称，则实体不能得到分辨。道理由语言说明，但语言不等于道理本身。实体由名称分辨，但名称本身不等于实体。现在相信语言而抛弃道理，实在不是获得道理的方法。只相信名称而忽略实体，就不能得到实际情况。所以明智的人通过考核语言以便探寻道理，而非抛弃道理只突出语言。用名称来检查实体，不是抛弃实体而只保存名称。这样一来就能做到语言和道理两方面的贯通，而名实关系双方都得到纠正。这是对欧阳建"言尽意"论的深化和发挥。

刘昼《刘子·审名》（唐袁孝政注）说：

世人传言，皆以小成大，以非为是。传弥广而理逾乖，名弥假而实逾反。则指犬似人，转白成黑矣。今指犬似人，转白成黑，则不类矣。专以类推，以此象彼，谓犬似玃，玃似狙，狙似人，则犬似人矣。谓白似缃（浅黄），缃似黄，黄似朱，朱似紫，紫似绀（青色），绀似黑，则白成黑矣。黄轩四面，非有八目（黄帝使诸侯分理四方，因以为四面，即今之方伯也）。夔之一足，必有独胫（鲁哀公问孔子曰："夔一足信乎？"对曰："调六律，和八音，惟一人则足"）。周人玉璞，其实死鼠（周人怀璞，谓郑贾曰："欲买璞乎？"曰："欲之。"出其璞视之，乃死鼠也，因谢不取）。楚之凤凰，乃是山鸡（楚人担山鸡者，路人问："何鸟也？"曰："凤凰也。"路人弗惜千金贩之，欲献楚王，经宿而死）。愚谷智叟，而像顽称（昔有贤人，隐于愚谷，自号曰"愚谷叟"，时人闻之，以为真愚人也）。黄公美女，乃得丑名（齐有黄公，二女皆国色，常谦卑以为丑恶，故一国无聘者。卫有鳏夫，时冒取之，果国色也）。鲁人缝掖，实非儒行（掖，大也。孔子居鲁，常服之）。东郭吹竽，而不知音（竽似笙，有三十六管。齐宣王好闻之，吹竽者三千人。东郭，处士也）。"四面"、"一足"，本非真实。"玉璞"、"凤凰"，不足定名。鲁人、东郭，空滥美称。愚谷、黄公，横受恶名。

由此观之，传闻丧真，翻转名实，美恶无定称，贤愚无正目。俗之弊者，不察名实。虚传说者，即似定真。龙肝、牛膝，谓之为肉（以上俱是药名）。"掘井得人"，言自土而出。"三豕渡河"，云彘行水上。凡斯之类，不可胜言。故狐、狸二兽，因其名便（狐为野犬，狸为野猫），合而为一。蛩蛩、巨虚，其实一兽（蛩蛩前足长，巨虚后足长，其兽出雁门山，见人即巨虚负蛩而走），因其词烦，分而为二。斯虽成其名，而不知败其实，弗审其词，而不察其形。是以古人必慎传名，近审其词，远取诸理，不使名害于实，实隐于名，故名无所容其伪，实无所蔽其真。此之谓正名也。

世人传言，通常会把小说成大，造成是非颠倒的结果。言论传得越广，而道理越乖庚荒谬，名称越假，而与实际越相反。如说犬似人，把白说成黑。现在把犬说成人，把白说成黑，就混淆了事物的类别。用来进行类推，说这个像那个，说犬像玃，玃像狙，狙像人，那么犬就像人。说白像缃（浅黄），缃像黄，黄像朱，朱像紫，紫像绀（清色），绀像黑，则白就成黑了。说"黄轩四面"，指的是黄帝使诸侯分理四方，这就成了"四面"，就是现在说的各方诸侯，而不能理解为有四张脸，八只眼。说"夔一足"，误解为一只脚、一条腿。周国人说"璞"，其实是死鼠，不像郑国人理解为"玉"。楚国人误认的"凤凰"，其实是山鸡。过去有贤达智慧的人，隐居在"愚谷"，戏称自己为"愚谷老人"，时人听到了，以为真是"愚人"。齐国黄先生，两个女儿都是国色美人，由于常谦虚地说是"丑八怪"，所以"丑名"远扬，一国无人娶。孔子住鲁国，常穿大襟衣服，鲁人纷纷仿效，以为这样就更像"儒者"。东郭处士滥竽充数，不会吹竽，在乐队里假装吹竽。"四面""一足"，本是歧义，而非真实。"玉璞""凤凰"，都是误解的名称。鲁人"儒者"、东郭"吹竽"，都是虚得美称。"愚谷愚人""黄公丑女"，都是无端背上恶名。

由此看来，传闻失实丧真，颠倒名实关系，美恶没有确定理解，贤愚没有正确看待。日常生活中的错误，是不认真审察名实关系的结果。虚假传说，把假说成真。"龙肝""牛膝"，都是中药名，被错认为是肉。"掘井得人"，是说打井取水，省了劳动力，却被误解为活人自井而出。史书"晋师己亥涉河"，被错抄为"晋师三豕涉河"，被误解为三只猪渡河，行于水上。此类案例不胜枚举。所以狐、狸本是两种兽，狐是野犬，狸是野猫，因为名称方便，被合而为一。蚳蚳巨虚，本是一种兽，因为词冗长，被分为两种。这虽然成为固定名称，而不知已经把事实搞混，不审察词句，不审察形体。所以古人一定慎重传达名称，近审察词句，远探求各种道理，不使名称有害实体，或者实体被名称掩盖。这样名称就不会容纳虚假，实体也不会被掩盖真相。这就叫作"正名"（把名称搞正确）。这是用大量案例说明传言必须察明语境，以确定真实语义，避免望文生义，断章取义。孔子提出"正名"，墨家学者以"正名"为专长，荀子建立"正名"逻辑体系，刘昼《审名》的论述是在前人基础上，有所创新、发挥和发展，颇具精意。

（4）言尽意论。唐欧阳询《艺文类聚·人部·言语》载欧阳建《言尽意论》：

> 有雷同君子问于违众先生曰："世之论者，以为言不尽意，由来尚（久）矣。至乎通才达识，咸以为然。若夫蒋（济）公之论眸子，钟（会）、傅（嘏）之言才性，莫不引此为谈证。而先生以为不然，何哉？"
>
> 先生曰："夫天不言，而四时行焉。圣人不言，而鉴识存焉。形不待名，而方圆已著。色不俟称，而黑白已彰。然则名之于物，无施者也。言之于理，无为者也。而古今务于正名，圣贤不能去言，其故何也？诚以理得于心，非言不畅。物定于彼，非名不辨。言

第二章 命题技艺

不畅志，则无以相接。名不辨物，则鉴识不显。鉴识显而名品殊，言称接而情志畅。原其所以，本其所由，非物有自然之名，理有必定之称也。欲辨其实，则殊其名。欲宣其志，则立其称。名逐物而迁，言因理而变。此犹声发响应，形存影附，不得相与为二矣。苟其不二，则言无不尽矣。吾故以为尽矣。"

欧阳建（267—300），字坚石，渤海南皮（今河北）人，西晋大族石崇的外甥，思维敏捷，能言善辩，才识过人，时人称誉说："渤海赫赫，欧阳坚石。"相传他"雅有理想，才藻美赡，擅名北州"。历任山阳令、尚书郎、冯翊太守。他曾上书数赵王司马伦的罪状，后与舅石崇同被司马伦杀害，享年33岁，著有文集失传。

欧阳建《言尽意论》，是正方应对"言不尽意"论的第三次高潮，是先秦至魏晋"言意之辩"正方论点"言尽意"论的精彩发挥和杰出总结，他提出了"理得于心，非言不畅"（道理在心中，没有语言不能顺畅表达）、"言不畅志，则无以相接"（语言不顺畅表达思想，人们无法交际交接）、"言称接而情志畅"（语言名称交接交流，而思想感情得到顺畅表达）、"言因理而变"（语言根据道理而改变）等论点。《言尽意论》是一篇论语言和思维关系的雄文，涉及逻辑学的哲学基础理论。

欧阳建的《言尽意论》像一面镜子，观照出"言意之辩"的历史、发展和影响。"言不尽意"论是当时多数人的见解，欧阳建假托为"雷同君子"，即与别人雷同，人云亦云。"言尽意"论是与众不同的个人创见，欧阳建假托为"违众先生"，即违背众人见解，独树一帜。其理论创见可从以下方面说明：

　　①语言、认识和对象。欧阳建肯定语言对象的客观性，即语言的被决定性。他说，事物的运行不依赖于语言，人对事物的认识即便不说出来，也已存在于意识中。事物的形体、颜色即便没有名称，它的方圆黑白等性质也已经客观地存在着。名称对于事物及其规律并没有增加或减少什么。事物及其规律的名称，并不是固有的、必然的。欧阳建的议论，涉及事物、认识和语言三者的关系。事物反映为认识，认识形之于语言。考察名称的根源，追溯语言的起源，可以了解名称、语言的派生性、社会性和主观性。欧阳建从语言与认识、事物的相互关联中来探讨语言的性质，是正确的。

　　②指谓和交际：语言的功能。欧阳建说，过去和现在人们都设法把名称搞正确。圣人贤者也不能不说话，这是什么原因呢？就是因为心里明白了道理，不用语言就不能清楚表达。事物在那里确定地存在着，没有名称就不能辨别。语言不能清楚表达思想，人们就无法相互交际。不用

名称辨别事物，精辟的认识就不能显露。把真知灼见显露出来，而名称类别都区分开来，人们就能通过语言相互交际，思想感情就能清楚表达。要想辨别不同的实际，就应该使用不同的名称。要把思想表达出来，就应该建立不同的称谓。欧阳建在这里正确地指出了语言的指谓（认识）和交际（表达）的两大功能。

③语言的变迁。欧阳建说，名称跟随事物而迁移，语言依据规律而变化。事物的名称、规律和语言之间的关系，就像声音发出来而回响呼应着，形体存在而影子跟随着，不能把它们分成两个互不相干的东西。所以说，"言不尽意"论不成立，而"言尽意"论成立。欧阳建的议论贯穿着明确的物质一元论观点。欧阳建用"声发响应"和"形存影附"的比喻，形象地说明名称、语言来源的客观性，说明名称与事物、语言和规律的联结和一致性。同时欧阳建又指出名称、语言的灵活性、变动性。所谓"言尽意"的"尽"，并不是照镜子式的一次完成的动作，而是有一个跟随事物迁移变化的过程。这就跟"言不尽意"论划清了界限。这在当时是很杰出的见解。欧阳建的"言尽意"论在当时有很大影响。自从他对这一论题展开论证之后，其论点已为许多人所接受，成为人们谈论的热门话题。

（5）质疑问难。北宋欧阳修《欧阳文忠公文集·系辞说》："'书不尽言，言不尽意'，然自古圣贤之意，万古得以推而求之者，岂非言之传欤？圣人之意所以存者，得非书乎？然则书不尽言之烦，而尽其要言，不尽意之委曲，而尽其理，谓'书不尽言，言不尽意'者，非深明之论也。予谓《系辞》非圣人之作，初若可骇，余为此论迨今二十五年矣，稍稍以余言为然也。六经之传，天地之久，其为二十五年者，将无穷而不可以数计也。予之言久当见信于人矣，何必汲汲较是非于一世哉？"

《易·系辞上》假托孔子说"书不尽言，言不尽意"，但古代圣贤的思想，难道不正是通过语言的传承，才得以推求把握？圣人思想的保存，难道不正是得益于书籍的记载？书籍虽不能穷尽语言的烦琐细微，但可以穷尽语言的精要，不能穷尽意义的底细原委，但可以穷尽其道理。说"书不尽言，言不尽意"，不是深刻明智的论断。

《论语·卫灵公》载："子曰：'辞达而已矣。'"清刘宝楠《论语正义》解释说："辞不贵多，亦不贵少，皆取达意而止。"孔子作为杰出的教育家，肯定语言能够表达意义。《易·系辞上》假托孔子说"书不尽言，言不尽意"，与《论语》所载孔子的思想不符合。这是利用依据逻辑矛盾律的归谬式反驳法，是"言意之辩"的重要进展，见解精辟。

欧阳修说《系辞》不是孔子圣人的作品。这种论点的提出，最初似乎骇人听闻，但经过多年的考验，更表明其正确。欧阳修用理性的分析、批判方法，疑古祛惑，质疑问难，颇具深意。

第三章　论证技巧

第一节　无譬不言：譬式推论

一、惠施善譬

汉刘向《说苑·善说》载：

> 客谓梁王曰："惠子之言事也，善譬。王使无譬，则不能言矣。"王曰："诺。"明日见，谓惠子曰："愿先王言事，则直言耳，无譬也。"惠子曰："今有人于此，而不知弹者，曰：'弹之状何若？'应曰：'弹之状如弹。'则谕乎？"王曰："未谕也。"于是更应曰："弹之状如弓，而以竹为弦，则知乎？"王曰："可知矣。"惠子曰："夫说者，固以其所知，谕其所不知，而使人知之。今王曰无譬，则不可矣。"王曰："善。"

一位说客对魏惠王说："您的宰相惠施说话，喜欢用譬喻。您如果叫他不用譬喻，他就不能说话了。"惠王说："好吧！"第二天，惠王对惠施说："希望先生说话直说，不要用譬喻。"惠施说："现在有一人，不知道'弹'（发射弹丸之器）是什么。提问说：'弹是什么形状的东西？'回答说：'弹的形状像弹。'这能说明问题吗？"惠王说："不能。"惠施说："弹的形状像弓，而以竹为弦，这能使人明白吗？"惠王说："能。"惠施说："说出譬喻，就是用所已知事物，说明所未知事物，而使人知道。"惠王说："说得好！"

惠施是"善譬"能手。惠王听从说客的计策，叫惠施说话不用"譬"，惠施偏用"譬"作答，说明"不用譬喻，不能说话"，表现惠施机智灵活的辩论技巧。

惠施说"弹之状如弹"，这类似同语反复，不能使人明白什么，用譬喻说"弹之状如弓，而以竹为弦"，却能使人知道"弹"和"弓"的共性，又能使人知道"弹以竹为弦"的特性，于是使人了解"弹"的特征，等于给"弹"下形状结构的定义。"弓"的性状已知，用"弓"类比说明"弹"，指出其共同点和不同点，原来未知"弹"的性状，就变为已知。由已知到未知，是推理的认识作用。"譬"的论辩方式，相当于类比推理，由一事物性质，类推另一事物性质。

惠施从认识作用上，给"譬"下功能定义："夫说者，固以其所知，谕其所不知，而使人知之。"论证者说出譬喻，是用已知事物，说明未知事物，从而使人知道。这是惠施对"譬"式推理认识作用的总结，有逻辑哲学意义。魏王也因此不听说客的建议，禁止惠施说话用譬，而是答应以后惠施说话可继续用譬。

惠施（前370—前310）是战国中期名家、辩者学派的著名代表人物，这一学派是诸子百家中的重要一家，司马谈《论六家要旨》和班固《汉书·艺文志·诸子略》，都肯定名家的学术地位。名家由一批以辩论为职业、以"善辩"闻名的知识分子构成，其著名代表人物是春秋末期的邓析，战国中后期的惠施、尹文和公孙龙。

名家、辩者以其"善辩"的特长和才能，服务于各诸侯国，做宫廷谋士。前334—前322年，惠施做魏惠王的宰相，为魏惠王立法，主张"去尊"（各诸侯国平等相待），主谋齐、魏两诸侯国互相承认对方为"王"，倡导联齐抗秦的策略，是当时合纵（联合弱国进攻强国）主张的实行者、组织者。前322年曾去宋国，与庄子交游论学，有著名"濠梁之辩"。前318年使楚，与南方怪人黄缭辩论"天地所以不坠不陷，风雨雷霆之故"。前316年使赵，与"天下之辩者"谈辩，讨论逻辑和诡辩的诸多论题。《庄子·天下》说："惠施多方，其书五车。"惠施博学多才，著述甚丰，影响甚大，当时跟儒墨并称。

二、墨子善譬

墨子是"善譬"大家，言必用譬。墨子用譬论证"尚贤"说：治国不任用贤能，"此譬犹喑者（哑巴）而使为行人（外交官），聋者而使为乐师"。论证兼爱说："圣人以治天下为事者也，必知乱之所自起，焉能治之；不知乱之所自起，则不能治。譬之如医之攻人之疾者然：必知疾之所自起。"论证"非攻"说："今天下之诸侯，多攻伐并兼，则是有誉义之名，而不察其实也。此譬犹盲者之与人，同命白黑之名，而不能分其物也。"墨子用"譬""若""犹""如"等譬喻词谈辩的故事有成百上千。

《小取》定义譬式推论："譬也者，举他物而以明之也。"譬式推论的功能，是列举其他事物以说明这一事物，与惠施对"譬"式推理的功能定义异曲同工。《小取》定义譬式推论联结词："'是犹谓'也者，同也。""是犹谓""譬""若""犹""如"等，论证两个事物的相同、相似，这是譬式推论的建立。《公孟》载墨子说："教人学而执有命，是犹命人包（包裹头发）而去其冠也。""执无鬼而学祭礼，是犹无客而学客礼也，是犹无鱼而为鱼罟（渔网）也。"

"譬"兼有逻辑类比和修辞比喻的双重功能。从逻辑推理上说，譬喻之词分前提和结论；从论证上说，分论据和论题。从修辞学上说，分被譬喻说明的"本体"和用来譬喻的"喻体"。譬式推论，举彼明此，以近喻远，以浅喻深，以易喻难，由已知到未知，兼论证和表达作用。"譬"相当于印度逻辑的"喻"。用厨房有烟并有火，譬喻类推这山有烟，所以有火。从瓶是人为的，并且不是永恒的，譬喻类推语言是人为的，所以不是永恒的。喻的本意是譬喻、例证。窥基《因明入正理论疏》卷4："喻者，譬也，况也，晓也。由此譬况，晓明所宗，故名为喻。"喻是通过譬况，说明论题。

《墨经》擅长说理，常以"若""犹"等作譬喻词。《经说下》说："夫名以所明正所不知，不以所不知疑所明。若以尺度所不知长。"概念和推论是以所已知类推说明所未知，不能反过来以所未知怀疑所已知，这就像用尺子量度所未知物体长度。这是以"若"作譬喻词。

《墨经》中许多以"若""犹"联结的事项，已丧失譬喻、类比意义，而只是一般命题的典型事例。典型事例同一般命题间的关系，是归纳的关系。从典型的个别事例，引申出一般命题。《经说上》"故，所得而后成也"的因果概念，以"若见之成见"为例。《墨经》重事实、重归纳的科学精神，是墨子善譬、类比论证的发展。墨家广泛运用"举他物而以明之"的譬式推论，必然会在其逻辑和科学理论总结中，引申为"举一事或数事，而引出一般道理"的归纳推论。

《经下》说："擢虑不疑，说在有无。"《经说下》解释说："疑无谓也。臧也今死，而春也得之，必死也可。"从一件事中，思考、抽取一种必然性，可以不用怀疑，论证的理由在于，有没有这种必然性。怀疑是没有意义的。臧在目前医疗条件下，得不治之症而死，春也得了这种不治之症，也必死。《说文》："擢，引也。"擢：抽引。虑：思虑。不疑：不用怀疑。《经说上》说："必也者可勿疑。"臧：男仆名。春：女奴名。"擢虑"：抽引、思虑，是从类比推论发展来的归纳法。

《小取》说："'吾岂谓'也者，异也。"这是定义反面譬喻式类推的联结词。"吾岂谓""不若"等，是论证两个事物的不同、相异，是反面譬喻式类推的建立，是对于对方不恰当譬喻的反驳，相对于"举他物以明此物"的正面类比，这是"反类比"。有一次墨子讲"兼爱"说的好处，其论敌"天下之士君子"说："兼爱说好是好，就是实行不了。譬若挈（提）泰山越河济（跨越黄河、济水），实行不了。"墨子说："这是譬喻不当（"是非其譬也"），兼爱说古代圣王曾实行过，提着泰山跨越黄河、济水，却从来没有实行过。"意即："吾谓兼爱可行，吾岂谓挈泰山越河济可行乎？"这是通过"吾岂谓"式的反驳，揭示对方譬喻中前提与结论（或论据与论题、喻体与本体）的相异，证明对方譬喻不当，驳倒对方。

三、各家善譬

"譬"是诸子百家辩论，应用最广泛的推论方法。言必用譬，是诸子百家的共同特点。孟子、庄子、尹文子、公孙龙子、荀子、韩非子和吕不韦等，都善譬。《孟子》3万余字，重要的譬喻论证有60余处。东汉赵岐《孟子题辞》说："孟子长于譬喻，辞不迫切，而意已独至。"长于用譬，话未说到，意义已明显。荀子总结诸子百家"谈说之术"说："譬称以喻之。"都善用譬来谈说道理，使人明白。《四库全书》直接用"譬"例86894次，间接用"譬"例，不可胜计。中华先哲用譬普遍，真可谓"不用譬喻，就不能说话"。

第二节　巧推非杀：侔式推论

对"杀盗非杀人"的论题，中华先哲有正反双方的激烈辩论。辩论正方是墨家，对这一论题给出正面论证。辩论反方是荀子，对这一论题给予反驳。双方在辩论中，为战胜论敌，都深思熟虑，妙用思维表达技艺，促进了逻辑理论的发展。

墨家为论证"杀盗非杀人"论题，总结了多种"侔"式类推。什么是"侔"？《小取》定义说："侔也者，比辞而俱行也。"孙诒让引《说文》："侔，齐等也。"解释说："谓辞义齐等，比而同之。"晋司马彪《庄子·大宗师》注："侔，等也，亦从也。"唐成玄英疏："侔者，等也，同也。"从《小取》"比辞而俱行"的定义和"侔"的本义看，"侔"是比较语言表达式的相似点，进行类比推论。

《小取》从辩论实践中，概括"是而然""是而不然""不是而然""一周而一不周"和"一是而一非"五种"侔"式类推，把"杀盗非杀人"命题的论证，归入其中第二种"是而不然"的类推，而另四种"是而然""不是而然""一周而一不周"和"一是而一非"的类推，是作为"是而不然"类推的陪衬，经精心挑选，纳入以上各种"侔"式类推的数十个事例，是增加"杀盗非杀人"命题论证性和说服力的素材。

一、是而然

《小取》说：

> 白马，马也。乘白马，乘马也。骊马，马也。乘骊马，乘马也。获，人也。爱获，爱人也。臧，人也。爱臧，爱人也。此乃是而然者也。

白马是马，乘白马是乘马。骊马是马，乘骊马是乘马。获是人，爱获是爱人。臧是人，爱臧是爱人。这是"是而然"的"侔"式类推。

古汉语"是"和"然"意思相近，指肯定的断定。"是"：正确、对。《小取》："夫辩者，将以明是非之分。""是非"：对错、真假。"然"：是、如是、这样，表肯定。《小取》用"是"表示出发命题（前提）的对、真，如："白马，马也。""白马是马"命题，为"是"、对、真。《小取》用"然"表示结束命题（结论）。如："乘白马，乘马也。""乘白马是乘马"命题，为"然"、对、真。"是而然"的"侔"，是在肯定前提主、谓项前，各加一个表示关系的动词，得到肯定的结论。公式是：

$$A=B；CA=CB$$

如："白马是马；乘白马是乘马。""骊马是马；乘骊马是乘马。""获是人；爱获是爱人。""臧是人；爱臧是爱人。"

用现代逻辑观点分析第一个实例：由于"白马"的概念，真包含在"马"的概念中，所以，与"白马"的一部分发生"乘"的关系，必然是与"马"的一部分发生"乘"的关系。这是由一般到个别的演绎推理，推论形式有必然性。前提肯定"白马是马"，结论必然肯定"乘白马是乘马"。用数理逻辑的符号语言，表示这一推论过程：设 B 代表一元谓词"是白马"，M 代表"是马"，R 代表"是人"，C 代表"乘"的二元关系，则"因白马是马，所以乘白马是乘马"的推论过程，公式为：

$$\because \forall y\,(By \rightarrow My)$$
$$\therefore \forall x\,[Rx \rightarrow (\exists y)\,[By \wedge Cxy \rightarrow My \wedge Cxy]]$$

读为：对任一个体 y 来说，如果 y 是白马，则 y 是马，可推出，对任一个体 x 来说，如果 x 是人，则存在个体 y，y 是白马，并且 x 乘 y，可推出，y 是马，并且 x 乘 y。

墨家"白马是马"的推论，针对当时"白马非马"的诡辩。《韩非子·外储说左上》说："儿说，宋人，善辩者也，持'白马非马'也，服齐稷下之辩者，乘白马而过关，则顾白马之赋。故借之虚辞，则能胜一国，考实按形，不能谩于一人。"前 4 世纪的宋国人儿说，善辩，论证"白马非马"诡辩论题，把齐国稷下学宫最善辩的人都辩输了，然而等到他乘白马而过关时，只好乖乖看着自己的白马缴马税。凭借假话，虽能辩胜一国，但靠事实检验，却不能骗过一个人。儿说的"白马非马"之辩，是公孙龙诡辩的前驱。

前 4—前 3 世纪，公孙龙把"白马非马"诡辩发挥到极致，著《白马论》奇文，名声大振。《公孙龙子·迹府》载："龙之所以为名者，乃以白马之论尔。""龙之学以白马为非马者也。使龙去之，则龙无以教。"

公孙龙的诡辩论证："求马，黄、黑马皆可致。求白马，黄、黑马不可致。使白马乃马也，是所求一也。所求一者，白者不异马也。所求不异，如黄、黑马有可，有不可，何也？可与不可，其相非明。故黄、黑马一也，而可以应有马，而不可以应有白马，是白马之非马，审矣！"（《白马论》）"如求白马于厩中，无有，而有骊色（黑色）之马，然不可以应有白马也。不可以应有白马，则所求之马亡矣。亡则白马竟非马。"（《迹府》）

寻找"马"，黄马、黑马都可算数，寻找"白马"，黄马、黑马不能算数。马与白马在外延上有广、狭区别。黄马、黑马与马是种属关系（包含于关系），白马与黄马、黑马是种与种的关系，是排斥关系、对立关系。公孙龙玩弄花招，说"求马，黄、黑马皆可致"，故意不提白马。实际上白马和黄马、黑马一样"皆可致"。故意避开"白马"，是为了便于论证"白马非马"。如果承认"求马，黄、黑、白马皆可致"，就等于承认"白马是马"，无法再论证"白马非马"。

公孙龙歪曲"白马乃马"（白马是马）的论点，把"乃"这个肯定命题的联项，曲解为等同、同一。这是采取先歪曲，再攻击的论证手法。说"S乃P"，可解释为"S等于P"和"S真包含于P"两种情况。"白马乃马"是属于后一种情况，即"白马真包含于马"，并非"白马等于马"。

公孙龙说"黄、黑马一也，而可以应有马，而不可以应有白马"，从某种意义上说是对的。但既然有黄马、黑马就算"有马"，那么按照同一逻辑，有白马也应该算"有马"。公孙龙为了接着引申出"白马非马"的命题，避开了这一点。

公孙龙在论证中，以白马与马不是等同的（外延不是同一的）为论据，推出"白马非马"论题，犯了"推不出"的逻辑错误。不能说不等同就是全异。白马同马的关系，既非等同，又非全异，而是异中有同（白马不等于马，但白马又是马），同中有异（白马是马，又不等于马）。

公孙龙论证"白马非马"部分论据正确，从内涵和外延大小上正确区分马、白、白马、黄马、黑马等不同概念，对中国逻辑的发展有一定贡献，但由"白马不等于马"的正确论据，推出"白马不是马"的错误结论，是违反事实和常识的诡辩。

桓谭《新论》说："公孙龙常争论曰白马非马，人不能屈，后乘白马无符传（证明信）欲出关，关吏不听。此虚言难以夺实也。"这是说公孙龙坚持"白马非马"的诡辩，但关吏不让他过关。

高诱《吕氏春秋·淫辞》注说："龙乘白马，禁不得度关，因言马白非马。"高诱《淮南子·诠言训》注说："公孙龙以白马非马、冰不寒、火不热为论。"这是说公孙龙在"度关"时，还在进行"白马非马"的诡辩。

三国魏刘邵《人物志·材理篇》南北朝刘昞注说，公孙龙论证"白马非马"，"一朝而服千人，及其至关禁固，直而后过"。这是说公孙龙在"度关"严查时，被迫承认白马是马的事实，关吏才让他过关。

唐《古类书》第一种文笔部说："公孙龙度关，官司禁曰：'马不得过。'公孙曰：'我马白，非马。'遂过。"这是说公孙龙诡辩马是白的，所以不是马，守关人一时糊涂，让他蒙混过关。这是强调"白马"有"白"的特殊性，否认"白马"有"马"的一般性。以上是公孙龙"白马非马"的诡辩生出的不同传闻。

二、是而不然

《小取》说：

> 获之亲，人也；获事其亲，非"事人"也。其弟，美人也；爱弟，非"爱美人"也。车，木也；乘车，非"乘木"也。船，木也；入船，非"入木"

也。盗，人也；多盗，非"多人"也；无盗，非"无人"也。奚以明之？恶多盗，非"恶多人"也；欲无盗，非"欲无人"也。世相与共是之，若若是，则虽"盗，人也；爱盗，非'爱人'也；不爱盗，非'不爱人'也；杀盗，非'杀人'也"无难矣。此与彼同类，世有彼而不自非也，墨者有此而非之，无他故焉：所谓"内胶外闭"，与"心无空乎内，胶而不解"也。此乃"是而不然"者也。

获的父母是人，获事奉她的父母，不能说是"事奉人"（指做别人的奴仆）。获的妹妹是美人，她爱妹妹，不能说是"爱美人"（爱美色）。车是木头做的，乘车，不能说是"乘木头"（指乘未加工原木）。船是木头做的，入船，不能说是"入木"（入棺）。强盗是人，某地强盗多，不能简单地说"某地人多"；某地没有强盗，不能简单地说"某地没有人"。怎么知道这一点呢？讨厌某地强盗多，并不是讨厌某地人多；想让某地没有强盗，并不是想让某地没有人。世上人都赞成这些。我们说："强盗是人，爱强盗，不是'爱人'，不爱强盗，不是'不爱人'，杀强盗，不是'杀人'（指杀"强盗"以外的一般人，好人，犯"杀人罪"）。"也应该没有困难。后者和前者同类，世人赞成前者，不以为不对，墨家主张后者，却要反对，没有别的原因，是"内心胶结，对外封闭，听不进不同意见"，与"心里边没有留下一点空隙，胶结而解不开"。这是"是而不然"的"侔"式类推。

墨家论证"杀盗非杀人"命题的工具性元理论，是"是而不然"的"侔"式类推的理论总结。《小取》先列举五种世人都赞成的语言表达式：

第一，获之亲，人也；获事其亲，非事人也。

第二，其弟，美人也；爱弟，非爱美人也。

第三，车，木也；乘车，非乘木也。

第四，船，木也；入船，非入木也。

第五，盗，人也；多盗，非多人也；无盗，非无人也；恶多盗，非恶多人也；欲无盗，非欲无人也。

这五种语言表达式，是譬式推论的喻体，援引对方赞成的实例，用来进行推式推论（归谬推论）的论据。然后，墨家再列举另外第六种语言表达式：

第六，盗，人也；爱盗，非爱人也；不爱盗，非不爱人也；杀盗，非杀人也。

墨家认为这第六种语言表达式，跟前面五种语言表达式是同类。世人赞成前面五种语言表达式，不认为不对，墨家有这同类的第六种语言表达式，世人却认为不对，自相矛盾，荒谬。这第六种语言表达式，是譬式推论的本体，援彼证此的目标，进行推式推论（归谬推论）的结论。这种论证方式，是"是而不然"的"侔"式类推和譬（譬喻推论）、援（援例证明）、推（归谬类比）的综合运用。杀盗非杀人论证见表9。

表9　杀盗非杀人论证

是	不然	语义转换	论证结构
A=B	CA≠CB		
获之亲，人也	获事其亲，非事人也	"事人"指做别人奴仆	世人赞成的论据
其弟，美人也	爱弟，非爱美人也	"爱美人"指美色	
车，木也	乘车，非乘木也	"乘木"指乘未凿的原木	
船，木也	入船，非入木也	"入木"指入棺	
盗，人也	多盗，非多人也 无盗，非无人也 恶多盗，非恶多人也 欲无盗，非欲无人也	"人"指一般人、好人	
盗，人也	爱盗，非爱人也 不爱盗，非不爱人也 杀盗，非杀人也	"人"指一般人、好人；"杀人"指杀一般人、好人，犯杀人罪	墨家论证的论题

"是而不然"的"侔"，是在肯定前提主、谓项前，各加同样词项后，构成否定结论。这是由于在前提主、谓项前，各加同样词项后，组成的新词项，发生语义转换，出现"行而异，转而诡，远而失，流而离本"的现象。如获的父母是人，获事奉父母，不能说是"事人"（做别人的奴仆）。获的妹是美人，获爱妹，不能说是"爱美人"（美色）。车是木头做的，乘车不能说是乘木头（乘未加工原木）。船是木，入船不能说是入木（入棺）。从"盗，人也；多盗，非多人也"，到"盗，人也；杀盗，非杀人也"，都有语义转换问题。这种论证，有一定的合理性和说服力。公式是：

$$A=B，CA \neq CB$$

　　"杀盗非杀人"，是墨家从当时社会现实状况出发，代表小私有财产者阶层利益，提出的特殊论题。当时社会现实的状况是，最高政权周王室衰微，几个较大的诸侯国连年征战图霸，社会秩序混乱，盗贼横行，执政者又无强有力的整治措施，墨家作为小私有财产者"农与工肆之人"阶层的代言人，提出"杀盗非杀人"的论题，为小私有财产者自己动手杀死强盗的正当防卫行动辩护。《兼爱中》说："盗爱其室，不爱异室，故窃异室以利其室。"

第三章　论证技巧

《明鬼下》说："民之为淫暴寇乱盗贼，以兵刃毒药水火，退无罪人乎道路率径，夺人车马衣裘以自利者并作，由此始，是以天下乱。"

墨家"杀盗非杀人"的命题，是在当时特定的意义上说的。在正当防卫的条件下，杀无恶不赦的强盗，不是通常意义下的"杀人"（杀好人，犯杀人罪）。这是通过大量同类事例，用"譬、侔、援、推"的合理类推得出的结论，体现墨家的思维艺术，体现墨家总结"是而不然"的"侔"式推论的政治意图。

在生理意义上，杀强盗是杀作为强盗的人，不能说是杀了除人之外的其他动物。在这种意义上，荀子批评墨家"杀盗非杀人"是"惑于用名以乱名"（用"杀盗"的特殊概念来搞乱"杀人"的一般概念）的错误，有一定道理。荀子只从生理意义上批评墨家"杀盗非杀人"的辩论是诡辩，却抹杀了墨家"杀盗非杀人"命题的具体政治伦理含义。

三、不是而然

《小取》说：

读书，非书也；好读书，好书也。斗鸡，非鸡也；好斗鸡，好鸡也。且入井，非入井也；止且入

井，止入井也。且出门，非出门也；止且出门，止
出门也。若若是："且夭，非夭也；寿且夭，寿夭也。
'有命'，非'命'也；非'执有命'，'非命'也。"
无难矣。此与彼同类，世有彼而不自非也，墨者有此
而非之，无他故焉：所谓"内胶外闭"，与"心无空
乎内，胶而不解"也。此乃不是而然者也。

"读书"不等于"书"，"好读书"，却等于"好书"。
"斗鸡"不等于"鸡"，"好斗鸡"，却等于"好鸡"。"将
要入井"不等于"入井"，阻止"将要入井"，却等于阻
止"入井"。"将要出门"不等于"出门"，阻止"将要
出门"，却等于阻止"出门"。如果是这样的话，那么我
们说"'将要夭折'不等于'夭折'，阻止'将要夭折'，
却等于阻止'夭折'（即采取措施使'将要夭折'的人有
寿，却是真的把'夭折'的人转变为长寿）。儒家主张
'有命'论，不等于真的有'命'这东西存在；墨家'非
执有命'，却等于'非命'（墨家反对儒家坚持有命的论
点，等于实实在在地否定'命'的存在）"也是没有困难
的。后者和前者是属于同类，世人赞成前者，而不自以为
不对，墨家主张后者，却加以反对，没有别的原因，只是
"内心胶结，对外封闭，听不进不同意见"，与"心里边
没有留下一点空隙，胶结而解不开"。这是"不是而然"

的"侔"式类推。

"不是而然"的"侔",是在一个词组中,减去一个成分不成立,而在增加一个成分的情况下,再减去这个成分却成立。其前提是否定的,结论是肯定的,所以叫"不是而然"。公式是:

$$A \neq B, \quad CA = CB$$

如:"读书"不是"书";"好读书",是"好书";"斗鸡"不是"鸡";"好斗鸡",是"好鸡";"将要入井"不是"入井";阻止"将要入井",是阻止"入井";"将要出门"不是"出门";阻止"将要出门",是阻止"出门";"将要夭折"不是"夭折";阻止"将要夭折",是阻止"夭折";"有命"不是"命";"非执有命",是"非命"。

最后一例,即儒家宣扬"有命"论,不等于真的有"命"存在。墨家反对儒家坚持"有命"论,则是确实否定"命"的存在。墨家有《非命》上中下三篇,专门论证"非命"即否定"命"存在(主张积极发挥人的主观能动作用)的论题。墨家用大量日常生活事例类比说明当时百家争鸣的争论问题。墨家总结"不是而然"的"侔"式类推的用意,是作为"是而不然"类推的陪衬,以增加"杀盗非杀人"命题的论证性和说服力,也是为了反对儒家的宿命论，解决当时学派的争论问题。百家争鸣促进了中国逻辑的诞生，中国逻辑的诞生，又反过来促进百家争鸣中提出问题的解决。

四、一周一不周

《小取》说：

> 爱人，待周爱人而后为爱人；不爱人，不待周不爱人。失周爱，因为不爱人矣。乘马，不待周乘马，然后为乘马也。有乘于马，因为乘马矣。逮至不乘马，待周不乘马，而后为不乘马。此一周而一不周者也。

说"爱人"，必须周遍地爱所有的人，才可以说是"爱人"。说"不爱人"，不依赖于周遍地不爱所有的人。没有做到周遍地爱所有的人，因此就可以说是"不爱人"。说"乘马"，不依赖于周遍地乘过所有的马，才算是"乘马"。至少乘过一匹马，就可以说是"乘马"。说"不乘马"，依赖于周遍地不乘所有的马，然后才可以说是"不乘马"。这是"一周而一不周"的"侔"式类推。公式是：

> AB 一语，有时 A 遍及 B 各分子，有时则否。

分析语言构造 AB，有时 A（动作或关系）周遍于 B 的各分子，有时不然。墨家列举以下四例：

第一，"爱人"一词"周"。"爱"要求周遍所有的人，必须"爱"所有的人，一个人不遗漏。这是阐述墨家的政治伦理理想，与有人（如强盗和攻伐掠夺者）不可爱的现实状况无关。

第二，"不爱人"一词"不周"。"不爱人"，不要求周遍地不爱所有人才算是"不爱人"。只要不爱任意一人，就算是"不爱人"。这是就墨家的政治伦理理想而言，而现实状况是对待强盗和攻伐掠夺者可以也应该不爱，直至为了正当防卫而杀之和诛讨。

第三，"乘马"一词"不周"。"乘马"，不要求周遍地乘所有的马才算是"乘马"。只要乘任意一匹马，就算是"乘马"。

第四，"不乘马"一词"周"。"不乘马"要求不乘任何一匹马，才算是"不乘马"。

这里的"周"，就"乘马"和"不乘马"这种日常生活的例子而言，约略地相当于形式逻辑所说的"周延"。按形式逻辑的规则，"我是乘马的"，"乘马的"一词不周延，只要乘一匹马，就可以这样说。而"我不是乘马的"，"乘马的"一词周延，必须周遍地不乘任何一匹马，才可以这样说。

这里的"周"，就"爱人"和"不爱人"这种涉及墨家政治伦理理想的例子而言，不相当于形式逻辑所说的"周延"。按照形式逻辑的规则，"我是爱人的"，"爱人的"一词不周延，只要爱一个人，就可以这样说。而"我不是爱人的"，"爱人的"一词周延，即必须周遍地不爱所有的人，才可以这样说。这与墨家的说法相反。

这种矛盾情况，从逻辑学的最新发展看，可以有一种解释。通常形式逻辑所讲的领域，是事实、现实、真值、实然的领域。墨家说的"爱人要求周遍""不爱人不要求周遍"，说的是政治伦理理想、道义、价值、应然的领域，与事实、现实、真值、实然的领域无关。

五、一是一非

《小取》说：

> 居于国，则为居国；有一宅于国，而不为有国。桃之实，桃也；棘之实，非棘也。问人之病，问人也；恶人之病，非恶人也。人之鬼，非人也。兄之鬼，兄也。祭人之鬼，非祭人也。祭兄之鬼，乃祭兄也。之马之目眇，则为"之马眇"；之马之目大，而不谓"之马大"。之牛之毛黄，则谓"之牛黄"；之牛之毛众，而不谓"之牛众"。一马，马也。二马，

马也。"马四足"者，一马而四足也，非两马而四足也。一马，马也。二马，马也。"马或白"者，二马而或白也，非一马而或白。此乃一是而一非也。

居住在某一国内，可以简称为"居国"；有一住宅在某一国内，却不能简称为"有国"。桃树的果实，称为"桃"；棘树的果实，却不称为"棘"（称为枣）。探问别人的疾病，可以简称为"探问人"；讨厌别人的疾病，却不能简称为"讨厌人"。人的鬼魂，不等于人；兄的鬼魂，在某些特殊情况下可以权且代表兄。祭人的鬼魂，不等于祭人；祭兄的鬼魂，可以权且说是祭兄。这个马的眼睛瞎，可以简称为"这马瞎"；这个马的眼睛大，却不能简称为"这马大"。这个牛的毛黄，可以简称为"这牛黄"；这个牛的毛众（指牛毛长得茂密），却不能简称为"这牛众"（牛众是指牛的数量多）。一匹马是马，两匹马是马，说"马四足"，是指一匹马四足，不是指两匹马四足；说"马或白"（指有的马是白的），是在至少有两匹马的情况下才可以这样说，如果在只有一匹马的情况下，就不能这样说。这是"一是而一非"的"侔"式类推。公式是：

$$f(A)=g(A), \quad f(B) \neq g(B)$$

有两个语句结构 f(x) 和 g(x)，当用 A 代入其中的 x 时，二者等值；当用 B 代入其中的 x 时，二者不等值。侔式推论见表 10。[①]

表 10　侔式推论

侔式推论	公式
是而然	A=B, CA=CB
是而不然	A=B, CA≠CB
不是而然	A≠B, CA=CB
一周而一不周	AB 一语，有时 A 遍及 B 各分子，有时则否
一是而一非	F(A)=g(A), f(B)≠g(B)

《小取》要求注意事物、思维、语言、推论的复杂性、多样性，不同模式的推论有不同形式和规则，当它们被混淆时，会出现谬误和诡辩。墨家逻辑是百家争鸣的武器和辩论的工具，《小取》用较多篇幅讨论谬误问题，表现出墨家逻辑的应用性、实践性和批判性。

---

① 参见莫绍揆:《数理逻辑初步》，上海人民出版社 1980 年版，第 169 页。

第三节　楚人与人：援式推论

公孙龙的"白马非马"辩论，为当时多数学者反对。有人鼓动孔子六世孙孔穿，从鲁国出发，到赵国找到做平原君门客的公孙龙，劝他放弃"白马非马"的辩论，公孙龙则用更多的辩论抵挡。《孔丛子·公孙龙》载公孙龙说：

> 楚王张繁弱之弓，载忘归之矢，以射蛟兕于云梦之圃，反而丧其弓，左右请求之，王曰："止也。楚人遗弓，楚人得之，又何求乎？"仲尼闻之曰："楚王仁义而未遂，亦曰人得之而已矣，何必楚乎？"若是者，仲尼异楚人于所谓人也。夫是仲尼之异楚人于所谓人，而非龙之异白马于谓马，悖也。

有一次，楚王带着名贵的弓箭，与随从一起，去云梦泽打猎，回来时，丢失了名贵的弓，左右的人请求替他找回。楚王说："不要找了。楚人丢弓，楚人拾到，又何必找呢？"孔子听到了说："楚王仁义的胸怀，还不够大，也可以说人丢弓，人拾到，何必一定说楚人呢？"这就是说，孔子是把"楚人"和"人"区别开来。肯定孔子把"楚人"和"人"区别开来，而否定公孙龙把"白马"和

"马"区别开来，是自相矛盾的。

在与孔穿辩论中，公孙龙援引孔穿所赞成的孔子"楚人异于人"的论点，以证明自己"白马异于马"的论点。孔穿的先祖孔子，把"楚人"和"人"的概念区别开来，公孙龙就可以把"白马"和"马"的概念区别开来，这是"援"式类推的应用。"楚人异于人"与"白马异于马"同类，孔穿赞成前者，反对后者，是自相矛盾，这是归谬反驳，使孔穿无言以对。

公孙龙所运用的辩论方法，是《小取》所说的"援"式类推。《小取》定义说："援也者，曰：'子然，我奚独不可以然也？'"援是援彼证己，援引对方论点作为类比推论的前提，以证明自己相似的论点。

孔子并没有从"楚人异于人"，推出"楚人非人"（楚人不是人）；公孙龙却从"白马异于马"，推出"白马非马"（白马不是马），这就是诡辩。《小取》说："其取之也同，其所以取之不必同。"孔子取"楚人异于人"的论点，是说"人"的外延比"楚人"大，应该放眼于"人"，不应该只是胸怀"楚人"。孔子没有论证"楚人非人"的动机。公孙龙取"白马异于马"的论点，目的是将其偷换为"白马非马"（白马不是马）的诡辩论题。公孙龙子在运用"援"式类推的过程中，违反了同类相推的规则，犯了异类相推的逻辑错误。

　　在《小取》"是而不然"和"不是而然"两种侔式推论中，墨家说："此与彼同类，世有彼而不自非也，墨者有此而非之。"这是援式类推的运用。就"是而不然"的侔式推论说，有下列两种主张：

　　　　"彼"：盗，人也；爱盗，非爱人也。
　　　　"此"：盗，人也；杀盗，非杀人也。

　　"此与彼同类"，对方赞同"彼"，却不赞同"此"，这不符合"以类取"和"有诸己不非诸人"的原则，所以可以援引对方的主张"爱盗非爱人"作前提（论据），类比论证自己同类的主张"杀盗非杀人"。因为"爱人"中的"人"是指"盗"之外的人，"杀人"中的"人"也指"盗"之外的人，根据"以类取"和"有诸己不非诸人"的原则（同一律、矛盾律），对方就不应该反对我这样推论，而应该接受我的结论。

　　同样，就"是而不然"的侔式推论说，有下列两种主张：

　　　　"彼"：且入井，非入井也；止且入井，止入井也。
　　　　"此"：且夭，非夭也；寿且夭，寿夭也。

你若赞成"彼"，我就可以援引你所赞成的"彼"，类比论证我所赞成的"此"。因为这也是根据"此与彼同类"。你可以赞成"彼"，我为什么不可以赞成"此"呢？这就是"援"的定义中所说的："你可以那样，我为什么偏偏不能那样呢？"

"援"是以同一律、矛盾律为根据的常用辩论方式。公孙龙在辩论中，娴熟运用援式推论，驳得孔穿无言应对。墨家和诸子百家都善用援式推论进行辩论。宋陆游《老学庵笔记》卷5说："田登作郡，自讳其名，触者必怒，吏卒多被榜笞。于是举州皆谓'灯'为'火'。上元放灯，许人入州治游观，吏人遂书榜揭于市曰：'本州依例放火三日。'"

田登做州官时，规定州人避讳其名"登"，违反者多被鞭打。于是州人把"灯"避讳叫"火"。元宵节州府放灯，允许游观。官员请示，田登批准，在市面张贴布告："本州按规定放火三日。"这是"只许州官放火，不许百姓点灯"典故的来历。"只许州官放火，不许百姓点灯"的成语为人普遍引用，成为《小取》援式推论"子然，我奚独不可以然"的同义语，有历久不衰的永恒价值。

第四节　智驳公输：推式推论

一、止楚攻宋

止楚攻宋，体现出墨子的论证技巧。《公输》说：

公输般为楚造云梯之械成，将以攻宋。子墨子闻之，起于鲁，行十日十夜，而至于郢，见公输般。公输般曰："夫子何命焉为？"子墨子曰："北方有侮臣者，愿藉子杀之。"公输般不悦。子墨子曰："请献十金。"公输般曰："吾义固不杀人。"子墨子起，再拜曰："请说之。吾从北方闻子为梯，将以攻宋。宋何罪之有？荆国有余于地，而不足于民。杀所不足，而争所有余，不可谓智。宋无罪而攻之，不可谓仁。知而不争，不可为忠。争而不得，不可谓强。义不杀少而杀众，不可谓知类。"公输般服。子墨子曰："然，胡不已乎？"公输般曰："不可，吾既已言之王矣。"子墨子曰："胡不见我于王？"公输般曰："诺。"子墨子见王，曰："今有人于此，舍其文轩，邻有敝舆，而欲窃之。舍其锦绣，邻有短褐，而欲窃之。舍其梁肉，邻有糠糟，而欲窃之。此为何若人？"王曰："必为有窃疾矣。"子墨子曰："荆之地，方五千里，宋之地，方五百里，此犹文轩之与敝舆也。荆有云梦，犀兕麋鹿满之，江汉之鱼鳖鼋鼍，为天下富，宋所为无雉兔狐狸者也，此犹粱肉之与糠糟也。荆有长松文梓，楩楠豫章，宋无长木，此犹锦绣之与短褐也。臣以三事之攻宋也，为与此同类。臣见大王之必伤义而不得。"王曰："善哉。虽然，公输般为我为云梯，必取宋。"于是见公输般。子墨子解带为城，以牒为械，公输般九设攻城之机变，子墨子九距之。公输般之攻械尽，子墨子之守御有余。公输般诎，而曰："吾知所以距子矣。吾不言。"子墨子亦曰："吾知子之所以距我。吾不言。"楚王问其故。子墨子曰："公输子之意，不过欲杀臣。杀臣，宋莫能守，可攻也。然臣之弟子禽滑厘等三百人，已持臣守圉之器，在宋城上，而待楚寇矣。虽杀臣，不能绝也。"楚王曰："善哉。吾请无攻宋矣。"

鲁班（公输般）为楚国造成攻城的云梯，准备用来攻打宋国。墨子听到消息，从鲁国动身，走了十天十夜，到达楚国的郢都，见鲁班。鲁班说："先生有何见教？"墨子说："北方有人侮辱我，想请你杀他。"鲁班听了不高兴。墨子说："我送你十两黄金。"鲁班说："我讲仁义不杀人。"

墨子站起来，对鲁班再次叩拜说："请听我说。我在北方听说你造成云梯，准备攻打宋国。宋国有什么罪过？楚国土地有余，人口不足。牺牲自己本来不足的人口，去争夺本来已有富裕的土地，不能说是聪明；宋国无罪，却去攻打，不能说是仁。懂得了这些道理而不争谏，不能说是忠；争谏而不能制止，不能说是强；你讲仁义不杀一个人，却要去杀宋国许多人，不能说知道类推之理。"鲁班被说服。墨子说："那么，为什么不停止攻宋呢？"鲁班说："不行，我已经同楚王说好了。"墨子说："为什么不引荐我去见楚王？"鲁班说："好吧！"

　　墨子见到楚王说："如今有一个人，放着自己的豪华车不坐，却想偷邻居的破车；放着自己的锦绣衣裳不穿，却想偷邻居的黑粗布褂；放着自己的精米肉食不吃，却想偷邻居的糠糟饭食。这是什么人？"楚王说："他必定患了偷窃病。"墨子说："楚国的土地，方圆五千里，宋国的土地，方圆五百里，这就像豪华车和破车的比喻。楚国有云梦大泽，犀牛麋鹿满地走，长江汉水的鱼鳖鼋鼍，富甲天下，宋国却连野鸡野兔狐狸都没有，这就像精米肉食和糠糟饭食的比喻。楚国有高大的松树、漂亮的梓木和楠木樟树，宋国却没有像样的大树，这就像锦绣衣裳和黑粗布褂的比喻。我认为大王攻打宋国，跟这三个比喻同类。我预料大王必定既伤害仁义，而又不会达到目的。"

　　楚王说："说得好！虽然这样，鲁班已经为我造成云梯，我一定要攻取宋国！"于是，墨子会见鲁班。墨子解腰带比作城池，用木片比作攻城器械。鲁班九次运用不同的攻城器械，九次都被墨子挡回去。鲁班的攻城器械用尽，墨子的守城器械还有余。鲁班输了，但是说："我知道怎么对付你，我不说。"

墨子说："我知道你想怎么对付我，我也不说。"楚王问这是什么缘故。墨子说："鲁班的意思，不过是想杀我，杀了我，宋国就没有人防守，可以攻取。然而我的学生禽滑厘等三百人，已经拿着我制造的守城器械，在宋国城头上，而等待楚国的入侵之敌。虽然杀我，墨家守城的事业也不能断绝。"楚王说："好吧，我不要攻打宋国了。"

二、巧攻矛盾

墨子是墨家创始人，有娴熟的思维技巧和表达技巧，是中国系统逻辑学"墨辩"奠基人。墨子"止楚攻宋"，体现了"预设前提攻矛盾"的谈辩技巧。鲁班，鲁国名匠，墨子同乡。谈辩伊始，墨子说："北方有人侮辱我，我想借您的力量杀掉他。"鲁班听了不高兴，于是墨子又把自己的问题加强，提出愿意奉送十两黄金给鲁班，作为请鲁班帮助杀人的交换条件。在这种情况下，鲁班终于说出墨子期盼他说出的话："我讲仁义不杀人。"这一句话至关重要，等于预设墨子和鲁班辩论的共同前提。墨子听到这话，站起来，对鲁班再拜，紧紧抓住鲁班说的预设前提，从这一前提出发，进行严密的逻辑推论。

鲁班说："我讲仁义不杀人。"其中暗含前提："凡杀人是不义。"鲁班根据这一前提，可进行如下推论1："凡杀人不义。墨子让我杀人是杀人。所以，墨子让我杀人不义。"根据这一前提，可以进行推论2：

> 凡杀人是不义。
> 杀宋国百姓是杀人。
> 所以，杀宋国百姓是不义。

从推理1进到推理2，符合思维所必须遵守的同一律和矛盾律，是有效推理。但鲁班假如进行如下推论3：

> 凡杀人是不义。
> 杀宋国百姓是杀人。
> 所以，杀宋国百姓是义。（？）

推论3不符合思维所必须遵守的同一律和矛盾律，不是有效推论。"杀宋国百姓是义"的结论，不能从"凡杀人是不义"的前提中必然推出。"凡杀人是不义"的前提，在推论3中没有贯彻到底，违反同一律。推论3的错误结论"杀宋国百姓是义",与推论2的正确结论"杀宋国百姓是不义"构成逻辑矛盾。

从道理说,鲁班承认"杀一人不义",则"杀多人更不义",绝不能反过来说成"杀多人是义"。"杀一人不义,杀多人是义"的说法自相矛盾。墨子批评鲁班:"义不杀少而杀众,不可谓知类。"讲仁义不杀一个人,却杀许多人,这是不知道类推道理。

在辩论中,指出对方议论的逻辑矛盾,以驳倒对方论点的方法,是归谬法。墨子在诸子百家中,最早经常自觉运用并总结归谬法。墨子指出,鲁班坚持攻宋,不能说是"智""仁""忠""强",振振有词,义正词严,使鲁班不得不在强大的逻辑力量面前服输。

墨子在说服鲁班和楚王的过程中,从"杀一人不义",比喻说明"杀多人更不义",说明强大楚国无故攻打弱小宋国,与"富人偷窃穷邻居"的比喻同类,这是"以小比大,以浅喻深"的譬喻说明方式,是诸子百家都极善运用的论证、说服技巧。

辩论用言词战斗,又叫"舌战"。黄宗羲编《明文海》卷93说:"春秋战国之时势,在重口舌战伐也。""审时酌势,在口舌战伐。""数言而佩印,一战而师君,轰轰烈烈,而号为大丈夫。当时慕之,百世传之。"

《庄子·秋水》说:"公孙龙困百家之智,穷众口之辩。"《史记·项羽本纪》说:"天下辩士所居倾国。"《史记·平原君传》说:"以三寸之舌,强于百万之师。"《晋书·裴頠传》说:"言谈之林薮。"《世说新语》说:"言议如悬河泻水,注之不竭。"《隋书》卷六七说:"言若悬河。"

刘知几《史通》说:"战国驰说云涌,人持弄丸之辩,家挟飞钳之术,剧谈者以谲诳为宗,利口者以寓言为主,若《史记》载,苏秦合从,张仪连衡,范雎反间而相秦,鲁连解纷而全赵。"《魏赋》说:"四海齐锋,一口所敌。"

《文选·西京赋》说:"剖析毫厘,擘肌分理。"《文选·荐表》说:"飞辩骋辞。"《文选·策文》说:"片言而求三辅,一说而定五州。"《文选·行状》说:"辩言之艳,能使穷泽生流,枯木发荣。"

孔文举《荐祢衡表》说:"飞辩骋辞,溢气坌涌,解疑释结,临敌有余。"杜诗说:"高谈雄辩惊四筵。""谈论淮湖济。"《李太白集》说:"高谈满四座。""词锋犀利。""词锋不可摧。""辩如悬河。"

《文粹》说:"五岳为词锋。其辩若注,其论若锋。辞源辩博,驰骛古今之际,高步天地之间。""谈柄发洪钟。"魏蒋济《蒋子万机论》说:"一介之辩,重于九鼎之宝。三寸之舌,强于百万之师。"苏东坡诗说:"宾主谈锋敌两都""笑谈謦欬生风雷""谈辩如云玉麈飞""高谈破巨

浪"。(宋潘自牧《记纂渊海·谈辩》)

这些名言佳句，可用于形容墨子的能言善辩。墨子教导弟子"能谈辩者谈辩"(《耕柱》)，以"谈辩"为专门的教育项目，使墨家得以推出以"辩"为总名的专著《墨经》，后人称《墨辩》，即墨家辩学。墨辩是中华先哲思维艺术的总结，是有中国特色的思维交际方法学，与古希腊逻辑和印度因明齐名。

三、明小明大

墨子给学生作题为"崇尚贤人"的讲演，说：

今天下之君子，居处言语皆尚贤；逮至其临众发政而治民，莫知尚贤而使能。我以此知天下之士君子，明于小而不明于大也。何以知其然乎？今王公大人有一牛羊之财不能杀，必索良宰；有一衣裳之财不能制，必索良工。当王公大人之于此也，虽有骨肉之亲、无故富贵、面目美好者，实知其不能也，不使之也。是何故？恐其败财也。当王公大人之于此也，则不失尚贤而使能。王公大人有一罢疲不能治，必索良医；有一危弓不能张，必索良工。当王公大人之于此也，虽有骨肉之亲、无故富贵，面目美好者，实知其不能也，必不使。是何故？恐其败财也。当王公大人之于此也，则不失尚贤而使能。逮至其国家则不然，王公大人骨肉之亲、无故富贵、面目美好者则举之。则王公大人之亲其国家也，不若亲其一危弓、疲马、衣裳、牛羊之财与？我以此知天下之士君子，皆明于小而不明于大也。此譬犹喑者而使为行人，聋者而使为乐师。（《尚贤下》）

今王公大人有一衣裳不能制也，必藉良工。有一牛羊不能杀也，必藉良宰。故当若之二物者，王公大人未尝不知以尚贤使能为政也。逮至其国家之乱，社稷之危，则不知使能以治之，亲戚则使之，无故富贵、面目佼好则使之。夫无故富贵、面目佼好则使之，岂必智且有慧哉？若使之治国家，则此使不智慧者治国家也。国家之乱，既可得而知已。（《尚贤中》）

现在的王公大人，有一衣裳不能制，就要找好裁缝。有一牛羊不能杀，就要找好屠夫。有一瘦马不能治，就要找好兽医。有一危弓不能张，就要找好工匠。他们日常做事、言谈，知道崇尚贤人，临到治理国家大事，却不知道崇尚贤人，而任用骨肉之亲、无故富贵、面目美好的人，这就像让哑巴当外交官，让聋子当乐队指挥，是"明小不明大"（"知小不知大"）的矛盾、荒谬。

墨子对老相识、楚国封君鲁阳文君说："世俗之君子，皆知小物，而不知大物。今有人于此，窃一犬一彘则谓之不仁，窃一国一都，则以为义，譬犹小视白谓之白，大视白则谓之黑。是故世俗之君子，知小物而不知大物者，此若言之谓也。"（《鲁问》）窃一犬一猪，世上君子说是不仁，窃一国一都，却说是义。这是"知小不知大"，就像看到一点白说白，看到很多白说黑，是矛盾、荒谬。

墨子给学生作题为反对攻伐掠夺的讲演，说：

> 今有一人，入人园圃，窃其桃李，众闻则非之，上为政者得则罚之。此何也？以亏人自利也。至攘人犬豕鸡豚者，其不义，又甚入人园圃窃桃李。是何故也？以亏人愈多，其不仁兹甚，罪益厚。至入人栏厩，取人马牛者，其不仁义，又甚攘人犬豕鸡豚。此何故也？以其亏人愈多。苟亏人愈多，其不仁兹甚，罪益厚。至杀不辜人也，拖其衣裘，取戈剑者，其不义，又甚入人栏厩取人马牛。此何故也？以其亏人愈多。苟亏人愈多，其不仁兹甚矣，罪益厚。当此，天下之君子皆知而非之，谓之不义。今至大为不义攻国，则弗知非，从而誉之，谓之义，此可谓知义与不义之别乎？杀一人，谓之不义，必有一死罪矣。若以此说往：杀十人，十重不义，必有十死罪矣。杀百人，百重不义，必有百死罪矣。当此，天下之君子皆

知而非之，谓之不义。今至大为不义攻国，则弗知非，从而誉之，谓之义，诚不知其不义也。故书其言，以遗后世。若知其不义也，夫奚说书其不义以遗后世哉？今有人于此，少见黑曰黑，多见黑曰白，则必以此人为不知白黑之辩矣。少尝苦曰苦，多尝苦曰甘，则必以此人为不知甘苦之辩矣。今小为非，则知而非之。大为非攻国，则不知非，从而誉之，谓之义，此可谓知义与不义之辩乎？是以知天下之君子也，辩义与不义之乱也。（《非攻上》）

现在有人偷别人桃李、鸡狗猪、牛马、衣裘、戈剑，天下君子说不对，是不义。杀一人，叫不义，必有一死罪。依此类推：杀十人，十重不义，必有十死罪；杀百人，百重不义，必有百死罪。天下君子都认为这是不义。看到一点黑说黑，看见很多黑说白，是黑白不分。尝一点苦说苦，尝很多苦说甜，是甘苦不辨。做小错事，为小不义，知道不对；做大错事，为大不义，攻伐掠夺弱小国家，却不知道不对，称赞为义：这是不能辨别义和不义。墨子概括的"明小不明大"（"知小不知大"），同他批评鲁班"不知类"一样，是归谬法的妙用。

四、古言述作：反驳范例

墨家精选归谬论证的范例，供门徒诵习、模仿。

1. "述而不作"

《非儒》记载："君子循而不作。应之曰：古者羿作弓，伃作甲，奚仲作车，巧垂作舟，然则今之鲍函、车匠，皆君子也，而羿、伃、奚仲、巧垂，皆小人邪。且其所循，人必或作之。然其所循，皆小人道也。"儒家的论题，是"君子循而不作"。"循而不作"，即"述而不作"。《广雅·释言》："循，述也。"《论语·述而》载孔子说"述而不作"。即君子只转述前人，而不自己创作。

墨家从分析对方论题的逻辑矛盾入手，进行反驳：古时羿造弓，伃造甲，奚仲造车，巧垂造船。若按儒家"君子述而不作"的论点，最初发明制造弓、甲、车、船技术的羿、伃、奚仲、巧垂，都成了"小人"，现在传承古代技术的皮匠、车匠，都成了"君子"。况且，现在皮匠、车匠传承的古代技术，最初一定得有人创造出来，而最初发明制造弓、甲、车、船技术的羿、伃、奚仲、巧垂，又都成了"小人"，那么现在传承古代技术、作为"君子"的皮匠、车匠所遵循的，就都是"小人之道"，这样必然引申出"转述小人之道，成为君子"的荒谬结论，可见"君子述而不作"的论题，不成立。

2."古服古言"

《非儒》记载："儒者曰：'君子必古服古言然后仁。'应之曰：'所谓古之言服者，皆尝新矣。而古人言之服之，则非君子也。然则必服非君子之服，言非君子之言，而后仁乎？'"儒家的论题是"君子必须穿着古代的服装，说着古代的语言，才可以叫作仁"。

墨家从分析对方论题的逻辑矛盾入手，进行反驳：所谓古代的服装、语言，在古代曾经是新的，而古人穿了、说了。这些古人，因为穿了在当时是新的服装，说了在当时是新的语言，按照儒家"君子必古服古言然后仁"的观点，这些古人就不是君子。因为君子必古服古言，非古服、古言者一定是"非君子"。这样，对方的论点等于：一定要穿着"非君子"的服装，说着"非君子"的语言，才叫作仁，这不是自相矛盾和荒谬吗？可见"君子必古服古言然后仁"的论题不成立。

五、归谬类比：理论升华

1.定义

《小取》是先哲思维艺术的理论总结。其中对墨家和诸子百家常用的归谬式类比推论的定义，作了理论性的说明："推也者，以其所不取之，同于其所取者，予之也。""推"是墨家对中国古代先哲常用的归谬式类比推论的命名。它在范围和外延上，比现在所说的"推论"的概念狭小。现在所说的"推论"概念，范围和外延包括演绎、归纳和类比三种基本推论形式。而《小取》的"推"，指的是与归谬法相结合的一种特殊的类比推论。

说《小取》的"推"指的是类比推论，是因为其推论根据，是"其所不取之"与"其所取者"两组命题类似程度的比较。"其"指辩论对方。"取"指赞成。"其所不取之"，指对方所不赞成的命题。如在辩论开始，鲁班不赞成"杀多人（宋国百姓）是不义"的命题。"其所取者"，指对方所赞成的命题。如在辩论开始，鲁班赞成"杀一人是不义"的命题。

说《小取》的"推"指的是与归谬法相结合的一种特殊的类比推论，是因为其推论程序是我方提出论证（"予之也"）：对方对于"其所不取之"与"其所取者"两组同类命题，一"取"、一"不取"构成矛盾、荒谬。如墨子论证："杀多人（宋国百姓）是不义"和"杀一人是不义"的命题是同类，鲁班赞成"杀一人是不义"的命题，不赞成"杀多人（宋国百姓）是不义"的命题，陷于"不知类"的矛盾、荒谬。所以，根据论述中强调重点的不同，《小取》的"推"，可以叫作归谬式的类比推论，也可以叫作类比式的归谬法。

2. 规则

《小取》总结归谬式类比推论的规则，是"以类取，以类予"和"有诸己不非诸人，无诸己不求诸人"。"以类取，以类予"规则的含义是：处于思维交际中的各方，赞成某一命题的论证，不赞成某一命题的反驳，都应以事物类同和类异的原则为依据。《墨子·经说上》对类同和类异的定义是："有以同，类同也。""不有同，不类也。"即事物在某方面有共同性，叫作类同。事物在某方面没有共同性，叫作"不类"（"类异"）。如墨子在说服鲁班和楚王时，遵守了"以类取，以类予"的规则：论证"杀多人（宋国百姓）是不义"和"杀一人是不义"，都是"不义"一类，批评鲁班赞成"杀一人是不义"的命题却不赞成"杀多人（宋国百姓）是不义"的命题陷于"不知类"，楚王"攻宋"与"有窃疾"的邻人"为同类"。

"以类取，以类予"的规则，坚持在证明、反驳中，对同类命题采取同一肯定和否定的态度，这相当于遵守西方形式逻辑同一律的要求。《荀子·正名》说："凡同类同情者，其天官之意物也同。"即凡同是人类，具有同样的性质，其天生的认识器官对事物形成的意念、认识也相同。我们可借用这一句话，变通解释为：凡同类事物，具有同样性质，处于思维交际中的各方，对反映该事物的命题肯定和否定的态度，应该相同（如鲁班肯定"杀一人是不义"，就应该肯定"杀多人是不义"，因为"杀一人"和"杀多人"同属"不义"一类）。这是思维交际中保持语义、概念、命题逻辑同一性的本体论、认识论和语义学根据。

"有诸己不非诸人，无诸己不求诸人"规则的含义是：甲、乙命题同类，对方肯定甲命题，就不能非难我方肯定乙命题；对方不否定甲命题，就不能要求我方否定乙命题。如"杀一人是不义"和"杀多人是不义"的命题同类，鲁班肯定"杀一人是不义"的命题，就不能非难墨子肯定"杀多人是不义"的命题；鲁班不否定"杀一人是不义"的命题，就不能要求墨子否定"杀多人是不义"的命题。

"有诸己不非诸人，无诸己不求诸人"的规则，表明处于思维交际中的各方，对于同类命题具有同等肯定和否定的逻辑权利。犹如说："在真理面前人人平等。""在逻辑面前人人平等。"这是"有诸己不非诸人，无诸己不求诸人"规则的逻辑含义，相当于遵守矛盾律的要求。鲁班肯定"杀一人是不义"的命题，而非难墨子肯定"杀多人是不义"的命题；或者不否定"杀一人是不义"的命题，却要求墨子否定"杀多人是不义"的命题，必然陷于逻辑矛盾，违反矛盾律。

坚持"以类取，以类予"和"有诸己不非诸人，无诸己不求诸人"的规则，是坚持同一律、矛盾律的要求，以保持议论的一致性、一贯性，避免逻辑矛盾和混乱，是正确思维和成功交际的必要条件。墨家用先秦古汉语，对"推"这种归谬式类比推论定义和规则的论述言简意赅。"推"这种归谬类比推论论证方式，既有归谬论证的逻辑必然性，有很强的逻辑力量，又具类比说明的生动性、形象性，富有说服力、感染力，是争鸣、辩论的得力工具，行之有效，为诸多先哲喜用常用。

六、明察秋毫，不见舆薪

墨家运用和总结的归谬法，对其他诸子百家有重大影响，为百家争鸣提供了普遍有效的辩论工具，对后世有重大影响，其运用如一线贯穿，不绝于史。《孟子·梁惠王上》载，孟子游说齐宣王，试图说服齐宣王实行仁政理想，机智地向齐宣王设问："有复于王者曰：吾力足以举百钧，而不足以举一羽；明足以察秋毫之末，而不见舆薪。则王许之乎？"曰："否。""今恩足以及禽兽，而功不至于百姓者，独何与？然则一羽之不举，为不用力焉，舆薪之不见，为不用明焉，百姓之不见保，为不用恩焉。故王之不王，不为也，非不能也。"

孟子说："假定有一个人向您报告：我的气力能举起三千斤的重量，但拿不起一根羽毛；我的眼睛明亮，足以看清秋天鸟兽新生毫毛的末端，但看不见一车柴火。您相信吗？"齐宣王回答说："不相信。"齐宣王如此回答，是由于孟子假定的此人议论是自相矛盾、不合逻辑的。因为，"拿不起一根羽毛"，意味着"举不起三千斤的重量"，跟他说的"能举起三千斤的重量"矛盾。"看不见一车柴火"，意味着"看不清秋天鸟兽新生毫毛的末端"，跟他说的"看清秋天鸟兽新生毫毛的末端"矛盾。并且，"能举起三千斤的重量"，意味着"拿得起一根羽毛"，跟他说的"拿不起一根羽毛"矛盾。"看清秋天鸟兽新生毫毛的末端"，意味着"看得见一车柴火"，跟他说的"看不见一车柴火"矛盾。总之，此人议论前后矛盾，不能自圆其说。齐宣王的回答，是对人类思维不允许有逻辑矛盾规律的肯定。在议论中同时肯定"P"和"非P"两个命题，构成逻辑矛盾。逻辑矛盾律是不允许思维有逻辑矛盾的规律。在孟子和齐宣王的对话中，已内在地蕴含着逻辑矛盾律的要求。

　　孟子向齐宣王设问自相矛盾的故事，是为了比喻说明齐宣王施政中的矛盾。当齐宣王回答对自相矛盾的话"不相信"后，孟子立刻联系齐宣王施政中的矛盾，指出："如今您的恩情好心能使动物沾光，却不能使百姓受惠，这就像'拿不起一根羽毛'是不肯用力，'看不见一车柴火'是不肯用眼，百姓生活不安定是您不肯施恩。您不实行仁政是不肯做，不是不能做。"

在辩论中，从对方议论引出矛盾，从而驳倒对方的方法，叫归谬法。孟子的归谬说词，在思维逻辑和语言艺术上占据优势，高屋建瓴，极大增强了说词的论证力和说服力。在孟子的归谬说词中，"明察秋毫，不见舆薪"的比喻成为众所周知的成语。

"善辩"名手孟子，与墨子学术观点不同，他攻击墨子"兼爱""无父"是"禽兽"，但孟子在辩论方式上却熟练运用墨子首创的归谬法。《孟子·告子上》说："今有无名之指，屈而不伸，非疾痛害事也，如有能伸之者，则不远秦楚之路，为指之不若人也。指不若人，则知恶之，心不若人，则不知恶，此之谓不知类也。"

一个人无名指弯曲不直，就到处医治，即使走到秦国、楚国都不嫌远，因为无名指不如别人。无名指不如别人，觉得厌恶。心性道德不如别人，却不因此感到厌恶：这叫作不知类。"不知类"，是墨子发明的应用归谬法的代名词、惯用语，曾用来说服鲁班，止楚攻宋，被孟子直接继承，发扬光大。

七、归谬花开

墨子首创的归谬反驳，因其强大逻辑力量、必然性和说服力，在先哲言谈辩论中被迅速普及应用。

1. 窃钩者诛

道家先哲庄子常攻击墨子，但他喜用墨子的归谬论辩方式，语言简练，词锋犀利。《庄子·胠箧》载，庄子说："窃钩者诛，窃国者为诸侯。"窃一腰带钩，要杀头；窃一国，不杀头，做诸侯。司马迁《史记·游侠列传》更将这个简练的归谬论式简化为："窃钩者诛，窃国者侯。"唐司马贞《史记索隐》解释"窃钩者诛"说："以言小窃，则为盗而受诛也。"小偷小摸，被称为盗贼而杀头。"窃国者侯"，即窃国大盗不被称为盗贼，不杀头，还能做诸侯。这个归谬论式变为成语流传。

2. 不知类

《吕氏春秋·听言》载："今人曰：'某氏多货，其室培湿，守狗死，其势可穴也。'则必非之矣。曰：'某国饥，其城郭卑，其守具寡，可袭而篡之。'则不非：乃不知类矣。"现在有人说："某氏富有，房屋后墙潮湿，守门狗死了，正好可以挖洞偷他。"这一定会遭到非议。但假如说："某国遭遇饥荒，城墙低矮，守城器具少，可以偷袭而篡夺之。"则不被非议。这里，其思想内容、辩驳形式和语言运用都酷似墨子的归谬论式。东汉思想家王充批评墨子"明鬼"，也惯用归谬论式。《论衡·祭意篇》说："知祭地无神，犹谓诸祀有鬼：不知类也。"类似于墨子以"不知类"为由，揭露论敌自相矛盾。

3. 不明类

《淮南子·泰族训》载："夫指之拘也，莫不事伸也；心之塞也，莫知务通也：不明于类也。"即手指头弯曲，都会设法使它伸直，但心思堵塞不通，则无人知道一定要设法打通，这是"不明于类"（"不知类"）的错误，也是墨子的归谬论式。

这说明了墨子论辩方式对各家的影响，说明逻辑工具和方法的共同性。归谬反驳极富逻辑论证力和语言说服力，是不可或缺的辩论工具，在今日也有广泛应用。加拿大人朗宁出生于中国，当他竞选议员时有人说："你是喝中国人的奶长大的，你身上一定有中国血统。"朗宁反驳说："根据你们的逻辑，你们是喝牛奶长大的，你们身上一定有牛的血统。"

归谬法是墨家逻辑的精髓，作为有效辩论工具，其影响深广，遍及古今。在逻辑史上，归谬法广泛应用，极大地刺激了系统逻辑的产生。古希腊的芝诺、苏格拉底、柏拉图，都善应用归谬法，为亚氏逻辑的产生准备了条件。在古希腊，论辩术（一译辩证法，dialectic）指归谬法的论辩方式，后被作为论辩术总称，长期兼作逻辑学的总称。在中国，墨家率先运用矛盾律进行归谬反驳，在中国逻辑中占据核心地位。

第五节　告父偷羊：止式推论

一、故事来源

"告父偷羊"（证父攘羊）的故事，先秦诸家文献均有记载："叶公语孔子曰：'吾党有直躬者，其父攘羊，而子证之。'孔子曰：'吾党之直者异于是：父为子隐，子为父隐，直在其中矣。'"（《论语·子路》）"直躬证父。"（《庄子·盗跖》）"楚之有直躬，其父窃羊，而谒之吏。"（《韩非子·五蠹》）"楚之有直躬者，其父窃羊，而谒之上。"高诱注："谒，告也。上，君也。"（《吕氏春秋·当务》）"直躬，其父攘羊，而子证之。"高诱注："直躬，楚叶县人也。……凡六畜自来，而取之，曰攘也。"（《淮南子·泛论训》）"躬盖名，其人必素以直称者，故称直躬。直举其行，躬举其名。"（刘宝楠《论语正义》）

楚国叶县人叶公子高对孔子说："我家乡有个坦白直率的人，他父亲见别人家的羊走过来，便偷取了。这位做儿子的，便亲自向官府告发。"孔子说："我们那里的坦白直率跟你说的不同：父亲替儿子隐瞒，儿子替父亲隐瞒，其中就包含着坦白直率。"明梅鼎祚《西晋文纪》卷 13，清代陆世仪撰《思辨录辑要》卷 7，把这一故事定名为"证父攘羊"，即告父偷羊。《说文》："证，告也。""证"即告发、揭发、检举。

从语言约定俗成的意义说，隐瞒过失和坦白直率是对立的概念。隐是隐藏不露。《说文》："隐，蔽也。"瞒是隐藏实情。坦白直率（坦率），是不隐瞒、欺诈。孔子说，父子互相隐瞒过失，其中就包含坦白直率。这样说，包含了混淆概念和强词夺理的诡辩。

孔子是中国两千年封建社会主流思想界尊奉的大圣人，他说的话被认为"句句是真理"，"一句顶一万句"。即使他说的某些话有不妥，在中国长期封建社会浩如烟海的典籍里，大多数也都为孔子的话辩护。为错误的论题、论点、思想、言论辩护，难免在逻辑上存在诡辩。孔子的话存在混淆概念和强词夺理的诡辩，后代儒者为孔子的诡辩进行辩护，必然存在新的诡辩。

二、诉诸权威

诉诸权威和诉诸传统是诡辩的手法。宋代阳枋撰《字溪集》卷 5 说，圣人孔子说的"父为子隐，子为父隐"，可以类推"君臣、夫妇、兄弟皆然"，即父子、君臣、夫妇、兄弟都应该互相隐瞒过失。怎么论证这个论题呢？《字溪集》作者阳枋说，因为父子相隐为坦白直率，是孔子"圣人说话"，所以"横来竖去都合道理"。既然孔子是"圣人"，他说过的每一句话怎么说都是真理。这是利用人们崇拜权威、"圣人"的心理，强调某一论题是某一权威、"圣人"说过的话，所以应该相信其是真理。

这是心理相关型的谬误和诡辩，不是以公认的事实和真理作为论证的根据，而是以权威、"圣人"说过的话为根据，这是"诉诸权威"的谬误和诡辩，同时也是"诉诸传统"的谬误和诡辩，认为自己所维护的传统是最好的，用这一点作为论证根据。《字溪集》作者阳枋认为他所维护的儒家传统最好，所以儒家传统的信条，如父子、君臣、夫妇、兄弟都应互相隐瞒过失，是万古不变的真理。阳枋，字宗骥，初名昌朝，巴川人（今属四川），居字溪小龙潭之上，因以自号，1244年赐同进士出身，交游、从学于朱熹门人，史称其学不离学派之宗，即以维护儒家学派传统观点为治学宗旨。

三、不直为直

以不直为直，是混淆概念和强词夺理的诡辩。宋代钱时撰《融堂四书管见》卷7说："证父攘羊，贼恩甚矣，谓之直可乎？知贼恩之非直，则父子之相隐，乃不直之直也。"认为告发父亲偷羊，过分伤害父亲对儿子的养育之恩，怎么能叫坦白直率呢？知道过分伤害父亲对儿子的养育之恩，不能叫坦白直率，则父子互相隐瞒过失，就是"不直之直"（不坦白直率的坦白直率）。"不直"是"直"，不坦白直率是坦白直率，这是混淆概念和强词夺理的诡辩。钱时，字子是，淳安（今属浙江）人，受学于杨简，杨简之学出于陆九渊。

朱熹《朱子语类》卷24说："父为子隐，子为父隐，本不是直，然父子之道，却要如此，乃是直。"又说："《论语》凡言'在其中'，皆是与那事相背，且如父为子隐，子为父隐，本不干直事，然直却在其中。"卷49说："凡《论语》言'在其中'皆是反说"，"父为子隐，子为父隐，本非直也，而直已在其中，若此类皆是反说。"这里几个关键词："本不是直，乃是直。""本不干直事，然直却在其中。""本非直也，而直已在其中"。也是把"不直"硬说成"直"，是强词夺理的诡辩。朱熹，婺源（今属江西）人，侨居建阳（福建），程颢、程颐四传弟子，博览群书，注释儒典，倡导理学，被尊为明清儒学正宗。

四、颠倒是非

颠倒是非是常见的诡辩手法。清陆世仪撰《思辨录辑要》卷8说："苟得其道，则父为子隐，子为父隐，正是诚。不得其道，则证父攘羊，正是妄。为尊者讳，为亲者讳，即是诚。"诚是诚实、是、真。妄是虚妄、非、假。朱熹《中庸》注说："诚者，真实无妄之谓。"诚实和虚妄是对立概念，即是非和真假。

父子互相隐瞒过失，是虚妄、非、假，不是诚实、是、真，却被儒家学者陆世仪说成是"得道"（得"孝道"），并以此为借口，把父子互相隐瞒过失说成是诚实、是、真。而告发父亲偷羊，被以"不得其道"（"孝道"）为借口，说成是虚妄、非、假。这是颠倒是非，混淆真假。陆世仪，字桴亭，太仓人（今江苏），纪昀等《四库全书提要》称"世仪之学，主于敦守礼法。"

五、回避是非

回避讨论不直的是非性质，是一种诡辩手法。宋代赵顺孙《论语纂疏》卷7说："不暇计其直、不直者，爱亲之心胜，而区区细行不足论也。"由于爱父亲的心情胜过一切，无暇考虑父子互相隐瞒过失"直、不直"（是否坦白直率）。即使是"不直"（不坦白直率），也因为是无关紧要的小事，所以用不着来谈论。

元代胡炳文撰《论语通》卷7说："直之名小，不孝之罪大，圣人权衡于二者之间，故宁父子相隐，而有不直之名，不忍父子相讦，而有不孝之罪。""直天理也，父子之亲，又天理之大者也。二者相碍，则屈直以伸亲，非不贵乎直也。当是时，父子之情胜，而直、不直，固有所不知也。"告父偷羊的坦白直率的名誉小，而告父偷羊，蒙受"不孝"的罪名大，圣人权衡坦白直率的小名誉和"不孝"的大罪名二者之间得失利弊的关系，所以宁愿隐瞒父亲偷羊，而承担不坦白直率的坏名声，也不忍父子互相攻讦，而蒙受"不孝"的大罪名。坦白直率符合天理，维持父子亲情，又是天理中的更大者。二者互相妨碍，那么就宁愿放弃坦白直率，而伸张父子亲情，这并不是不重视坦白直率，而是因为当时父子亲情胜过一切，所以是否坦白直率本来就不在认知的范围之内了。

六、是非区分

墨子有鲜明的是非观，主张在国家、社会的政治、伦理生活中，积极运用批评武器，维持正义和真善美的理想原则。有一次墨子论证"非攻"（反对攻伐掠夺）的论题，打比方说："今有一人，入人园圃，窃其桃李，众闻则非之，上为政者得则罚之。此何也？以亏人自利也。至攘人犬豕鸡豚者，其不义，又甚入人园圃窃桃李。是何故也？以亏人愈多，其不仁兹甚，罪益厚。至入人栏厩，取人马牛者，其不仁义，又甚攘人犬豕鸡豚。此何故也？以其亏人愈多。苟亏人愈多，其不仁兹甚，罪益厚。""当此，天下之君子皆知而非之，谓之不义。"（《非攻上》）

现在有人，进入别人果园，偷桃李，众人听到会非难，当政者抓住他会处罚。这是什么缘故？因为损人利己。偷别人狗猪鸡，不义超过进入别人果园偷桃李。这是什么缘故？因为损人更多，更不仁，罪更大。闯入人家牲口棚，偷别人马牛，不仁义超过偷别人狗猪鸡。这是什么缘故？因为损人更多，更不仁，罪更大。

在法律承认私有财产为合法的社会里，偷别人牲畜，受道德舆论非难，被官府处罚。父亲偷别人的羊，依墨子的观点，应是一种过失，即"是非"（真理和错误）这对矛盾中的"非"（错误），与公认的基本伦理道德标准不合，应该受到批评。

墨家把批评叫作"诽"。《经上》说："诽，明恶也。""诽"就是指明缺点、错误和不好的方面。清代段玉裁《说文解字注》："诽之言非也。""诽"就是指明别人之"非"（错误）。《经下》说"诽之可否"，"说在可非"，即批评的正确性在于，被批评的观点确有错误。《经下》说"非诽者悖"，即否定一切批评的人，会陷于自相矛盾。《经说下》解释说："不非诽，非可非也。"即不否定一切批评，那么有错误就可以非难（批评）了。墨家把批评武器的应用，看作维持正常合理政治、伦理生活的必需。

七、有非不非

1. 来龙去脉

《经上》墨家所批评的论点"圣人有非而不非"的意思，即圣人见别人有错误而不批评。前一"非"字解作"错误"，后一"非"字解作"批评"。事情的起因是，有些儒家学者根据孔子"父为子隐，子为父隐，直在其中"的说法，主张父子、君臣、夫妇、兄弟都应互相隐瞒过失，并认为这就是"坦白直率"。《公羊传·闵公元年》说："《春秋》为尊者讳，为亲者讳，为贤者讳。"即孔子作《春秋》，为尊贵的人、亲爱的人和贤圣的人隐讳、隐瞒过失。这种思想的实质是掩盖宗法制封建社会父子、君臣、夫妇、兄弟等人伦关系中的阴暗、消极面，以维护当时社会的稳定。

墨家代表手工业者和下层人民的利益，持有不同的观点，主张"有非而非"，有错误就批评，把部分儒家学者的观点简要概括为"圣人有非而不非"（圣人见别人有错误而不批评）的论点，加以反驳，从这一争辩中概括出系统逻辑理论。

2. 理论升华

墨家从春秋战国时期诸子百家的争鸣中，总结出辩学理论，把辩学作为辨明是非的工具。《小取》说："夫辩者，将以明是非之分，审治乱之纪，明同异之处，察名实之理，处利害，决嫌疑，焉摹略万物之然，论求群言之比。""辩"这门学问，是一种方法，功能是辨明是非（真理与谬误），审察治理和混乱的头绪，判明相同和差异的所在，考察概念和实际对应的原理，权衡利益和危害，判断疑惑不解的问题，于是能反映概括万事万物的真实面目和"所以然"的规律，讨论、搜求各种言论的利弊、得失，概括中华先哲思维艺术的要点。

3.定义

《经上》说："止，因以别道。"这是"止"式推论定义。"止"式推论是区别、限制一般性道理的方法。"止"指"以反例反驳全称命题"的推论方式。"因以"：用来。"别"：区别、限制。"道"：一般性道理、一般命题、全称命题。

《墨子》使用"止"字80次，有不同语义。一指"停止"，这是物理学意义。《经说上》说："俱止、动。"指一个宏观机械物体，所有部分都停止，或所有部分都运动。《经上》说："止，以久也。"停止需要耗费时间。"无久之不止"，指物理学概念，无穷小时间的运行。"有久之不止"，指物理学概念，有穷长时间的运行。这两个"不止"，都指"不停止"，相当于"行"。《经上》"止，因以别道"中"止"的意义是"反驳"，这是逻辑意义，是"停止"这一物理意义的转义。

4.步骤

止式推论的步骤之一，是以正确反例反驳对方错误的全称命题。《经说上》解释说："彼举然者，以为此其然也，则举不然者而问之。若'圣人有非而不非'。"对方

· 183 ·

第三章 论证技巧

列举一些正面事例，用简单枚举归纳推理，轻率概括出不正确的全称命题。如对方说：

> 甲圣人见人有非而不非。
> 乙圣人见人有非而不非。
> ……
> ∴所有圣人见人有非而不非。（命题1）

形式是：

$$M_1 \text{ 是 } P$$
$$M_2 \text{ 是 } P$$
$$\cdots\cdots$$
$$\text{所有 } M \text{ 是 } P$$

命题1"所有圣人见人有非而不非"，这是一个全称肯定命题，形式是：

$$\text{所有 } M \text{ 是 } P$$

这时，我就列举反例，加以问难。如我说："墨子是圣人，而墨子并非见人有非而不非。"于是以下命题成立：

有圣人不是见人有非而不非。（命题2）

命题2是一个特称否定命题，形式是：

　　有 M 不是 P

　　从逻辑上说，命题2"有圣人不是见人有非而不非"真，则命题1"所有圣人见人有非而不非"必然假。以下推论成立：

　　有圣人不是见人有非而不非。
　　∴并非"所有圣人见人有非而不非"。

形式是：

　　有 M 不是 P
　　∴并非所有 M 是 P

　　用反例驳斥对方全称命题的方式，相当于西方逻辑中以特称否定命题真，证明全称肯定命题假的对当关系直接推论。如用"有天鹅不是白的"，反驳"所有天鹅是白的"：

第三章　论证技巧

有天鹅不是白的。

∴并非"所有天鹅是白的"。

止式推论归纳部分见表 11。

表 11　止式推论归纳部分

今日表达	简单枚举归纳推理前提	简单枚举归纳推理结论	列举反例反驳
墨家表达	彼举然者	以为此其然也	则举不然者而问之
符号表达	M_1 是 P M_2 是 P ……	所有 M 是 P	有 M 不是 P
墨家实例	甲圣人见人有非而不非； 乙圣人见人有非而不非； ……	所有圣人见人有非而不非	有圣人不是见人有非而不非

止式推论的步骤之二，是从反驳对方错误的推论前提，怀疑对方演绎的个别结论。《经说下》说："彼以此其然也，说是其然也。我以此其不然也，疑是其然也。"对方列举一些正面事例，用简单枚举归纳推理，轻率地概括出不正确的全称命题，进而用这一不正确的全称命题演绎推论出个别结论。如对方推论说：

所有圣人见人有非而不非。

墨家的圣人是圣人。

∴墨家的圣人见人有非而不非。

形式是：

所有 M 是 P
所有 S 是 M
∴所有 S 是 P

这是一个正确的直言三段论推理，形式有效。我方则通过反驳对方错误的演绎推论前提，怀疑对方演绎推理的结论。我用"并非所有圣人见人有非而不非"（有圣人不是见人有非而不非），反驳对方演绎推理前提"所有圣人见人有非而不非"，怀疑对方演绎推理结论"墨家的圣人见人有非而不非"的可靠性。

墨家通过反例，证明"有圣人不是见人有非而不非"（并非所有圣人见人有非而不非），则对方论点已经通过"止"式推论被区别、限制为"有圣人见人有非而不非"，用这一命题为前提，进行如下演绎推论：

有圣人见人有非而不非。
墨家的圣人是圣人。
∴墨家的圣人见人有非而不非。

这一推论非有效。从逻辑上说，这个三段论推理的中项"圣人",在前提中两次不周延(一次作为特称命题的主项,一次作为肯定命题的谓项),违反了"三段论推理中项须周延一次"的规则。这一推论的形式是:

有 M 是 P

所有 S 是 M

∴所有 S 是 P(?)

这里中项 M 两次不周延,结论可疑,推理非有效。

当演绎推理的一个前提不真时,结论可能假。我方反驳对方错误的演绎推理前提,怀疑对方演绎推理结论的可靠性。一个"疑"字,道出对方演绎推理的可疑性、非必然性和非有效性。止式推论演绎部分见表 12。

表 12　止式推论演绎部分

今日表达	演绎推论前提	演绎推论结论	反驳演绎推论前提	怀疑演绎推论结论
墨家表达	彼以此其然也	说是其然也	我以此其不然也	疑是其然也
符号表达	所有 M 是 P〔所有 S 是 M〕	∴所有 S 是 P	并非"所有 M 是 P"	怀疑"所有 S 是 P"
墨家实例	所有圣人见人有非而不非;〔墨家的圣人是圣人〕	墨家的圣人见人有非而不非	并非"所有圣人见人有非而不非"	怀疑"墨家的圣人见人有非而不非"

墨家的思维艺术是用古汉语总结的诸子百家争鸣的应用逻辑，这发展为中国辩学。

5. 规则

止式推论的规则是同类相推，不同类不相推。《经下》说："止，类以行之，说在同。"《经上》说"法异则观其宜。"《经说上》解释说："取此择彼，问故观宜。以人之有黑者、有不黑者也，止黑人，与以有爱于人、有不爱于人，止爱人，是孰宜？"这是在谈论"止"式推论的规则，即同类相推。

如我方所列举的反例，必须要跟我所反驳的对方命题属于同类，才能针锋相对，驳倒对方。对方列举若干正面事例，说甲是黑的，乙是黑的等，甲、乙等是人，所以，所有人都是黑的。我方则举出反例说，丙是白的，丁是白的等，丙、丁等是人，所以，有人是白的（即有人不是黑的），进而推出"并非所有人都是黑的"。

这里，用"有人不是黑的"作为"止"式推论的前提（论据，即"故"），反驳对方"所有人都是黑的"，是合适、有效（"宜"）的。因为这前提（论据，"故"）和被反驳的论题都是关于同类事物（人的肤色）。

反之，不同类不相推。如墨家主张"兼爱"，即一切人应该爱一切人。这是墨家最高的道德理想，但并不是立刻要在现实生活中一个不漏地实现爱每一个人、利每一个人。有的人（如侵略者、强盗等"暴人"）就不能被爱、被利，而应该"恶"（厌恶），甚至为了正当防卫而诛讨侵略者、诛杀强盗。《非儒》论证了对于攻伐掠夺弱小国家的"暴残之国"，"圣将为世除害，兴师诛罚"，不让"暴乱之人也得活"。《小取》论证"杀盗非杀人"的论点，意即杀强盗不算犯杀人罪。不能用"现实有人不被人爱"作为"止"式推论的前提（论据，即"故"），反驳"一切人应该爱一切人"的最高理想，这样来构造"止"式推论是不合适、无效（不"宜"）的。

这里墨家摆出两个止式推论：第一个推论，用来反驳的论据是"有人不是黑的"，被反驳的论题是"所有人是黑的"。二者都是关乎事实的，属于真值的逻辑。第二个推论，用来反驳的论据是"有人不被人爱"，是关乎事实的，属于真值逻辑的范围。而被反驳的论题是"一切人应该爱一切人"，是关乎道德理想、目标、义务、规范的模态逻辑（道义逻辑）的范围。

这两个推论的法式、形式不同（"法异"），属于不同的逻辑领域、分支、范围和语境。前一推论是合适、有效（"宜"）的，符合同类相推的规则和逻辑学的同一律。后一推论是不合适、非有效（不宜）的，不符合同类相推的规则和同一律。

即推论一：

　　有人不是黑的（事实）。
　　∴ 并非"所有人是黑的"（事实）。

这一推论的前提和结论都是关乎事实的，符合"类以行之"（同类相推，同一律）的规则、规律，所以是有效的。

　　推论二：

　　有人不被人爱（事实）。
　　∴ 并非"一切人应该爱一切人"（理想）。

这一推论的前提和结论分别是关乎事实的和关乎理想的，不符合"类以行之"（同类相推，同一律）的规则、规律，所以无效。

　　6.运用

　　当时的阴阳五行家用简单枚举归纳推理，从日常观察中列举若干正面事例，轻率概括出"火克金、金克木、木克土、土克水、水克火"等所谓"五行常胜"的形而上学、机械论的公式。《墨经》则列举反例，证明可以有"金克火"等反例，从而归纳出"五行无常胜"的辩证公式（《经说下》），分析一种元素之所以能克胜另一种元

第三章　论证技巧

素，不是为某种先天、先验的公式所决定，而是由于它在某种具体情况下占优势。《经说下》说："火铄金，火多也；金靡炭，金多也。"在某种情况下，火之所以能销铄金属，是由于火占优势。在另一种情况下，金属之所以能压灭火，是由于金属占优势。一切以具体环境、条件为转移。"若识麋与鱼之数惟所利"：犹如某山麋鹿多，某渊鱼鳖盛，都是具体环境、条件对某种动物繁殖生长有利的缘故。

《经下》说："无不让也，不可，说在酤。"《经说下》解释说："让者酒，未让酤也，不可让也，若酤于城门，与于臧也。"即说"所有事情都要让"是不可以的。如宴请宾客，喝酒可以让，但酤酒（买酒）让人，却于理不合。如果要到城门内买酒，则指派家中仆人臧去，不能让宾客去。《论语·里仁》记载，孔子主张"以礼让为国"；《学而》载，子贡说："夫子温、良、恭、俭、让以得之。"儒家学者提倡"所有事情都要让"，墨家则认为"不可"。

7. 评价

止式推论是一种复杂的综合性推论，其中有机结合了归纳、演绎不同的推论形式，以及对于不正确归纳、演绎的反驳等不同论证方法，是一种有力的论证工具。墨家在百家争鸣中，用"止"式推论驳斥论敌的学说，证明自己的学说。这是中华先哲思维艺术深刻、精到的实际应用和理论总结，与西方和现代逻辑相通，思想脉络一贯。墨家总结的"止"式推论的理论、方法、规则，也适用于现代人的思维表达实际。

第六节　老马识途：演绎推论

一、寻找道路和水源

《韩非子·说林上》载："管仲、隰朋从桓公伐孤竹，春往冬反，迷惑失道。管仲曰：'老马之智可用也。'乃放老马而随之，遂得道。行山中，无水。隰朋曰：'蚁冬居山之阳，夏居山之阴，蚁壤寸而有水。'乃掘地，遂得水。以管仲之圣，而隰朋之智，至其所不知，不难师于老马与蚁。"

一年春天，管仲、隰朋跟随齐桓公长途征伐孤竹国，到冬天返回时，迷失道路。管仲说："老马的智慧可以用，所有老马是识途的。"于是把老马放开，让老马带路，众人跟随，觅得归途。走到深山，军旅缺水。隰朋说："蚂蚁冬天住在向阳坡，夏天住在背阴坡，凡蚂蚁窝下是可以找到水的。"于是在蚂蚁窝下掘地，觅得水源。凭借管仲的圣明和隰朋的智慧，遇到所不知道的事物，便以老马和蚂蚁为师。"老马识途"故事，包含以下推论：

所有老马是识途的。

这些马是老马。

这些马是识途的。

凡蚂蚁窝下是可以找到水的。

这里是蚂蚁窝。

这里是可以找到水的。

这些推论是从一般推出个别的演绎推论。

王戎（234—305），西晋临沂人。据《晋书·王戎传》《世说新语》载，王戎自幼聪明，六七岁时去看戏，猛兽在笼中怒吼震地，众人四散奔逃，只有王戎站立不动，神色自若，魏明帝看了很惊奇问他为什么不跑，他说猛兽在笼中，不会伤人。王戎的判断：猛兽"怒吼震地"，既"在笼中"，必不伤人。这是正确判断。王戎跟一群儿童在道边游戏，众人见李树多实，争着去摘，只有王戎站立不动，有人问他原因，王戎说："在道边而多子必苦李也。"那人一尝，果然是苦李。王戎的推论是：

凡在道边而多子必苦李也。

这棵树在道边而多子。

这棵树必苦李也。

这是正确的演绎推论。王戎遇事，能做出正确的判断、推论，所以能处变不惊，理智清醒。

二、推论知识讲案例

《经下》说："闻所不知若所知，则两知之，说在告。"《经说下》解释说："在外者，所知也。在室者，所不知也。或曰：'在室者之色若是其色。'是所不知若所知也。犹白若黑也，孰胜？是若其色也，若白者必白。今也知其色之若白也，故知其白也。夫名以所明正所不知，不以所不知疑所明。若以尺度所不知长。外，亲知也。室中，说知也。"

听到别人说自己所不知道的东西，与所知道的东西一样，则不知和知两方面就都知道了，论证的理由在于，这是以别人告诉的知识作为中间环节而推论出来的知识。在室外的东西是自己所知道的（亲知），在室内的东西是自己所不知道的，有人告诉说："在室内的东西的颜色与在室外的东西的颜色是一样的。"（闻知）这就是所不知道的东西与所知道的东西一样。"若"（像）字的意思就是一样。假如一个思想混乱的人说："白若黑。"那究竟是"像白"，还是"像黑"呢？所谓"这个颜色像那个颜色"，如果像白，那就必然是白。现在知道了它的颜色像白，就推论出来一定是白的。所谓概念和推论，是以所已经明白的知识为标准，衡量还不知道的东西，而不能倒过来，以还不知道的东西为根据，怀疑所已经明白的东西。这就像用尺子量度还不知道的长度。室外的东西是"亲知"，室内的东西是"说知"。这是以"亲知"和"闻知"为前提，用演绎推论导出新知。其中包含推论实例：

> （亲知）室外之物颜色是白的。
> <u>（闻知）室内之物颜色是室外之物颜色。</u>
> （说知）室内之物颜色是白的。

墨家把推理、论证（推论）称为"说"。"说"的本意是说明和解说。《经上》说："说，所以明也。"在中国古代逻辑中，"说"指广义的推论，包括推理、证明和反驳。《小取》说："以说出故。""说"的实质，是揭示"辞"（推理的结论，论证的论题）成立的理由、根据。《经下》和《经说下》表达的结构，是"以说出放"形式的运用。它一般是在《经下》先列出论题，然后以"说在某某"的形式，简明地标出论题之所以成立的理由（事实或道理），而《经说下》则予以解说展开。整篇《经下》和《经说下》，由论题、论据和论证组成，是表达"说知"（推论之知）的典范。

演绎推论，是用讲道理的方法进行论证，达到说服目的。墨家列举具体推论事例，用古汉语自然语言进行理论说明，没有如西方那样，使用人工语言符号来代表逻辑常项和变项，从而概括出推论的一般形式。墨家用古汉语特殊词汇和特殊构词、构句方法，表示逻辑变项和逻辑常项。《经说下》说："以此其然也，说是其然也。"用我们现在熟悉的表达方式加以翻译即：根据"所有 M 是 P"，推论出"所有 S 是 P"。"此其然"，理解为"一类事物全体都是如此"。《经说上》说："彼举然者，以为此其然也。"对方列举一些如此这般的正面事例，推论出"一类事物全体都是如此"（所有 M 是 P），要"举不然者而问之"，列举"有 M 不是 P"反驳。"说"：推论。"是"：这个。由"此其然"到"是其然"的推论过程，是由一般到特殊和个别的演绎推论。这是墨家第一层次的元研究。《墨经》用古汉语表达的逻辑知识，不易为熟悉西方逻辑的现代人读懂。弘扬《墨经》逻辑精华，必须用现代科学和语言对其进行新诠、发挥和转化，这是现代学者第二层次的元研究。从所举推论实例，抽出推理形式，用汉字"所有""是"表示逻辑常项（量项和联项），用英文字母 S、M、P 表示逻辑变项，即：

所有 M 是 P

所有 S 是 M

所有 S 是 P

进一步把用汉字"所有""是"表示的逻辑常项（量项和联项），代换为英文字母 A（表全称肯定）：

MAP

SAM

SAP

毛泽东在中华人民共和国第一届全国人民代表大会第一次会议上的开幕词说："我们的事业是正义的。正义的事业是任何敌人也攻不破的。"包含以下推论：

正义的事业是任何敌人也攻不破的。

我们的事业是正义的事业。

我们的事业是任何敌人也攻不破的。

这是三段论演绎推论，三段论推论的结构和规则由古希腊亚里士多德发现，是全人类的共同财富。

三、无鬼与治河

1. 王充论无鬼

东汉哲学家王充（27—92）《论衡·论死篇》批评"人死为鬼"论说："人死血脉竭，竭而精气灭，灭而形体朽，朽而成灰土，何用为鬼？"包含如下推论：

人死血脉竭。

竭而精气灭。

灭而形体朽。

<u>朽而成灰土。</u>

人死成灰土。

2. 潘季驯治河

明代水利家潘季驯（1521—1595），浙江吴兴人，嘉靖年间进士，四任"总理河道"（治黄总督），著《河防一览》《两河经略》。他说："治河者，必先求河水自然之性，而后可施其疏筑之功。""欲顺其性，先惧其溢。惟当缮治堤防，俾无旁决，则水由地中，沙随水去，即导河之策也。"

潘季驯充分认识到黄河水性："河水一斗，沙居其六，伏秋则居其八。非极湍急，必至停滞。"提出"以水治水""以堤束水，以水刷沙"之法，以"束水攻沙"为第一要义。筑堤挡水，加快流速，以水的冲蚀力带走泥沙，避免河床淤积，决堤泛滥，有利农业生产。

潘季驯推论说："水分则势缓，势缓则沙停，沙停则河饱。尺寸之水，皆由沙面，止见其高。水合则势猛，势猛则沙刷，沙刷则河深。寻丈之水，皆由河底，止见其卑。筑堤束水，以水攻沙，水不奔溢于两旁，则必能直刷于河底，一定之理，必然之势，此合之所以愈于分也。"潘季驯所谓"必先求河水自然之性""一定之理，必然之势"，然后"顺其性"，施"疏筑之功"，就是求真务实，按规律办事。其立论科学，富有哲理。潘季驯的推论式如下：

　　　　　水分则势缓。
　　　　　势缓则沙停。
　　　　　沙停则河饱。
　　　　　水分则河饱。

　　　　　水合则势猛。
　　　　　势猛则沙刷。
　　　　　沙刷则河深。
　　　　　水合则河深。

河饱则漫溢、决口，有水患。河深则不溢、不决，无水患。其推论的必然性，增强了论点的科学性和说服力。

四、节欲和文章

1. 李世民论节欲

《资治通鉴》卷192载，唐太宗李世民于646年与群臣论打击盗贼的办法，有人说应该用"重法以禁之"，李世民笑着说："民之所以为盗者，由赋繁役重，官吏贪求，饥寒切身，故不暇顾廉耻耳。朕当去奢省费，轻徭薄赋，选用廉吏，使民衣食有余，则自不为盗，安用重法邪？""数年之后，海内升平，路不拾遗，外户不闭，商旅野宿焉。"李世民常对侍臣说："君依于国，国依于民，刻民以奉君，犹割肉以充腹，腹饱而身毙，君富而国亡，故人君之患，不自外来，常由身出。夫欲盛则费广，费广则赋重，赋重则民愁，民愁则国危，国危则君丧矣。朕常以此思之，故不敢纵欲也。"这段话包含如下推论：

欲盛则费广。

费广则赋重。

赋重则民愁。

民愁则国危。

国危则君丧。

欲盛则君衰。

这个推论有积极的认识意义和现代价值。

2. 夸口打油诗

有一首自夸文章的打油诗：

> 天下文章数三江，三江文章数我乡。
> 我乡文章数我弟，我弟跟我学文章。

文章从"天下""三江""我乡""我弟"到"我"，水平越来越高，最后推出"天下文章数我高"的结论。这里语言的特点，是前句结尾，作后句开头，环节相扣，层层递进。

此外还有自夸高寿的故事："郑人有相与争年者。一人曰：'吾与尧同年。'其一人曰：'我与黄帝之兄同年。'讼此而不决，以后息者为胜耳。"（《韩非子·外储说左上》）郑国有人争说自己高寿。一人说："我和尧同岁！"另一人说："我和黄帝的哥哥同岁！"争不出结论，只好以最后闭嘴不说话的人算作胜利者。这都是利用关系推论夸海口。

第七节 象牙筷子：归纳推论

一、见微知明

《韩非子·说林上》载纣王做象牙筷子的故事："纣为象箸，而箕子怖。以为象箸，必不盛羹于土铏，则必犀玉之杯。玉杯、象箸，必不盛菽藿，则必旄象豹胎。旄象豹胎，必不衣短褐，而舍茅茨之下，则必锦衣九重，高台广室也。称此以求，则天下不足矣。圣人见微以知明，见端以知末。"

纣王做象牙筷，太师箕子感到忧虑。箕子推论：用象牙筷，必不用土碗盛羹，必用犀角碧玉杯；用玉杯、象牙筷，必不吃菜粥，必吃象尾豹胎、山珍海味；吃象尾豹胎、山珍海味，必不穿黑粗布褂、住茅草房，必穿锦绣衣、住高门大屋。依此类推，必挥霍天下财富。圣人能够从事物微小苗头，推知发展大局，从端倪推知后果。

《韩非子·喻老》也载纣王做象牙筷子的故事，说："吾畏其卒，故怖其始。居五年，纣为肉圃，设炮烙，登糟丘，临酒池，纣遂以亡。故箕子见象箸，以知天下之祸。故曰，见小曰明。"箕子预料到了"纣必亡"的结局。箕子从纣王做象牙筷子的事例，推知一般道理：

纣王做象牙筷→必不用土碗盛羹→必用犀角碧玉

杯→必不吃菜粥→必吃象尾豹胎、山珍海味→必不穿黑粗布褂、住茅草房→必穿锦绣衣、住高门大屋→必挥霍天下财富→纣必亡

这是从个别推知一般，是归纳推论。

二、尝鼎一脔

"尝鼎一脔"的成语源于《吕氏春秋·察今》："有道之士，贵以近知远，以今知古，以所见知所不见。故审堂下之阴，而知日月之行，阴阳之变；见瓶水之冰，而知天下之寒，鱼鳖之藏也；尝一脔肉，而知一镬之味，一鼎之调。"

懂得道理的人，可贵的是由近处推知远处，由现在推知过去，由已知推未知。审察屋外阴影的迁移，推知时间和季节的变化；看见一瓶水结冰，推知气候的寒冷和鱼鳖的冬眠；尝一块肉，推知一锅肉的滋味。这些事例都是归纳推论。

《淮南子·说山训》说："尝一脔肉，知一镬之味；悬羽与炭，而知燥湿之气：以小明大。见一叶落，而知岁之将暮；睹瓶中之冰，而知天下之寒：以近论远。"

在天平两端各放上羽毛和木炭，木炭的吸湿性大于羽毛，木炭重可推知空气湿度大：这是由小范围推知大范

围。看见一片树叶随风飘落，可推知秋冬季节的交替：这是由近处推知远处。这都是归纳推论。

"尝一脔肉，而知一镬之味，一鼎之调"的归纳推论事例，被简化为"尝鼎一脔"成语，即尝鼎中一块肉味，推知全鼎肉味，比喻根据部分可推论全体。"脔"：肉块。"鼎"：古代煮肉器。"尝鼎一脔"在《四库全书》中用例66次。

唐马总《意林》卷1《题意林三绝句》："漫嫌撮要失备载，尝鼎一脔知味全。"宋阮阅《诗话总龟后集》卷20："古人尝谓尝鼎一脔，可以尽知其味。"宋胡仔《渔隐丛话前集序》："尝鼎一脔，他可知矣。"宋李光《庄简集·与胡邦衡书》："尝鼎一脔，窥豹一斑，亦足见其大略矣。"明胡应麟《少室山房集》卷106："尝鼎一脔，足例其余。"黄宗羲编《明文海》卷242："尝鼎一脔，足以知味矣。"卷271："虽尝鼎一脔，而知全味矣。"《四库全书总目》卷170："尝鼎一脔，亦足以知其概矣。"《日下旧闻考》卷26："尝鼎一脔，足知全味。"

"尝鼎一脔"成语也被简化为"鼎脔"。《四库全书》有《诗家鼎脔》，收入95位诗人，每人标里居、字号，录诗多者10余首，少者一二首，取名"鼎脔"，比喻以少知多。

宋李光《与胡邦衡书》说："未能遍读，然尝鼎一脔，窥豹一斑，已足见其大体矣。"元傅若金《傅与砺文集》

卷4说："指一斑以谓全豹不可，而全豹之章，不殊乎一斑。"如此理解"窥豹一斑"，有归纳意义。

归纳推论是由局部推全局、个别推一般。《荀子·非相》说："欲观千岁，则审今日。欲知亿万，则审一二。""以近知远，以一知万，以微知明，此之谓也。"汉刘向《说苑·尊贤》说："见虎之尾而知其大于狸也，见象之牙而知其大于牛也，一节见则百节知矣。由此观之，以所见可以占未发，睹小节固足以知大体矣。"这种认知手段有归纳意义。

亚里士多德说："归纳则是从个别到一般的过程。"[1]牛顿说："特殊命题从现象中推出，然后通过归纳使之成为普遍命题。物体的不可入性、可动性和冲力以及运动定律和万有引力定律就是这样发现的。"[2]归纳推论的特点，是用摆事实、举实例的方法论证，达到说服目的。

三、枚举归纳

《法仪》说：

> 百工为方以矩。
> 为圆以规。

---

[1] 亚里士多德：《工具论》，中国人民大学出版社1990年版，第366页。
[2] 牛顿：《自然哲学的数学原理》第2卷，1967年英文版，第547页。

直以绳。

正以县。

平以水。

故百工从事，皆有法所度。

墨子列举各种工匠制作方、圆、直线、垂直和水平器物，须以矩尺、圆规、墨斗、悬垂和水平仪为标准，归纳出各种工匠操作都需有标准遵循，就是枚举归纳推论。墨子论证、说服常用枚举归纳推论。枚举归纳推论，是列举若干同类事例，而推出一般结论。《经说上》说："彼举然者，以为此其然也。"对方列举若干正面事例，从中推出一般命题。形式是：

M_1 是 P

M_2 是 P

……

所有 M 是 P

秦代政治家李斯（？—前208），楚国上蔡（今河南）人，年少时为郡小吏，掌管乡内文书，后跟从荀子学习治国方术，战国末入秦，做秦相吕不韦的门客，得到机会游说秦王政（秦始皇），被任为客卿。前237年（秦王政十年），韩国水利家郑国建议开凿灌溉渠，秦宗室大臣借口这是间谍行为，要求秦王"一切逐客"，驱逐全部来自各诸侯国的人，李斯在被驱逐的路上，上书秦王说：

　　臣闻吏议逐客，窃以为过矣。昔缪公求士，西取由余于戎，东得百里奚于宛，迎蹇叔于宋，求丕豹、公孙支于晋。此五子者，不产于秦，而缪公用之，并国二十，遂霸西戎。孝文用商鞅之法，移风易俗，民以殷盛，国以富强，百姓乐用，诸侯亲服，获楚、魏之师，举地千里，至今治强。惠王用张仪之计，拔三川之地，西并巴蜀，北收上郡，南取汉中，包九夷，制鄢、郢，东据成皋之险，割膏腴之壤，遂散六国之纵，使之西面事秦，功施到今。昭王得范雎，废穰侯，逐华阳，强公室，杜私门，蚕食诸侯，使秦成帝业。

　　此四君者，皆以客之功。由此观之，客何负于秦哉？向使四君却客而不纳，疏士而不用，是使国无富利之实，而秦无强大之名也。不问可否，不论曲直，非秦者去，为客者逐，却宾客以业诸侯，使天下之士，退而不敢西向，裹足不入秦，此所谓藉寇兵而赍盗粮者也。夫物不产于秦可宝者多，士不产于秦而愿忠者众，今逐客以资敌国，损民以益雠，内自虚而外树怨于诸侯，求国无危，不可得也。

李斯摆事实，讲理由，归纳秦国任用客卿的优势，说服秦王废除"逐客令"，秦王派人追李斯到骊邑，把他从被驱逐的路上请回，复官为廷尉，在任20余年，助秦王统一天下，被任为丞相。由此可见，李斯的思维表达技艺发挥了巨大作用。

枚举归纳应注意防止"强率概括"的错误。明刘元卿《应谐录》载，河南汝州一位农民，家产很多，几代人不识字。一年，汝州人从湖北聘老师，教儿子认字，写一画，说是"一"字；写两画，说是"二"字；写三画，说是"三"字。儿子高兴地扔下笔，对父亲说："我知道啦，可不必麻烦先生，多花学费，把他辞了吧！"父亲高兴地听了儿子的话，辞退了先生。过些时，父亲请姓万的亲友喝酒，叫儿子早晨起床就写请帖，很久没有写成，父亲催促儿子。儿子愤怒说："天下姓多得很，怎么姓万！从早晨起床，到现在，才写完500画！"儿子从"一"至"三"3个数字的部分规律，仓促归纳出"数字是多少，就有多少画"的整体规律，犯"强率概括"的逻辑错误。

四、典型分析

毛泽东说："如果有问题，就要从个别中看出普遍性。不要把所有的麻雀统统捉来解剖，然后才证明'麻雀虽小，肝胆俱全'。从来的科学家都不是这么干的。"[①] "麻雀虽然很多，不需要分析每个麻雀，解剖一两个就够了。"[②] 典型是一类事物中代表一般情况的个别事例。一两个麻雀，是一般麻雀的典型。解剖一两个麻雀，证明"麻雀虽小，肝胆俱全"，了解所有麻雀的生理结构和功能，是典型分析式的科学归纳推论。这种推论并不神秘，并非高不可攀，是普通人和科学家都经常运用的思维方法。

墨家近似典型分析式科学归纳推论的术语是"擂"。《经下》说："擂虑不疑，说在有无。"《经说下》解释说："疑无谓也。臧也今死，而春也得之，必死也可。"《说文》："擂，引也。"擂是从个别推知一般的思考，这相当于典型分析式的归纳推论。抽出的一般规律是否令人坚信不疑，关键就在于这事例中是否确实存在此种必然联系。《经说上》第84条说："必也者可勿疑。"必然性是事物不可能不如此的性质，怀疑是没有根据的。如在当时条件下，臧得某种不治之症而死，春感染这病，推知她必死无疑。典型分析式的科学归纳推论，可用如下公式表示：

$$\text{所有 } S \text{ 是 } P，\text{其类在 } S_1。$$

----

① 1955年10月11日在中国共产党第七届中央委员会第六次全体会议（扩大）上的讲话。

② 1956年9月25日同拉丁美洲人士谈话。

《大取》说:"凡兴利,除害也,其类在漏壅。"凡兴办对人民有利的事,必然包含着除害的因素(所有 S 是 P),如筑堤防、兴修水利,即包含革除水患、堵河水的溃漏(S_1)。"所有 S 是 P"为一般命题,"其类在某某"是列举一般命题所由以引出的典型事例(S_1)。所谓"类",就是代表本质或一般情况的个别事例,即典型。

　　《大取》类似"所有 S 是 P,其类在 S_1"的形式,在《经下》被规范为类似"所有 S 是 P,说在 S_1"的形式。"所有 S 是 P"代表一般定律,S_1 代表这一定律所由以抽出的典型事例。其中"说在"的字样,意味着一般定律的事实证明、事实证据。《经下》说:"倚者不可正,说在梯。"斜面的特点,是与地面不垂直,典型事例是车梯(带轮的梯子,可搬运重物或登梯爬高)。《经下》说:"一法者之相与也尽类,若方之相合也,说在方。"《经说下》解释说:"方尽类,俱有法而异,或木或石,不害其方之相合也。尽类犹方也,物俱然。"

　　跟一个共同标准相合的东西,属于一类,就像与标准的方形相合的东西,都属于方类,论证的事例在于分析方形的同异。所有方形的东西,都属于一类,它们都合乎方形的法则,又有不同,或者是木质的方,或者是石质的方,都不妨害其方形边角相合。一切同类的事物,都与方形的道理一样,所有事物都是如此。《大取》和《经下》

类似"所有 S 是 P，其类在 S_1""所有 S 是 P，说在 S_1"的形式，酷似印度逻辑（因明）的公式和实例：

公式：同喻体＋同喻依

实例：所有人为制造出来的是非永恒的，如瓶

《墨经》"所有 S 是 P，其类在 S_1""所有 S 是 P，说在 S_1"的表达，表明其科学思想的产生和一般规律的概括是凭借对典型事例的分析。在认识个别事例必然联系的基础上，可以正确引出一般知识。这是典型分析式的科学归纳推论。《墨经》典型分析科学归纳推论见表 13。

表 13　《墨经》典型分析科学归纳推论

《经下》公式	……说在……
解释	所有 S 是 P，说在 S_1
《经下》实例	倚者不可正，说在梯
《大取》公式	……其类在……
解释	所有 S 是 P，其类在 S_1
《大取》实例	凡兴利，除害也，其类在漏壅
因明公式	同喻体＋同喻依
解释	所有 S 是 P，如 S_1
因明实例	所有人为制造出来的是非永恒的，如瓶

明邓玉函、王征《奇器图说》卷1论述自然科学方法："如通一体，则他体可以相推。"指典型分析式的科学归纳推论。恩格斯说："蒸汽机已经最令人信服地证明，我们可以加进热而获得机械运动。十万部蒸汽机并不比一部蒸汽机能更多地证明这一点。"[①] 十万部蒸汽机是一般情况，一部蒸汽机是其中典型。分析一部蒸汽机，可知十万部蒸汽机都是"加进热而获得机械运动"的一般情况，这是典型分析式的科学归纳推论。

五、探求因果

　　《淮南子·说山训》说："得隋侯之珠，不若得事之所由。""由"：缘由、因由、原因。认为得到名贵珠宝，不如发现事物的因果联系。

　　1.求同法

　　《非命》载墨子推论：

　　　　夏桀暴王执有命。

　　　　商纣暴王执有命。

　　　　<u>周幽、厉暴王执有命。</u>

---

　　① 恩格斯：《自然辩证法》，《马克思恩格斯选集》第3卷，人民出版社1972年版，第549页。

故命者暴王所作。

墨子分析历史上夏桀、商纣、周幽王、周厉王等暴王的个例，都具有坚持"有命"论的共同点，从而概括出"命者暴王所作"的一般命题。这是从求同法发现因果联系的科学归纳法。

2. 求异法

《非命下》载墨子说：

> 昔桀之所乱，汤治之；纣之所乱，武王治之。当此之时，世不渝而民不易，上变政而民改俗。存乎桀纣，而天下乱；存乎汤武，而天下治。天下之治也，汤武之力也；天下之乱也，桀纣之罪也。
>
> 若以此观之，夫安危治乱，存乎上之为政也，则夫岂可谓有"命"哉？故以为力也。

社会和人民都没有变，但是桀、纣当政，则天下乱，汤武"变政"，则天下治，可见国家的"安危治乱"是人力的作用，不是"命定"的原因。这是从求异法发现因果联系的科学归纳法。

明邓玉函、王征《奇器图说》卷 1 说："一国王以纯金命一匠作器，匠潜以银杂之，王欲廉其弊弗得也。亚希默得因浴而偶悟焉。谓金与银分两等，而体段大小不等，金重而小，银重而大，以器入水，验其所留之水谁多谁寡，则金与银辨矣。遂明其辨，而匠自服罪。""亚希默得欲辨金与银杂之故不得，偶因沐浴而悟得其故，则欢慰之极，至于忘其衣着，赤身报王。"亚希默得，今译阿基米德（Archimedes，前287—前212），古希腊学者。上述故事说："金重而小，银重而大，以器入水，验其所留之水谁多谁寡，则金与银辨矣。"这是从求异发现因果联系的科学归纳法。

3. 剩余法

东汉科学家张衡（78—139）精通天文，用剩余法创制出世界上最早测定地震的地动仪。《后汉书·张衡传》说："阳嘉元年（132年）复造候风地动仪，以精铜铸成，圆径八尺，合盖隆起，形似酒尊，饰以篆文山龟鸟兽之形，中有都柱，傍行八道施关发机，外有八龙首，衔铜丸，下有蟾蜍张口承之。其牙机巧制，皆隐在尊中，覆盖周密无际。如有地动，尊则振，龙机发吐丸，而蟾蜍衔之。振声激扬，伺者因此觉知。虽一龙发机，而七首不动，寻其方面，乃知震之所在。验之以事，合契若神。自书典所记，未之有也。尝一龙机发而地不觉动，京师学者咸怪其无征，后数日驿至，果地震陇西，于是皆服其妙。自此以后，乃令史官记地动所从方起。"

八条龙头口衔铜丸，某个方向传来地震波动，引发机关，龙头吐出铜丸，蟾蜍张口接受，声音振动，使人觉察地震方向。其余七条龙头口所衔铜丸不发，则可排除这些方向有震源。地动仪运用探求因果联系的"剩余法"，肯定一个方向有震源，否定其余七个方向有震源，是中国古代科技的重要发明。宋李昉《太平御览》卷752《工艺部·巧》引《释名》："巧者，合异类成一体。"张衡发明地动仪，是思维艺术和工艺技巧相结合的典范。

六、归纳译名

《淮南子·泛论训》说：

> 未尝灼而不敢握火者，见其有所烧也。
> 未尝伤而不敢握刃者，见其有所害也。
> 由此观之，见者可以论未发也，而观小节可以知大体矣。

没有灼伤自己，而不敢用手握火，是因为已经看见火烧东西。没有被割伤，而不敢用手握刀刃，是因为已经看见刀刃割东西。已经观察了许多火烧、刀割东西的事例，就归纳出火能烧、刀能割东西的一般命题。在潜意识里已经反复归纳的过程，教会我们即使没有被火烧伤、被刀割伤的经验，也不敢用手握火、握刃，这是归纳推论求新知的认识作用。

"归纳"（英文 induction）一词，是近代中、日学者从西方翻译过来的，有一个逐步现代化和中国化的过程。日本学者西周（1829—1897）1862 年留学荷兰，1868 年（明治维新后次年）开始详细介绍西方逻辑，"归纳"是西周用汉字译述西方逻辑的众多新鲜译名之一，其含义是："探求个别事实的共同点，从而引出一般的法则。"（诸桥辙次等：《新汉和辞典》）

近代译介西方逻辑的著名学者严复，1896 年撰《〈天演论〉自序》，把英文"归纳"（induction）译为自认"信、达、雅"的"内籀"，说："内籀云者，察其曲而知其全者也，执其微以会其通者也。""所谓推见至隐者，内籀也。""内籀者，观化察变，见其会通，立为公例者也。""公例无往不由内籀。""欲有所知，其最初必由内籀。""内籀东译谓之归纳，乃总散见之事，而纳诸一例之中。"严复通俗解释："内籀西名 induction。其所以称此者，因将散见之实，统为一例，如以壶吸气，引之向里者然。""籀之为言抽绎。""抽绎"：抽引，理出丝缕头绪。

严复 1898 年在北京通艺学堂讲演《西学门径功用》，更通俗地把"归纳"叫作"内导"，说："内导者，合异事而观其同，而得其公例。"解释说："今有一小儿，不知火之烫人也。今日见烛，手触之而烂，明日又见炉，足践之而又烂。至于第三次，无论何地，见此炎炎而光、烘烘而热者，即知其能伤人，而不敢触。""此用内导之最浅者。"

1914 年严复《民约平议》(《庸言报》25、26 期)说:"明者著论，必以历史发现者为之本基，其间抽取公例，必用内籀归纳之术，而后可存。"严复把中日内籀、归纳二译名并举。因日译名"归纳"通俗易懂，为多数中国学者喜用，逐渐取代严复译名"内籀"和"内导"，普及学界。严复译介的西方逻辑，已在中国大地生根开花，转化为中华民族文化和中国现代学术的必要成分。

第八节　新嫁娘子：类比推论

一、未谙姑食性：类推与生活

唐诗人王建（767—830），颍川（河南许昌）人，出身寒微，进士，晚年为陕州司马，从军塞上，作品充满浓郁生活气息。其《新嫁娘词》说:"三日入厨下，洗手作羹汤。未谙姑食性，先遣小姑尝。""姑"：丈夫的母亲，婆母。"小姑"：丈夫的妹妹。常言说:"新媳妇难当。"诗中描写的"新嫁娘"，用自己的慧心、灵机，找到巧妙方法，从容应对困局。古代女子嫁后三日，依习俗下厨做饭，面对不知婆母食性口味的难题，新媳妇巧妙类推：

　　过去观察个别案例：长期共同生活，有相似食性口味。

　　现在遇到个别案例：小姑和婆母长期共同生活。

　　推测：小姑和婆母有相似食性口味。

　　有了正确的类推结论，便"先遣小姑尝"。做可靠调查研究，便有成功的把握。作者准确捕捉生活中的典型，表现劳动人民灵巧的思维和诗人巧妙的运思。类推或推类，是类比推理。日本《新汉和辞典》中，把中国古代的"类推"解释为类比或类比推论。

二、孔门类推：类推与教育

1. 举一反三

　　《论语·述而》载孔子说："不愤不启，不悱不发。举一隅不以三隅反，则不复也。"古代大教育家孔子教学生，不到他想求明白，而自己达不到的时候，不去开导他。不到他想说，而自己说不出的时候，不去启发他。教给他方形一个角的性质，他如果不能由此推知另外三个角的性质，就不想再教他了。

　　《经上》说："方，柱隅四权也。"《经说上》解释说：

"方。矩写交也。"方是四边、四角相等的平面图形，是用矩尺画出的封闭平面图形。"柱"：方形的边。"隅"：方形的角。"权"：相等。"矩"：画方形的矩尺。《法仪》："为方以矩。"《庄子·天下》载辩者有"矩不方"（矩尺不能画方）的论题。这种作图方法证明，方是四边、四角相等的平面图形，今知方形一个角的性质是90度，能推知另外三个角都是90度。

孔子说"举一反三"，是类推，即类比推论。成语"举一反三"在《四库全书》中用例26次。唐虞世南《北堂书钞》卷98引《蔡邕别传》："邕与李则游学"，"共读《左氏传》，通敏兼人，举一反三"。宋朱熹《论语精义》卷4："识一隅必无不识三隅之理，不以三隅反，岂惟不能推类，盖虽一隅亦不识矣。""以三隅反者，通类之谓也。"《朱子语类》卷18："举此一端，可以类推。"卷34："凡物有四隅，举一隅则其三隅之理可推。若不能以三隅反，则于这一隅，亦恐未必理会得在。"

宋蔡节《论语集说》卷4："物有四隅，举一可知其三。""告之亦举一隅尔。不以三隅反，则是不能因言以推类，苟遽复之，则于彼亦无益矣。以三隅反而后复之，此古之善教者。"宋黄震《黄氏日抄》卷68："举一返三，使以类推，此孔子欲学者自尽其力，而不徒师之恃耳。"清朱彝尊《经义考》卷44："举一、二以类推。"又

《经义考》卷219："举此一端，其余可以类推矣。"严虞惇《读诗质疑》卷首9："举一反三，可以类推也。"陆陇其《四书讲义困勉录》卷10："三隅只是借言推类。""有反三隅者，只借言其类推之多耳。"

清吴沃尧《二十年目睹之怪现状》第34回："我是凭着一卷《诗韵》学说话，倒可以有举一反三的效验。""举一反三"是类比推论，比喻触类旁通，从已知一事物的性质，类推其他同类事物的性质，这是调动学生的能动性，在教师传授的知识的基础上，学会独立思考，扩展知识的方法。

2. 闻一知十

《论语·公冶长》载：子谓子贡曰："汝与回也孰愈？"对曰："赐也何敢望回？回也闻一以知十，赐也闻一以知二。"子曰："弗如也，吾与汝弗如也。"孔子叫他的学生子贡回答："你与颜回相比，谁更聪明？"子贡说："我哪能与颜回相比呀！颜回是听到一件事，能够推知十件事，而我听到一件事，才能推知两件事。"孔子说："你不如颜回。我和你都不如颜回。"

孔子弟子端木赐（前520—前456），字子贡，春秋末卫国人，比孔子小31岁。《尸子》说"子贡卫之贾人"，"孔子教之"，"为显士"。子贡善经商，是当时著名大商人。《论语·先进》说子贡"货殖焉，亿则屡中"（买进卖出，猜测行情，每每猜中）。《史记·货殖列传》说"子贡既学于仲尼，退而仕于卫，废贮鬻财（贵卖贱买赚钱）于曹、鲁之间"，"七十子之间，赐最为饶益（富有）"。"子贡结驷连骑，束帛之币，以聘享诸侯。所至国君，无不分庭与之抗礼"。

《仲尼弟子列传》说"子贡好废举，与时转货赀。"（贵卖贱买，随时转货，以便赚钱）以至"家累千金"。子贡利口巧辞，能说会道，思维敏捷，善于外交，志向是："得素衣缟冠，使于两国之间，使两国相亲如兄弟。"仕于鲁、卫，游说于齐、晋、吴、越。司马迁说："子贡一出，存鲁，乱齐，破吴，强晋，而霸越。子贡一使，使势相破，十年之中，五国各有变。"

后用"闻一知二"和"闻一知十"的成语，形容善类推。成语"闻一知二"在《四库全书》中用例 62 次。如宋郑汝谐《论语意原》卷 1："闻一知二，因此而知彼也。"宋张栻《论语解》卷 3："闻一知二，告往而知来者。"宋赵顺孙《论语纂疏》卷 3："二者，一之对，以其彼此之相形而言。""子贡推测而知。""子贡须用思索，循序而进，以类而达，故能因此以识彼。"宋真德秀《西山读书记》卷 28："二者一之对也。""子贡推测而知，因此而识彼。"明吕柟《泾野子内篇》卷 27：子贡"因夫子之言，乃引伸触类，以三隅反"。清毛奇龄《论语稽求篇》

卷2："因此测彼，则兼两事之类推也。"

明冯梦龙《醒世恒言·苏小妹三难新郎》说："生个女儿，名曰小妹，其聪明绝世无双，真个闻一知二，问十答十。"蔡东藩《慈禧太后演义》第35回说："西太后赞他道：'古人云闻一知二，与你说了左转，你便晓得右转。岂不是闻一知二嘛！'"这都是用"闻一知二"的成语来形容善类推。

成语"闻一知十"在《四库全书》中用例158次。如宋郑汝谐《论语意原》卷1："闻一知十，因始而知终也。"宋张栻《论语解》卷3："闻一知十，闻其端而究其极也。"宋赵顺孙《论语纂疏》卷3："十者，数之终，以其究极之所至而言。"宋真德秀《西山读书记》卷28："颜子明睿所照，即始而见终。"宋洪适《隶释·汉安平相孙根碑》："根受性明睿，闻一知十。"宋卫湜《礼记集说》卷88："知类通达，闻一知十，能触类而贯通也。"宋曾公亮等《武经总要后集原序》："闻一知十，触类而长。"清焦袁熹《此木轩四书说》卷6："举此为兆，余可例推，闻一知十。"龚自珍《〈春秋决事比〉自序》说："后世决狱大师，又能神而明之，闻一知十也者，吾不得而尽知之也。"这都是用"闻一知十"的成语来形容有极强类推能力。

3. 告往知来

《论语·学而》载：

子贡曰："贫而无谄，富而无骄，何如？"子曰："可也。未若贫而乐，富而好礼者也。"子贡曰："诗云：'如切如磋，如琢如磨'，其斯之谓与？"子曰："赐也，始可与言《诗》已矣，告诸往而知来者。"

子贡提出"贫穷而不巴结奉承，富裕而不骄傲自满"的论点，问孔子认为怎么样。孔子说："可以。不过，不如贫穷而乐于行道，富裕而爱好礼节。"子贡于是发挥说："《诗经》上说：'要像整理玉石一样，切磋它，琢磨它，精益求精。'我们探讨问题，也可以这样说吧？"孔子说："子贡呀，现在可以同你讨论《诗经》了，告诉你过去的知识，你能够类推未来的知识。"

成语"告往知来"在《四库全书》中用例 45 次。如宋朱熹《论语精义》卷 4："言三隅举其近，若夫告诸往而知来者，则其知已深远矣。"宋真德秀《西山读书记》卷 28 引朱熹："子贡推测而知，因此而识彼，无所不悦，告往知来，是其验矣。"宋卫湜《礼记集说》卷 88："知类通达，则告往知来、闻一知十。"明倪元璐《儿易外仪》卷 6："子贡曰：'闻一知二。'夫子曰：'告往知来。'此可明一二、往来之义也。"清陆陇其《松阳讲义》卷4："告往知来，触类旁通。"朱彝尊《经义考》卷244："孔门之学，大概务通伦类而已，颜子闻一知十，子贡告往知来。"这说明，"告往知来"是"触类旁通"的类比推论。以往昔历史，引为今人鉴戒，是以历史为前提，类推现在。

孔子"告往知来"的类推法，有时也会引出谬误。《论语·为政》载，子张问："十世可知也？"子曰："殷因于夏礼，所损益可知也；周因于殷礼，所损益可知也。其或继周者，虽百世，可知也。"

子张问："十代以后的社会制度，可以预知吗？"孔子说："殷朝沿袭夏朝的制度，变化没有多少。周朝沿袭殷朝的制度，变化没有多少。所以，继承周朝制度的，何止是十代，就是一百代以后，也是可以预知的。"孔子预料百代后还继承周代制度，犯了简单枚举归纳"以偏概全"和论证"以相对为绝对"的错误。仅从他所知夏、商、周三代，后代沿袭前代，不足于推出他身后百代都沿袭一种社会制度。

4. 温故知新

《论语·为政》载孔子说："温故而知新。"温习过去的知识，得到新的理解和体会。成语"温故知新"在《四库全书》中用例355次。如《汉书·成帝纪》："儒林之官，四海渊原，宜皆明于古今，温故知新。"《汉书·百官公卿表上》："故略表举大分，以通古今，备温故知新之义云。"《资治通鉴》卷29："凡所谓材者，敏而好学，温故知新。"何晏注："温，寻也，寻绎故者，又知新者。"

宋朱熹《朱子语类》卷24："若知新，则引而伸之，触类而长之，则常活。""知新，则时复温习旧闻，以知新意，所以常活。"卷41："譬如做酒，只是用许多曲，时日到时，便自迸酒出来。凡看文字，只要温故知新，只温个故的，便新意自出。若舍了故的，别要讨个新意，便不得也。"卷49："温故知新，是温故之中，而得新的道理。"

宋郑汝谐《论语意原》卷1："温故而知新"，"故者，昔之所得也。新者，今之所见也。以昔之所得者绎绎之"，"而今之所见者又日新焉"。元朱公迁《四书通旨》卷4："温故知新"，"《论语》是即其一理，而推见众理之无穷。"明蔡清《四书蒙引》卷5："温故而知新，故者旧日所已知者，于此而温之，而有以知其所未知，则见得滋味愈长，而推之无不通。"

清陆陇其《四书讲义·困勉录》卷33："温故知新，日日体研，时时绎绎。"清王植《正蒙初义》卷8："温故而知新者，由平日多识前言往行"，"故可绎之，以知新。盖人之所知，有思忆，昔所未至，而今忽有得者；有因旧所见闻，而知来者。皆温故知新之义也。"这是用"温故知新"来表示善类推。

孔子根据教学经验，探讨类推方法和知识增长的关系。来自孔子教育实践的成语有"闻一知二""闻一知十""举一反三""告往知来""温故知新"，说明孔子看到类推对知识增长的作用。后人用这些成语来表达通过类推增长智能。

孔子和他的学生，用"举一反三""闻一知二""闻一知十""告往知来""温故知新"等成语，总结出了教育、学习中常用的思维艺术。

孔子在教学实践和历史文化整理研究中，还看到证明的作用，主张言论要有足够证据。《论语·八佾》载："子曰：'夏礼吾能言之，杞不足征也；殷礼吾能言之，宋不足征也。文献不足故也。足，则吾能征之矣。'"夏代的礼，我能说出来，它的后代杞国不足以作证；殷代的礼，我能说出来，它的后代宋国不足以作证。这是历史文献不足的缘故。如果文献充足，我就能引来作证。"征"即证明，验证。这里孔子认识到论证要有充分根据、充足理由。这种要求证明和重证据的思想，是孔子智慧的科学成分，是中国逻辑发端期的收获。

类比推论，是由个别性前提，引申出个别性结论，以小证大、以易喻难、以具体比抽象，以此进行论证，达到说服的目的。这种方法形象生动、感染力强，有说服力。如

《大取》说:"不为己之可学也,其类在猎走。"忘我为天下的精神,是可以学到的,犹如竞走是可以学到的一样。类比推论是列举相似事例,作为论据,证明一般论点。《大取》列举推论例题,为广义类推,近于归纳,是初步的归纳推论。

三、推广水磨:类推与生产

明毕自严《石隐园藏稿·洮岷考略》说:"境内水磨约千盘有奇,大豆青颗借此成屑,势不得不多也。其制引水顺流,用一长木箕承受,而狭其舌,以束水轮,转磨动。其上作屋,与吾乡同,但不待洪流耳。以此类推,白泥河,冶头河,皆可作者。安得仿此式而为之。"

毕自严,字景曾,淄川(山东淄博)人,1592年进士,《明史·毕自严传》称其"年少有才干",《石隐园藏稿高珩序》称其"于天下大计,朗朗于胸","每入署,舆后置书二寸余","事竣","方危坐火房,一灯荧荧,必读尽所挟书"。曾任洮岷(甘肃西南临潭、岷县附近)兵备参政,撰《洮岷考略》,关心当地人民的生产、生活。他具匠心慧眼,以洮岷地区1000多台水磨的制式为前提,类推白泥河、冶头河地区也可仿制操作。毕自严运用类推方法推广水磨,体现了其杰出的思维艺术。

四、槐生麻中自然直：类推和科技

1. 称象出牛

《三国志·魏志·武文世王公传》载："冲字仓舒，少聪察岐嶷。生五六岁，智意所及，有若成人之智。时孙权曾致巨象，太祖欲知其斤重。访之群下，咸莫能出其理。冲曰：'置象大船之上，而刻其水痕所至，称物以载之，则校可知矣。'太祖大悦，即施行焉。"

曹操的儿子曹冲，才五六岁，就有超人智慧。孙权送给曹操一头大象，曹操想知道大象的重量，文武百官都想不出办法。曹冲说："把大象牵到船上，在船上刻下吃水痕迹，把大象牵下来，按照大象在船上时的吃水痕迹，在船上放置同样重量的石头，再把这些石头过秤，就可以知道大象的重量。"曹操大为高兴，让手下按曹冲说的方法去办。这是"整体分解为部分、复杂还原为简单"分析法和"等值替换"数学运算的结合，是演绎推论的运用，与阿基米德的浮力测重法异曲同工。

宋费衮《梁溪漫志》卷8以"称象出牛之智"为题说："智之端，人皆有之。惟智过人者，能发其端。后人触类而长之，无所不可。魏曹冲五六岁，有成人之智。孙权曾致巨象，曹操欲知其重。冲曰：'置象大船之上，而刻其水痕所至。称物而载之，则校可知矣。'操大悦而行之。本朝河中府浮梁，用铁牛八维之，一牛且数万斤。治平中水暴涨绝梁，牵牛没于河，募能出之者。真定府僧怀丙以二大舟实土夹牛维之，用大木为权衡状钩牛。徐去其土，舟浮牛出。转运使张焘以闻，赐以紫衣。此盖因曹冲之遗意也。"这里以"称象"类推"出牛"。

北宋治平年间（1064—1067），真定府僧怀丙，把两条大船装上土，夹住"数万斤"重的铁牛，捆绑好，用大木制成杠杆，钩住铁牛，徐去船上所装的土，铁牛被浮出。这是用"曹冲之遗意"，出象称石，"触类而长之"，类推"出土浮牛"，用机巧解决人民生活问题：打捞出沉没于河的数万斤铁牛。这是类比推论的奇效，是思维艺术、逻辑智慧的展现。

2. 槐树育苗法

北魏农学家贾思勰，山东益都人，高阳郡（山东淄博）太守，根据观察、试验、调查访问资料，著有《齐民要术》，这是我国最早、最完整的农书，系统总结了6世纪前的农业生产和科技，影响甚大，受到国际赞誉，是世界科学宝库的珍贵典籍。

《齐民要术》卷5专论"种槐"："槐子熟时多收，掰取数曝（晒），勿令虫生。五月夏至前十余日，以水浸之六七日。当芽生好雨种麻时，和麻子撒之。当年之中，即与麻齐。麻熟刈去，独留槐。槐既细长，不能自立，根别树木，以绳栏之。明年锄地令熟，还于下种麻，胁槐令长。三年正月，移而植之。亭亭条直，千百若一。所谓'蓬生麻中，不扶自直'。若随宜取栽，匪直长迟，树亦曲恶。"其中包含如下类推：

> 蓬生麻中，不扶自直。
> 槐生麻中。
> ——————————
> 所以，不扶自直。

贾思勰以《荀子·劝学》"蓬生麻中，不扶自直"为前提，类推"槐生麻中，不扶自直"。"槐生麻中"，槐要与麻进行生存竞争，为争取更多阳光照射，行光合作用，制造机体所需营养，在周围挺直麻秆的胁迫、挤压下，槐树苗长得既快又直，"亭亭条直，千百若一"。而生于自然状态的槐树，长得既迟，又弯曲不美。这是探求因果联系"求异法"科学归纳法的运用。正确类推和归纳，结合科学实验，导致贾思勰"槐苗优育法"的发现。

3. 地质变动说

宋朱熹"见高山有螺蚌壳，或生石中"，推测"此石即旧日之土螺蚌，即水中之物，下者却变而为高，柔者却变而为刚，此事思之至深有可验者"。用"登高而望，群山皆为波浪之状"，类推是水的沉渣、积淀作用。"水之极

· 231 ·

第三章　论证技巧

浊便成地"，"只不知因甚么时凝了，初间极软，后来方凝得硬"。用以类推的前提，是"如潮水涌起沙相似"。（朱熹《朱子语类》卷1；张九韶《理学类编》卷1）可见，类推法是论证、表达古代自然科学知识的手段。

4.预测找油

中国地质力学的开拓者李四光（1889—1971），湖北黄冈人，早年入同盟会，参加辛亥革命，从事古生物学、冰川学和地质力学研究，用力学观点研究地壳运动和矿产分布规律，分析中国地质构造特点。他类推：中亚细亚有石油。我国松辽平原、华北地区地质构造与中亚细亚相似。所以，我国松辽平原、华北地区可能有石油。大庆、胜利和大港油田的相继发现，证实了李四光的推断。

我国科技工作者发现：

中东地区和其他很多国家从碳酸盐岩和生物礁中找到丰富的油气资源。

我国西南地区和中东地区一样，有广阔的碳酸盐岩和生物礁分布。

所以，我国西南地区可望获得丰富的油气资源。

这是类推有助科学发现的实例。中国地质科学家用类推法，解剖123个地区，获得类比评价标准，建立定量类比模型，使油气资源开发获得重大成果。[①]

5. 发明助手

类推是创造发明和科技发展的助手。《淮南子·说山训》说："见窾木浮而知为舟，见飞蓬转而知为车，见鸟迹而知著书，以类取之。"看见空木在水中飘浮，推知造船行于水。看见飞蓬转动，推知造车行于陆。见鸟爪痕迹，推知造字表意。这是由已知属性，推知未知相似属性的类比推论。

宋陆佃《埤雅》卷6说："观鱼翼而创橹，视鸥尾而制舵，言古之人仰观俯察，取材于物，以成舟楫之利。"观察鱼鳍、鹬鹰尾部的结构和功能，创造出船橹、船舵。观察自然万物，创造民用器物，是仿生类比法。

明邓玉函、王征《奇器图说》卷1说："触物起见者：如触于鱼之摇尾水中，则因之作舵。触于鱼之以翅左右，则因之作橹。触于松鼠之伏板竖尾渡水，则因之作帆。"以鱼、松鼠等生物的结构和功能，类推创造舵、橹、帆等用品，是类比推论在仿生学中的应用。清陈大章《诗传名物集览》卷2说："观鱼翼而创橹，视鸥尾而制舵，言古人仰视俯察，以前民用，其道盖如此。"

---

① 2006年3月20日《科技日报·科报网》报道。

五、治哽类推：类推与医疗

宋张杲，字季明，新安（河南西北）人，其伯祖时，以医术驰名于京洛地区，祖宗三代家传医术，学有渊源。其撰《医说》，卷10有《治哽以类推》说："凡治哽之法，皆以类推。""亦各从其类也。"

如"磁石治针哽"这一类推结论，就是依据磁石吸铁的特性。宋崔敦礼《宫教集》卷8说："磁石、铁，以类相从。"明贺复征《文章辨体汇选》卷362说："磁石吸铁，类也。"明邓玉函、王征《奇器图说》卷1说："磁石吸铁，铁性就石。不论石之在上、在下、在左、在右，而铁必就之者，其性然也。"

张杲《医说》卷10列举"以类推治鱼哽"的医疗案例说："苏州吴江县浦村王顺富家人，因食鳜鱼，被哽骨横在胸中，不上不下，痛声动邻里，半月余，饮食不得，几死。忽遇渔人张九言，你取橄榄与食，即软也。适此春夏之时，无此物。张九云，若无，寻橄榄核，捣为末，以急流水调服之，果安。问张九，尔何缘知橄榄治哽？张九曰，我等父老，传橄榄木作取鱼掉篙，鱼若触着，即便浮，被人捉却，所以知鱼怕橄榄也。今人煮河豚，须用橄榄，乃知去鱼毒也。"

这是以"橄榄木作取鱼篙捉鱼有效"为前提，类推出

"橄榄能治鱼哽"的结论。明李梦阳《空同集》卷65说："橄榄为楫，拨鱼则浮，亦磁石引针、琥珀起草之类。"张杲《医说》卷10列举医疗类推案例说："有小儿观打稻，取谷芒置口中，黏着喉舌间不可脱，或令以鹅涎灌之即下。盖鹅涎能化谷也。"这是以已知的"鹅涎能化谷"为前提，类推未知的"鹅涎能化谷芒"。

许多医疗、卫生、书画著作，都推崇类推法。唐王冰注《黄帝内经素问》卷3说："五藏之象，可以类推：象谓气象也，言五藏虽隐而不见，然其气象性用，犹可以物类推之。"元朱震亨《局方发挥》说："医之良者，引例推类，可谓无穷之应用。"元李杲《内外伤辩惑论》卷中说："圣人之法，可以类推，举一则可以知百矣。"元李杲《脾胃论》卷下说："夫圣人之法，可以类推，举一而知百病者也。"

明徐用诚《玉机微义》卷18说："夫圣人之法，可以类推，举一则知百矣。"明汪机《推求师意》卷下说："苟明其道，虽一言一方，亦可类推。"清《四库全书·普济方提要》说："是书于一症之下，备列诸方，使学者依类推求于异同出入之间。""其有益于医术者甚大"。冯武《书法正传》卷2说："难以枚举，以此类推。"《佩文斋书画谱》卷4说："难以枚举，以此类推。"《佩文斋广群芳谱》卷33说："禁厨一脔味已得，类推固可知其余。"可見，类推思维艺术，是医疗、卫生、书画等领域解决问题的重要帮手。

六、类推与知类

类推有助于认识事物的类别，形成类概念。宋陈襄《至诚尽人物之性赋》说："推类而知类。"宋冯椅《厚斋易学》卷38说："以类推之，则知农之族为农，工商之族为工商，皆其物也。倮族为倮物，羽族为羽物，毛族为毛物，鳞介之族为鳞介之物。类其族者，乃辨其物。"

元胡震《周易衍义》卷4说："类族辨物，谓各以其类族，辨物之同异也，大抵此言审异以致同之正道也。""类族是就人上说，辨物是就物上说，天下有不可以皆同之理，故随他地头去分别族类，如张姓作一类，李姓作一类，辨物如牛是一类，马是一类，就其异处以致其同。"

明林希元《易经存疑》卷3说："以类族辨物：类族者，随其族而类之，使各以其类而相聚，如类姓册一般，黄与黄做一族，张与张做一族，李与李做一族。""天下之人"，"其族至不一也，皆随其族而类之"。"辨物非徒辨之而已，辨其性之同异而类之，使各自为类以致用。于谷辨高下耕获之宜以养生，于药辨温凉燥湿之性以疗病，辨牛之性以耕，辨马之性以乘，辨鸟兽鱼鳖之性而烹饪

·236·

之。""辨金银铜铁而陶冶之以备民生之用。""辨物则天下之物各得其所，各适其用，而相生相養之道得矣。类族中亦有辨物，辨物中亦有类族。各省文以互见也。审其异，则同就在其中。无他作为，故曰审异致同。如审黄与李异，不使混于李，则凡黄姓者，同为一族矣。""其余以类推之，不能尽书也。""致同全在审异，不审其异，则混淆杂乱，反不同矣。类族辨物，所以审异致同。"

类推有助于认识事物的类别同异。"审异致同"的命题，是说审察不同类事物的差异，有助于把握同类事物的一致。别异和识同，互相联结，相辅相成。类推法和类别分析法，都有助于类概念的形成。

七、类推、推类与推理

类推、推类和推理，都是表达思维艺术的常用概念。类推术语见表14。

表 14　类推术语　　（单位：次）

相关术语	四库全书	四部丛刊
类推	1372	26
推类	509	18
推理	299	54
合计	2180	98

1. 类推

宋苏辙《栾城集》卷41："举此一事，则其余可以类推矣。"陈经《尚书详解》卷24："其他可以类推，故不尽言也。"明《阳明先生集要理学编》卷3："其余数端，皆可类推。"明归有光《震川先生集》卷20："古书亡，不能尽见，可类推也。"清方苞《望溪先生集外文》卷5："凡事可以类推。"卢文弨《抱经堂文集》卷21："吾所言十之一二而已，然可类推也。"戴震《戴东原集》卷3："智者依类推之。"戴震《戴东原集》卷9："余皆可类推。"傅以渐、曹本荣《易经通注》卷7："举此则彼可类推。"

2. 推类

王充《论衡·实知篇》："揆端推类。""推类以见方来。"唐李翱《李文公集》："可推类以知。"宋赵顺孙《大学纂疏》："推类以尽其余。"宋张栻《论语解》卷4："若不以三隅反，则是未能因吾言而推类。"清卢文弨《抱经堂文集》卷10："可以推类，而自求之矣。"

3. 推理

《淮南子》卷15："推理而行。"《宋书》卷87："推理揆势。"《南齐书》卷22："度情推理。"《魏书》卷41："案牒推理。"《魏书》卷88："以情推理。"《周书》卷23："推理求情。"唐李匡乂《资暇集》卷下："推理证辨可也。"宋欧阳修《诗本义》卷7:"使其说有可据,而推理为得,从之可矣。若其说无据,而推理不然,又以似是之疑,为必然之论。林岊《毛诗讲义》卷5:"序者推理之必然。"程大昌《考古编》卷4:"特能推理以辨。"冯椅《厚斋易学》卷47:"观象推理。"元苏天爵《滋溪文稿》卷27:"用心推理。"胡震《周易衍义》卷4说:"此因分殊而推理一也。"

明朱载堉《乐律全书》卷21:"推理而论,圆中必容方。"丘浚《大学衍义》补卷156:"推理论之。"杨士奇《东里文集》卷18:"每据事推理。"清方苞《望溪先生全集》卷6:"是皆循数推理,而知其必然。"方苞《方望溪先生全集集外文补遗》:"可寻迹推理。"刁包《易酌》卷8:"即数以推理。"《日讲春秋解义》卷53:"此又可寻迹推理而知之者也。"

分析《四库全书》《四部丛刊》中,类推、推类和推理概念出现2278次的语义可知,其基本内涵是同一的,类推就是推类,推理主要是指类推或推类。以下数例,表明类推、推类与推理的联系:

魏嵇康《嵇中散集》卷5:"推类辨物,当先求之自然之理。"是说推类当先求理。宋朱熹《四书或问》卷2:"二譬如千蹊万径,皆可以适国,但得一道而入,则可以推类而通其余矣。盖万物各具一理,而万理同出一原,此所以可推，而无不通也。"是说"推类而通"即推理而通。明朱朝瑛《读诗略记》卷3："有伦有类可推也，有脊有理可循也。""则推类而极之，循理而穷之"。是说推类和循理相联。清朱彝尊《经义考》卷269："自象而推理"，"可以类推而通者也"。是说推理和类推相通。秦蕙田《五礼通考》卷85："推类而求，寻其脉络，析其条理。"是说推类和析理相联。

除此之外，还有"推故"概念。宋朱熹《朱子语类》卷27说："若学者则须推故明道。"道即理。《大取》以"道"喻"理"。所谓"推故明道"，即推故明理。"推故"与推理、推类相通。

"故""理""类"三范畴有内在联系。明胡广等《性理大全书》卷48说："天下之物，必有所以然之故，与其所当然之则，所谓理也。"这是说"故"与"理"相联。而"天下之物"必有"类"，"故""理""类"三者相联。《荀子·正名》说："推类而不悖，听则合文，辩则尽故。""文"即理，唐杨倞"听则合文"注："谓听他人之说，则取其合文理者"。"推类"要"合理""尽故"，也道出"推类""推理""推故"的联系。墨子批评鲁班"义不杀少而杀众，不可谓知类"，是推类，又是推理、推故。

《经下》说："推类之难，说在之大小、物尽、同名、二与斗、爱、食与招、白与视、丽与暴、夫与屦。"《经说下》解释说："谓四足,兽与?并鸟与?物尽与?大小也。此然是必然,则俱为麋:同名。俱斗不俱二:二与斗也。包肝肺子:爱也。掘茅:食与招。白马多白,视马不多视:白与视也。为丽不必丽,为暴必暴:丽与暴也。为非以人,是不为非,若为夫勇,不为夫;为屦以买衣,为屦:夫与屦也。"

  类推也存在困难或者可能导致谬误,论证这一点可以列举"大小、物尽、同名、二与斗、爱、食与招、白与视、丽与暴、夫与屦"等事例。例如说到"四足",能够断定是兽呢,还是两鸟相并而立呢?甚至说万物尽是如此呢?这就牵涉到"四足"范围大小的问题。若见甲四足是麋,乙四足是麋,就说所有四足都是麋,丙是四足,就说丙必定是麋,甚至说万物尽是(俱是)麋,把"麋"变成了万物的"同名",岂不荒谬?"甲与乙斗殴"可以说"甲与乙俱(都)在斗殴",但"甲与乙二人"不能说"甲与乙俱是二人"(只能说"甲与乙俱是一人")。"肝、肺"本是内脏器官,又可引申以指对儿子的爱怜之情("心肝")。看见一个人在挖掘茅草,不能断定他是用来吃,还可能是用来招神祭祀。说"白马"是指马身上白的地方多,但说"视马"却并不需要多看上几眼。人为地想打扮得美丽,结果却不一定真的美丽,但人为地残暴,结果一定就是残暴。因为别人的原因而被迫犯错误,并不等于自己主观上想犯错误，就像表现武夫之勇不等于做丈夫；做鞋子以用来交换衣服却是做鞋子。

"推类"即类推，狭义指各种类比推论，包括譬（譬喻式的类比推论）、侔（比较相似句群的类比推论）、援（援引对方相似言行以证明自己言行的类比推论）、推（归谬式类比推论）。广义推类或类推，相当于"推理"，包括演绎和归纳。各种推理都与"类"有关。《大取》"夫辞以故生，以理长，以类行"的立辞三原则，对一切推理都适用，所以叫推类、推理、推故，实质一样。所谓"推类之难"，指推论中所遇到的困难和容易出现的谬误。"此然是必然"，是"彼举然者，以为此其然也"，"彼以此其然也，说是其然也"的略语。如：

推理1：

甲四足者是麋。

乙四足者是麋。

故凡四足者都是麋。

推理2：

凡四足者都是麋。

丙是四足者。

故丙是麋。

推理1犯"仓促概括"的谬误。推理2犯"虚假论证"的谬误。"俱为麇":用归谬法说明犯仓促概括和虚假论证的谬误,会把万物都说成麇。俱:全称量词。"俱斗":"甲与乙斗"可以说"甲与乙俱斗",即他们合起来才能斗殴。不俱二:"甲与乙二"不能说"甲与乙俱二",只能说"甲与乙俱一",因为尽管甲与乙合起来是二,但分开说还都是一。这里涉及概念的集合与非集合意义。"俱一"为《墨经》惯用语和基本概念,见《经说下》"俱一与二",《经下》"说在俱一、惟是",《经说下》"俱一若牛、马四足"。"肝肺":本指内脏器官,也可引申用以指对儿子的爱怜之情(如说"心肝宝贝")。"食与招":茅草可食,亦可用于招神祭祀。《周礼》"旁招以茅"郑注:"招四方之所望祭者。""推类",指广义类比推论,以类比为主,包含演绎和归纳因素,是以类推为主的综合性推论,被广泛运用于中华先哲的日常谈话、辩论和各种典籍。

第九节　起死回生:类推谬误

一、起死回生夸海口

《吕氏春秋·别类》载:"鲁人有公孙绰者,告人曰:'我能起死人。'人问其故。对曰:'我固能治偏枯。今吾倍所以为偏枯之药,则可以起死人矣。'物固可以为小,不可以为大，可以为半，不可以为全者也。"

鲁国人公孙绰，向人吹牛："我能起死回生。"别人问他是怎么回事。他推论："因为我本来能治半身不遂，现在我把治半身不遂的药加倍，就能起死回生。"这是诡辩。因为事物的小、大、半、全，不仅有量的不同，还有质的区别。会治小病，未必能治大病。"半身不遂"是活人，与"死人"有质的区别，所以能治半身不遂，把治半身不遂的药加倍，并不能起死回生。

这涉及类可推和不可推两方面。类可推，是以类的同一性为前提，说明推理的功能和作用。类不可推，以类的差异性为前提，说明推理的界限和发生谬误的可能。《吕氏春秋·别类》说：

> 知不知，上矣。过者之患，不知而自以为知。物多类然而不然，故亡国戮民无已。夫草有莘有藟，独食之则杀人，合而食之则益寿。万堇不杀。漆淖水淖，合两淖则为蹇，湿之则为干。金柔锡柔，合两柔则为刚，燔之则为淖。或湿而干，或燔而淖，类固不必，可推知也。小方，大方之类也。小马，大马之类也。小智，非大智之类也。
>
> 相剑者曰："白所以为坚也，黄所以为韧也。黄白杂，则坚且韧，良剑也。"难者曰："白所以为不韧

也，黄所以为不坚也。黄白杂，则不坚且不韧也。又柔则卷，坚则折。剑折且卷，焉得为利剑？"剑之情未革，而或以为良，或以为恶，说使之也。故有以聪明听说，则妄说者止。无以聪明听说，则尧、桀无别矣。此忠臣之所患也，贤者之所以废也。

义，小为之则小有福，大为之则大有福。于祸则不然，小有之不若其亡也。射招者欲其中小也，射兽者欲其中大也。物固不必，安可推也。高阳应将为室家，匠对曰："未可也。木尚生，加涂其上，必将挠。以生为室，今虽善，后将必败。"高阳应曰："缘子之言，则室不败也。木益枯则劲，涂益干则轻，以益劲胜益轻，则不败。"匠人无辞而对，受令而为之。室之始成也善，其后果败。高阳应好小察，而不通乎大理也。骥骜绿耳背日而西走，至乎夕刚日在其前矣。

目固有不见也，智固有不知也，数固有不及也。不知其说所以然而然，圣人因而兴制，不事心焉。

这里讨论类的不可推，指出要知人所不知，才是高级认识。不知而自以为知，是错误认识。事物在很多情况下是那样，而实际不是那样。莘和藟两种草，单吃毒死人，合吃延年益寿。被毒虫咬伤，抹另一种毒药能解毒。漆和水是液体，合起能凝结，这是把它变湿，反而变干的事例。铜和锡柔软，合炼则先变液体（熔液），冷却变硬，这是火烧变液体的事例。或变湿却干；或火烧却变液体。事物的类别、性质，不全是永远不变，可依此类推。小方和大方是方类，小马和大马是马类，"小智"（小聪明）和"大智"（大智慧）却不是一类（爱耍小聪明的人办大事，显得愚蠢）。

在鉴定剑的质量时，认为是好剑的人说："白锡使剑坚硬，黄铜使剑柔韧。白锡、黄铜兼有，所以剑既坚硬又柔韧，是好剑。"认为不是好剑的人说："白锡使剑不柔韧，黄铜使剑不坚硬。白锡、黄铜兼有，剑既不柔韧，又不坚硬，不是好剑。并且按照对方所说，黄铜使剑柔韧，但柔韧则卷刃；白锡使剑坚硬，但坚硬则折断。白锡、黄铜兼有，使剑既卷刃，又折断，不是好剑。"双方的推论形式，都是正确的假言联言推论式。相剑者推论见表 15。

表 15　相剑者推论

相剑者推论	难者推论	难者驳相剑者推论
白锡→坚硬 黄铜→柔韧 白锡∧黄铜 ∴坚硬∧柔韧	白锡→不柔韧 黄铜→不坚硬 白锡∧黄铜 ∴不柔韧∧不坚硬	柔韧→卷刃 坚硬→折断 柔韧∧坚硬 ∴卷刃∧折断

表中"→"读为"如果，则"，"∧"读为"并且"。

这里，双方运用同样的假言联言推论形式：

$$P \rightarrow R \quad Q \rightarrow S$$
$$\underline{P \wedge Q}$$
$$R \wedge S$$

并且都以白锡、黄铜的性质作前提，却推出截然相反的结论。在剑的制作过程中，白锡、黄铜混合比例的大小，是否合乎制作好剑的需要，应对具体问题作具体分析，不是用一两个简单的推理就能解决问题。

好事小做小有益，大做大有益。坏事做一点，不如没有。射箭靶希望射中小的，射野兽希望射中大的。事情本来不是必然一样，可以此类推。高阳应想盖房，木匠对他说："现在还不行。木料还没干透，往上糊泥土，一定会弯曲。拿没有干透的木料盖房，眼前虽好，日后一定倒塌。"高阳应说："根据你的说法，则房不会倒塌。因为木头愈干愈有劲，泥土愈干则愈轻，用愈有劲的承担愈轻的，不会倒塌。"听他讲这番道理，木匠无话可说，于是按吩咐盖房。房刚盖成时很好，后来果然倒塌。高阳应好玩弄小聪明，不懂大道理。实际上，没有等湿木干透，湿泥土早已把它压弯。高阳应知其一不知其二，知小不知大，知局部不知整体。单靠一两个简单推理，不能从整体上解决复杂的具体问题。

《吕氏春秋·达郁》说："得其细，失其大，不知类耳。"对复杂的具体问题，知其一不知其二，知小不知大，知局部不知整体，是不知事物的类别、性质。千里马背着太阳向西跑，到傍晚太阳反而在它们前面。这是由于太阳比千里马跑得快。眼睛本来就有看不到的，智慧、能力本来就有达不到的。圣人因而定下规矩：不单凭心智臆断。这里主旨是"别类"，区分事物类别。在肯定推知价值、功能的基础上，说明推理的局限和容易产生的谬误。

二、方木岑楼

类比推论是从相似事物的已知属性，推测未知属性的方法。类推的规则是在类比中应采取同一标准。如果类比标准不统一，会犯不当类比的逻辑错误。拿吃饭的重要方面和礼节的次要方面类比，会得出吃饭重于礼节的错误结论。拿婚姻的重要方面与礼节的次要方面类比，会得出婚姻重于礼节的错误结论。

不采取同一标准，会得出一寸厚木块（放在高处），比楼高的荒谬结论。比较金子和羽毛的轻重，应以单位体积（占有同一空间）的同一标准来衡量，不能说三钱多重的金子，一定比一大车羽毛还重。孟子用归谬法批评任国人：如果扭断哥哥的胳膊，抢夺他的食物，会得到吃的，不扭就得不到吃的，那你去扭吗？跳过东邻墙头，去搂人家的女子，便得到妻室，不去搂抱，便得不到妻室，那你去搂吗？为了取得食物和妻子，不顾礼义廉耻，这是从对方不当类比中得出的荒谬结论，可见对方论点的谬误。

故事来源于《孟子·告子下》：

> 任人有问屋庐子曰："礼与食孰重？"（屋庐子）曰："礼重。"（任人）曰："色与礼孰重？"（屋庐子）曰："礼重。"（任人）曰："以礼食，则饥而死。不以礼食，则得食。必以礼乎？亲迎，则不得妻。不亲迎，则得妻。必亲迎乎？"屋庐子不能对，明日之邹，以告孟子。孟子曰："于答是也，何有？不揣其本，而齐其末，方寸之木可使高于岑楼。金重于羽者，岂谓一钩金与一舆羽之谓哉？取食之重者与礼之轻者而比之，奚翅食重？取色之重者与礼之轻者而比之，奚翅色重？往应之曰：紾兄之臂而夺之食，则得食。不紾，则不得食。则将紾之乎？踰东家墙而搂其处子，则得妻。不搂，则不得妻。则将搂之乎？"

有一位任国人问屋庐子说："礼节和吃饭哪个重要？"屋庐子回答说："礼节重要。"任国人又问："娶妻和礼节哪个重要？"屋庐子回答说："礼节重要。"任国人又问道："如果按照礼节去找吃的，便会饿死；不按照礼节去找吃的，便会得到食物，那一定要按照礼节行事吗？如果按照礼节去找老婆，便得不到老婆；不按照礼节去找老婆，便会得到老婆，那一定要按照礼节行事吗？"屋庐子不能回答，第二天便去邹国，请教孟子。

孟子说："答复这个有什么困难呢？如果不考虑根本，只比较末节，那么一寸厚的木块（如果放在高处），可以使它比尖角高楼还高。金子重于羽毛（有一个单位重量的比较标准），难道是说三钱多重的金子，比一大车羽毛还重吗？拿吃的重要方面和礼节的次要方面比较，会得出吃饭重于礼节的错误结论。拿婚姻的重要方面和礼节的次要方面比较，会得出娶老婆重于礼节的错误结论。你可以这样去答复他：'如果扭断哥哥的胳膊，抢夺他的食物，就会得到吃的。不扭就得不到吃的，那你去扭吗？跳过东邻的墙头，去搂人家的女子，便得到妻室。不去搂抱，便得不到妻室，那你去搂吗？'"

孟子批评任国人"不揣其本，而齐其末"（不揣度根本，只比较末端）、"取食之重者与礼之轻者而比之"和"取色之重者与礼之轻者而比之"，等于指出任国人的推论犯了不当类比的错误，因而会得出"一寸厚的木块比一座楼还高"、"吃饭重于礼节"和"娶老婆重于礼节"的错误结论，等于指出类比推论的规则：类比的性质应该是本质的，类比的过程应该采取同一标准。朱熹《孟子集注》说："若不取其下之平，而升寸木于岑楼之上，则寸木反高，岑楼反卑矣。"明胡应麟《诗薮·唐下》说："况以甲所独工，形乙所不经意，何异寸木岑楼、钩金舆羽哉？"寸木岑楼，即用来比喻不当类比。

三、木夜孰长

《经下》说："异类不比，说在量。"《经说下》解释说："木与夜孰长？智与粟孰多？爵、亲、行、价四者孰贵？"即不同类事物不能相比，因为它们各有不同的量度标准。如木头的长度属于空间，夜间的长度属于时间，所以不能问木头和夜间哪一个更长。智慧的多属于精神，粟米的多属于物质，所以不能问智慧和粟米哪一个更多。爵位的贵属于等级，亲属的贵属于血缘，操行的贵属于道德，价格的贵属于交易，所以不能问等级、亲属、操行和价格哪一个更贵。

《孟子·告子上》说："故凡同类者，举相似也。"即所有同类事物，都大体相似，有共同属性。这是对类概念的正确规定。类是标志事物性质同异的界限和范围的范畴。《经上》说："有以同，类同也。"即事物在某方面有相同的性质，叫"类同"。因此可以对同类事物，在同样的性质上，进行类比。如这根木头和那根木头的长度，同属空间，因此可以在同一个标准上类比。冬夜与夏夜的长度，同属时间，因此可以在同一个标准上类比。

《经上》说："不有用，不类也。"即事物在某方面没有相同的性质，叫"不类"。木头与夜间不同类，不能用同一标准类比。因为一关空间，一关时间。智慧与粟米也不能用同一标准类比。因为一关精神财富，一关物质财富。爵位、亲属、操行和物价这四种事物的"贵贱"，没有同一标准。爵位之贵关乎等级；亲属之贵关乎血缘；操行之贵关乎品德；物价之贵关乎商品与货币的比值。这几种事物之贵，各有不同标准。对于具有不同性质或本质的事物，不能在同一标准下类比。这种不当类比，没有采用同一标准，使用概念不同一，违反同一律，犯了偷换概念或偷换论题的逻辑错误。

四、白狗非黑

"白狗黑"的诡辩论证：

> 白狗的眼睛瞎，所以说是瞎狗。
> 白狗的眼睛黑。
> _____
> 所以说是黑狗。

这里推理前提正确，结论错误，根源在于不当类比。

瞎狗本指眼睛瞎，黑狗不是指眼睛黑，而是指毛色黑，正如狗大不是指眼睛大，是指整体大。这个推理，是墨家列举"一是而一非"的情况，指用来类比的两件事情实质不同类。诡辩家把本来不同类、不能类推的两件事，当作同类而相推，犯不当类比错误。

第十节　奇词怪说：谬误诡辩

一、"六里"和"六百里"

1. 张仪诡辩

张仪（？—前310）是战国时期纵横家的代表，魏国人，主张"连横"说（联合秦国进攻弱国），反对苏秦的"合纵"说（联合弱国进攻秦国）。《战国策·齐策一》："张仪为秦连横。"前328年，张仪任秦国宰相，前313年，出使楚国，对楚怀王说："您如果听我劝说，跟齐国绝交，秦国愿献六百里土地给楚国，请派使臣随我到秦国接受土地。"楚怀王听信张仪的许诺，跟齐国绝交，派一将军随张仪到秦国接受土地。

张仪回到秦国后，假装酒醉，从车上掉下来，称病不出，楚国使臣白等三个月，没有得到土地。后来，张仪对楚国将军说："您怎么还不接受土地？从某地到某地，长宽一共六里。"楚国将军吃惊地说："怀王命令我接受土地

'六百里'，没有听说过'六里'！"张仪坚称："我跟怀王约的是'六里'，没有听说过'六百里'！"

张仪到楚国，重金收买宠臣靳尚，"设诡辩于怀王之宠姬郑袖"，继续欺骗楚王。屈原谏劝楚王，被流放。屈原在远迁途中，作《怀沙之赋》说："变白而为黑兮，倒上以为下！"（《史记》中的《屈原传》《张仪传》《楚世家》）张仪混淆黑白，颠倒是非，把"六百里"说成"六里"，是十足的谬误和诡辩。《庄子·盗跖》说："摇唇鼓舌，擅生是非。"摇动嘴唇，鼓动舌头，可以产生一切是非混乱。唐刘兼《诫是非》诗："巧舌如簧总莫听，是非多自爱憎生。"

《史记·张仪传》记载：

> 张仪者，魏人也。始尝与苏秦俱事鬼谷先生学术，苏秦自以不及张仪。张仪已学，而游说诸侯，尝从楚相饮，已而楚相亡璧，门下意张仪曰："仪贫无行，必此盗相君之璧。"共执张仪，掠笞数百，不服释之。其妻曰："嘻！子毋读书游说，安得此辱乎？"张仪谓其妻曰："视吾舌尚在不？"其妻笑曰："舌在也。"仪曰："足矣！"

张仪游说楚国，曾跟楚国宰相喝酒，楚国宰相丢失玉璧，门下怀疑张仪盗窃，说："张仪穷，无德行，一定是他偷了宰相的玉璧。"把张仪捆起来，鞭打数百下放掉。张仪妻子说："嘻！你如果不读书、游说，怎么会得到这种侮辱呢？"张仪对妻子说："你看我的舌头，还在不在？"妻子笑着说："舌头还在。"张仪说："这就够了！"

张仪"视吾舌尚在不"的名言，在《四库全书》出现21次，"掉三寸舌"一词，出现68次。古代游士说客，皆看重舌头这一重要工具。《史记·平原君传》说，平原君门客毛遂，"以三寸之舌，强于百万之师"。《史记·淮阴侯传》说，郦食其"掉三寸之舌，下齐七十余城"。《史记·留侯世家》说张良自称："今以三寸舌，为帝者师，封万户，位列侯，此布衣之极。"明胡奎《斗南老人集》卷1咏张良诗说："良貌若美妇，本图报韩仇。击秦博浪沙，隐迹下邳游。既进黄石履，复运沛公筹。关中兴汉业，天授非人谋。谢事从赤松，功成愿封留。一掉三寸舌，名高万户侯。"

宋程珌《洺水集》卷11说："夫六国至难合也，苏秦掉三寸舌，犹能合之为一家而获效。"元胡布《元音遗响》卷4咏苏秦诗说："男儿当作万夫豪，俯拾青紫如鸿毛。时来拥彗横区宇，剖决浮云凌九霄。苏秦昔时贫贱陋，掉三寸舌相六国。"

宋高似孙《子略》卷1说："士掉三寸舌，得意天下。"宋王应麟《通鉴答问》卷3说:"自战国纵横之士,掉三寸舌,以簧鼓诸侯。"

《诗·小雅·巧言》说:"巧言如簧,颜之厚矣。""簧",是管乐器中用来发声的薄片,象征说话的舌头。"颜之厚",脸皮厚。《论语·学而》载孔子说:"巧言令色,鲜矣仁!"花言巧语,满脸伪善的人缺德。《后汉书·陈蕃传》说:"馋人似实,巧言如簧,使听之者惑,视之者昏。"诡辩靠迷惑人心发挥作用。

2. 诡辩释义

在思维和语言现象中,谬误与真理相反,诡辩和逻辑相对。广义的谬误,指不符合实际的错误认识。狭义的谬误,指违反逻辑的无效推论,属于诡辩。诡辩,指似是而非,违反事实和真理的辩论。"诡",违反、怪异、欺诈,虚假。《玉篇》:"欺也,谩也,怪也。"《类篇》:"诈也。"《正韵》:"戾也。"即乖戾、矛盾。《孙子·计》:"兵者诡道也。"诡,欺诈。《春秋谷梁传·文公六年》:"诡辞,不以实告人。"《汉书·董仲舒传》颜师古注:"诡,违也。"《后汉书·班固传》注:"诡,异也。又违也。"张衡《西京赋》:"岂不诡哉?"诡,奇怪。"辩",指辩论,即证明和反驳。

《管子·法禁》有"言诡而辩"一语,指把虚假的言辞说得头头是道。《淮南子·齐俗训》有"争为诡辩"一语，指以诡辩的言辞相争。《史记·屈原传》说张仪"设诡辩"。《汉书·石显传》说佞臣石显"持诡辩以中伤人"，颜师古注："诡，违也，违道之辩。"《汉书·赵王彭祖传》说赵王刘彭祖"持诡辩以中人"，颜师古注："诡辩，违道之辩也。"

在西方，诡辩（sophism）渊源于希腊文智慧、技巧（sophia），古希腊智者（sophistes）本指具有智慧、敏于技艺的人，他们以传授知识和讲演、辩论等技巧为业。由于智者喜用思维和语言的技巧进行似是而非的论辩，遭到哲学家与逻辑学家的反对。柏拉图说智者是零售虚假精神货物的商人，亚里士多德说智者是靠似是而非的智慧赚钱的人，诡辩是为了欺骗而作的虚假论证。亚氏在清理流行诡辩的基础上，建立了系统的逻辑学说，智者（sophistes）遂具有诡辩家的含义。英文 sophist 亦兼有诡辩家、智者的含义。

黑格尔总结历史上的诡辩学派说："诡辩这个字是一个坏字眼。特别是由于反对苏格拉底和柏拉图，智者们弄得声名狼藉。诡辩这个词通常意味着以任意的方式，凭借虚假的根据，或者将一个真的道理否定了，弄得动摇了，或者将一个虚假的道理弄得非常动听，好像真的一样。"黑格尔的分析，包含了诡辩的主要特征：论据、论题虚假，推论方式无效。

诡辩用貌似有效、而实际无效的推论，用似是而非的论据与论题，用思维和语言的诡计（反常技巧）或心理因素的干扰，诱使人相信，具有迷惑性与欺骗性，需要专门的知识和方法来辨析。跟诡辩有关的，还有强辩和狡辩。强辩指强词夺理的辩论，狡辩指狡诈的辩论，其中都含有诡辩之意。在中国古籍中，"诡辩"又叫"伪辩""言诡而辩""言伪而辩""言伪而辨""怪说""淫辞"等，它们的实质相同。"伪"通诡，"辨"通辩。诡辩术语见表16。

表16　诡辩术语　　　　　（单位：次）

术语	四库全书	四部丛刊	合计
诡辩	106	27	133
伪辩	71	14	85
言诡而辩	3	1	4
言伪而辩	79	19	98
言伪而辨	95	15	110
怪说	161	27	188
淫辞	454	41	495
合计	969	144	1113

宋吕祖谦《左氏博议》卷2说："始吾读《战国策》，见（张）仪、（苏）秦、（淳于）髡、（邹）衍之徒，驾其

诡辩，玩时君于股掌之上，骤使之喜，骤使之怒，骤使之忧，骤使之乐，指川为陆，亦从而谓之陆，指虎为羊，亦从而谓之羊，虽有耳目鼻口不得自用，而听辩士之所用。抵掌扼腕，俯吊仰贺，反晦明于呼吸，变寒暑于须臾，其三寸之舌，实百万生灵之司命也。及精思而博考之，然后知诡辩初不足恃。"宋孙奭《孟子音义序》说："战国初兴，至化陵迟，异端并作，（张）仪、（邹）衍肆其诡辩。"宋苏辙《古史》卷33说："公孙衍、张仪，骋其诡辩。"诡辩有深厚的社会基础。谬误和诡辩，与人同在。识别谬误有方法，战胜诡辩有技巧。这种方法和技巧，可以用分析谬误和诡辩的典型案例来习得。

二、巧辩和诡辩

邓析故事：

（1）郑国多相悬以书者。子产令"无悬书"，邓析致之。子产令"无致书"，邓析倚之。令无穷，则邓析应之亦无穷矣。是可与不可无辨也。

（2）子产治郑，邓析务难之。与民之有狱者约，大狱一衣，小狱襦裤。民之献衣襦裤而学讼者，不可胜数。以非为是，以是为非，是非无度，而可与不可日变。所欲胜因胜，所欲罪因罪。郑国大乱，民口喧哗。

（3）洧水甚大，郑之富人有溺者，人得其尸者。富人请赎之，其人求金甚多，以告邓析。邓析曰："安之，人必莫之卖矣。"得尸者患之，以告邓析，邓析又答之曰："安之，此必无所更买矣。"（《吕氏春秋·离谓》）

解释：

（1）郑国有很多人，把自己的意见书悬挂起来，让人看。子产下命令："不许悬挂意见书。"邓析就寄送意见书。子产下命令："不许寄送意见书。"邓析就夹在他物中寄送意见书。子产命令层出不穷，邓析对付的方法也不断翻新，把子产命令的执行与否，给搞混乱了。

（2）子产治理郑国，邓析总想方设法为难。他跟有狱讼案件的人约定，大案件给报酬一件衣服，小案件给报酬一件襦裤。奉献衣服、襦裤而学习诉讼的人，数不胜数。他能把非说成是，把是说成非，是非没有标准，"可以"和"不可以"天天改变。想让谁打赢官司，谁就因此而打赢了。想让谁被判有罪，谁就因此而被判有罪。郑国于是大乱，人民随口说话。

（3）秋天洧水暴涨，郑国有一位富人被溺死，有位穷人捞出他的尸体。富人家请赎回尸体，穷人要求的报酬太多，向邓析咨询怎么办。邓析说："不用着急，穷人一定不会把尸体卖给别人。"富人不着急，于是捞出尸体的穷人着急了，也向邓析咨询怎么办。邓析说："不用着急，富人一定没有别的地方可以买到尸体。"

邓析（前560—前501）巧妙避开子产政令条文的本意和实质，抓住其字面意义。邓析在与执政者的合法智斗中，开始对思维、语言和实际的关系的探索，以及对政令条文表达准确性的思考。这是中国逻辑思想的发端和源泉。邓析在法律应用的实践中，摸索行之有效的思维和表达技巧，赢得一批又一批的追随者。如果邓析没有一定的学问和有效方法，而只是会玩弄言辞上的诡辩，一定不会取得如此巨大的成功。

巧辩如果指巧妙的辩论，并不是坏事，但巧辩的度量掌握不好，会流于诡辩。《淮南子·诠言训》说："邓析巧辩而乱法。"即邓析奇巧的辩论，违反法度，其中包含诡辩的成分。邓析是最早从民间产生的法律专家。他的《竹刑》为他的政敌所用，足证他对法律的研究相当精到。他帮人打官司，教人学讼，成绩显著。汉刘向《别录》说："邓析好刑名。""刑名"，最早指行政、法律之名。又"刑"通"形"，"刑名"即名实，是古代名家研究的主题，涉及逻辑方法。邓析刑名学的意义，在于这是中国最早兴起辩论之风。随着辩论之风泛起的名辩思潮，为中国

第三章 论证技巧

古代逻辑的诞生提供了丰富的滋养，这与古希腊智者派的活跃，促进了亚里士多德逻辑学的产生，为同一机理。

刘向《校上邓析子序》和《列子·力命》说邓析"操两可之说，设无穷之辞"。晋鲁胜《墨辩注序》解释说："是有（又）不是，可有（又）不可，是名两可。"（《晋书·隐逸传》引）"两可"之说，从邓析的奇闻逸事看，指同时断定事物正、反两面的性质，对反映事物正、反两面性质的矛盾判断同时断定。处理富人溺死案例的方法，是邓析运用"两可"之说的典型。邓析对复杂问题采取化简分割的分析方法，从同一事物的不同性质出发，针对不同对象的不同需要，分别强调问题的不同方面。

得尸者对急于赎回尸体的死者家属（富人）要价太高，死者家属求计于邓析，邓析针对其优势和特点，提出解决办法。死者家属（富人）按照邓析的主意，不着急赎回尸体，得尸者便着急了，于是也去求计于邓析。邓析告诉得尸者的方法，竟然与其对方一样，也是"不用着急"，方法也很奏效，于是从得尸者一方得到同样一份报酬。对于得尸和赎尸涉及同一对象的事项，买卖双方存在利益的对立，这是事物本身所具有的相反性质，邓析运用"两可"分析法，对买卖双方分别提出内容矛盾、形式一致的方案，看起来是悖论、谬误和诡辩，实际上却是巧妙地折中、调和，使矛盾趋于缓和，从而合理解决矛盾的处理方案，这是古代辩者特有的思维方式、表达方式。

这种发现矛盾，分析解决矛盾的"两可"式思维方法，是当今商业经纪人、民事纠纷调解人、法律顾问和法官值得借鉴的方法。这种方法的实质，是看到复杂问题的两面，从两面论断、两面处置。孔子的"叩其两端"，老子的"正言若反"，墨家的"同异交得"，同邓析的"两可"之说，是一脉相通的思维方式、表达艺术。

邓析的巧辩和"两可"之说，处理得不好，可导致诡辩。宋黄震《黄氏日抄》卷56引上述邓析的巧辩故事后指出："然则（邓）析盖世所谓教唆者之祖矣。"邓析是世人所说的"教唆犯"的祖宗。邓析是名家第一人，诡辩第一人。《吕氏春秋·离谓》所谓"可与不可无辨"，"以非为是，以是为非，是非无度，而可与不可日变。所欲胜因胜，所欲罪因罪"，指诡辩。

墨家《经下》说："唱和同患，说在功。"《经说下》解释说："'唱无过：无所用，若稗。和无过：使也，不得已。'（以上引辩者语）唱而不和，是不学也。智少而不学，功必寡。和而不唱，是不教也。智多而不教，功适息。使人夺人衣，罪或轻或重；使人予人酒，功或厚或薄。"

犯罪过程中的指使者和被指使者都同样有罪过，论证的理由在于他们双方的行为都有实际功效。"主犯作为指使者是没有过错的：因为他们的行为仅仅限于指使别人，而自己却没有亲自实施犯罪，犹如稻田中的稗草没有实际效用一样。从犯也是没有过错的：因为他们的行为仅仅是被指使，是迫不得已的。"（以上引辩者语）教师唱而学生不和，是学生的学习积极性不高；学生智能少而不积极学习，教育的功效必然小。学生和而教师不唱，是教师教育的积极性不高；教师智能多而不积极教育，教育的功效恰恰等于零。在教育活动中，教师与学生双方的作用虽有多有少，但并不是都没有作用。指使人去抢夺别人的衣服，指使者和被指使者的罪过虽有轻有重，但不能说都没有罪过；指使人去把酒送给别人，指使者和被指使者的功劳虽有厚有薄，但也并不是都没有功劳。所以对方关于主犯和从犯都没有过错的论证，是错误的。

"唱和"：本指歌唱时此唱彼和，这里指刑事诉讼案件中的主犯、从犯（指使者、被指使者）。"唱"，以教学过程中教者的作用来打比方。和：以教学过程中学者的作用来打比方。"患"：祸患，过错，罪责。"过"：罪过。"稗"：稻田中的稗草。"不得已"：被迫无奈。

《沈有鼎文集》论述《墨经》上述一条，是对邓析诡辩的反驳。沈氏用印度因明和希腊逻辑推论式解释《墨经》的表述。《经说下》引评辩者论调"唱无过，无所用，若稗"，沈氏谓其"程序和印度的佛教因明完全相同"。《墨经》驳诡辩见表17。

表 17 《墨经》驳诡辩

《墨经》	因明三支式	亚氏三段论
［无所用无过］	喻体	大前提：所有 M 是 P
［唱］无所用	因	小前提：所有 S 是 M
唱无过	宗	结论：所有 S 是 P
若稗	喻依	S′

战国时惠施和公孙龙的诡辩思潮，与邓析一脉相承。

三、好治怪说

荀子说：

> 好治怪说，玩琦辞，甚察而不急，辩而无用，多
> 事而寡功，不可以为治纲纪，然而其持之有故，其
> 言之成理，足以欺惑愚众，是惠施、邓析也。(《荀
> 子·非十二子》)

> 山渊平，天地比，齐秦袭，入乎耳，出乎口，妪
> 有须，卵有毛，是说之难持也，而惠施、邓析能之。
> (《荀子·不苟》)

"奇辞怪说"，奇巧的命题，怪异的论证，指诡辩。
宋欧阳修《集古录》卷 2 说："战国秦汉以来，奇辞怪说，

纷然争出，不可胜数。"宋赵明诚《金石录》卷16说："自战国以来，圣人不作，诸子百家，异端怪说，纷然而起。"卷24说："自古荒诞之士，喜为奇辞怪说，以欺世眩俗。"春秋末期的邓析和战国中期的惠施，"好治怪说，玩琦辞"，喜欢提出与常识相反的奇怪命题（"辞"）和怪异的论证（"说"）。辩说考察，不合急用，劳而无功，不能作为治理国家的原则。然而他们却能"持之有故，言之成理"，坚持论点有根据，论证有条理，能够欺骗迷惑人，赢得许多追随者。有许多很难成立的论点，邓析、惠施都能论证：

1. 山渊平

山和渊是平的。这是反常识和一般概念的怪论。就一般常识和概念说，山和渊不平。《墨子·经上》总结几何学的知识说："平，同高也。"邓析、惠施故意违反常识、一般概念和科学知识，根据个别事实，有的山（较低的山）和有的渊（高山上的渊）是一样高度的特殊情况，推论出一般命题"山渊平"。

从谬误学的实质谬误分类来说，这是犯了特例概括、以偏概全和逆偶然的错误。《荀子·正名》批评说："山渊平"，"此惑于用实以乱名者也。验之所缘以同异，而观其孰调，则能禁之矣。""山渊平"命题的论证，错误在于用个别、特殊情况，以模糊搞乱一般概念。克服的方法是用概念区分同异的原则来检验，观察哪种说法与事实更协调，就能禁止。

《庄子·天下》说，与惠施同时的"辩者"，有"山与泽平"的命题，同"山渊平"的命题相近。山渊平命题的积极意义，是启发辩证思维，以日常生活中的浅近事例，教人们在抽象的概念和原则之外，注意具体、特殊的事实，在概念的确定性之外，注意概念的灵活性，防止思想僵化。

2. 天地比

天和地互比高低。这是反常识和一般概念的怪论。《庄子·天下》说与惠施同时的"辩者"，有"天与地卑"的命题，与"天地比"的命题意思相通。一般的常识是"天高地卑"（"天地悬隔""天壤之别"）。如果变换观察问题的角度，可以把天地看作一样高，可以互比高低，界限并非不可逾越。凭高远眺，在地平线上天地相连，不分彼此。现代天文学概念和宇宙航行经验，可说明这一点。站在别的星球，"天"成为"地"，"地"成为"天"。"天地比"并非纯粹诡辩，而是包含一定辩证思维和自然科学的知识。

唐陆德明《经典释文》说："以地比天，则地卑于天。若宇宙之高，则天地皆卑。天地皆卑，则山与泽平矣。"唐成玄英《庄子疏》说："夫物情见者，则天高而地卑，山崇而泽下。今以道观之，则山泽均平，天地一致矣。《齐物论》云：'莫大于于秋毫，而泰山为小'，即其义也。"唐杨倞《荀子·不苟》注说："比，谓齐等也。《庄子》曰，天与地卑，山与泽平。《音义》曰，以地比天，则地卑于天，若宇宙之高，则天地皆卑。天地皆卑，则山与泽平矣。或曰，天无实形，地之上空虚者尽皆天也，是天地长亲比相随，无天高地下之殊也。在高山，则天亦高。在深渊，则天亦下。故曰，天地比，地去天远近皆相似，是山泽平也。"宋林希逸《庄子口义》卷10说："天虽高，地虽卑，而天气有时下降，则亦为卑矣。故曰，天与地卑。山高于泽，而泽之气可通于山，则'山与泽平'矣。"这都是思维角度和方法的提示。

3. 齐秦袭

齐、秦两国接壤。这是违反常识的怪论，但包含敏锐的智慧和深刻的寓意。《荀子·不苟》唐杨倞注说："袭，合也。齐在东，秦在西，相去甚远，若以天地之大包之，则曾无隔异，亦可合为一国也。"齐在今山东省北部，是东方大国。秦在今陕西中部和甘肃东南端，为西方强国。齐、秦间，隔有中原地区广大地带（有周、郑、卫、宋、鲁等），并不接壤。从更大范围，如从宇宙来说，两国间的距离，可忽略不计。两国从地理位置上虽不接壤，但从政治、经济、文化、军事、外交等方面来看，又有千丝万缕的联系、接触，这都可以说是"齐秦袭"。这是概念意义转换的机智思索。

4.入乎耳，出乎口

从耳朵进去，从口中出来。唐杨倞注《荀子·不苟》："未详所明之意，或曰，即'山出口'也，言山有耳口也，凡呼于一山，众山皆应，是山闻人声而应之，故曰'入乎耳，出乎口'。或曰，山能吐纳云雾，是以有口也。"《荀子·不苟》"小人之学也，入乎耳，出乎口"这一条，可以设想成如下谜语："入乎耳，出乎口：打一社会现象。"谜底："语言"。语言学习的过程和特征，是"入乎耳，出乎口"，即耳听和口说。辩者观察语言学习的社会现象，萌发机智思考，作出令人莫名其妙的命题，出个谜语给人猜，这符合辩者思维表达方式的特点。

5.妪有须

老年妇女有胡须。这是违反常识的怪说。清俞樾说："《说文·女部》'姁，妪也。'妪无须，而谓之有须，故曰'说之难持也'。"妪：年老的妇女。把偶有变态的年老妇女说成"有须"，是指出与一般情况相反的特例，指出人们没有留意的自然现象。"妪有须"虽违反一般常识，但有一定事实根据。

6.卵有毛

卵中有毛。《荀子·不苟》唐杨倞注说："胎卵之生，必有毛羽。鸡伏鹄卵，卵不为鸡，则生类于鹄也。毛气成毛，羽气成羽，虽胎卵未生，而毛羽之性亦著矣。故曰'卵有毛'也。"清宣颖说："卵无毛，则鸟何自有也？"《庄子·天下》说，与惠施同时的"辩者"，有"卵有毛"的论题。这是从"卵有毛"的可能性，而说"卵有毛"的现实性。雏鸟即将从卵中孵出，卵内的胚胎已发育成有毛，但还没有出壳的机体，这时可以说"卵有毛"。从常识看，"卵有毛"是奇怪命题，经一定解释，可以说包含合理内容和机智哲理。

名家是以辩论名实著称的学派。邓析是名家最早的代表人物，思想学说有名家的一般特征。战国中后期名家代表人是惠施和公孙龙，"率其群徒，辩其谈说"，把辩论作为专业知识传授。名家学说兼有诡辩和逻辑的双重内容。

名家的诡辩论，是为求仕和游说的需要，能随时为相反的论点作出论证。名家聚徒辩论的辩题，兼有相对主义和绝对主义两种倾向。相对主义倾向的辩题，以对立面的相对性抹杀其绝对性，以同一性否认差异性，混淆可能性和现实性，把集合与元素机械相加，错误类推等。绝对主义倾向的辩题，否认感觉来源于客观实在，以人的感觉取代客观实在，以连续性抹杀其间断性，以间断性抹杀其连续性，以个别和一般的差异，否认个别中有一般，把差异绝对化，否认对立的同一。

名家的逻辑是对名实关系问题的探究，为墨家、荀子对中国古代逻辑的概括提供了思想资料，促进了古代逻辑的发展。名家专精"正名实"，要求"控名责实，参伍不失"。《公孙龙子·名实论》说，名的作用是"谓实"，要求"审其名实，慎其所谓"，调整名实关系，使名实相符。提出"彼止于彼""此止于此"的"正名"原则，意在保持语词概念的确定性，类似逻辑同一律的规定。"彼此而彼且此，此彼而此且彼，不可"，意在避免矛盾，类似逻辑矛盾律的规定。

名家学说兼诡辩和逻辑双重内容，在百家争鸣中独树一帜，刺激了中国逻辑的发展，有独特价值。秦汉以后，儒学独尊，名家随名辩思潮衰落而消失。明末以后，有人将传入的西方逻辑译为"名学"，说明其间有意义关联。

名家学说的社会地位和价值，在于没有名家，就没有中国逻辑，不仅由于名家代表人物提出许多有深刻独创意义的逻辑思想，而且由于其提出的奇特论辩，刺激了中国逻辑的诞生。名家思想为中国逻辑增添了异彩。

名家作为学派存在，由来已久。战国时称刑（形）名家、辩者、察士。汉代称名家，与儒、道、墨等并称六家（司马谈）或九流十家（班固）。《庄子·天下》说："惠施以此为大观于天下，而晓辩者。天下之辩者，相与乐之。""辩者以此与惠施相应，终身无穷。桓团、公孙龙辩者之徒，饰人之心，易人之意，能胜人之口，不能服人之心，辩者之囿也。惠施日以其知与人之辩，特与天下之辩者为怪。"这里数称辩者，说明辩者在战国中期是颇有影响的学派。《韩非子·八说》说："察士然后能知之。"《吕氏春秋·不屈》说："察士以为得道则未也。虽然，其应物也，辞难穷矣。"陈奇猷《吕氏春秋校释》说："察士者，指名辩家言也。"名辩家即名家、辩者学派。《战国策·赵二》载苏子答秦王问说："夫刑名之家，皆曰白马非马也。""刑"通"形"，"刑名"即"形名"（名实），"刑名家"即"形名家"，擅长辩论名实问题。之所以被称为刑名家，是因为最初该学派首领邓析擅长辩论刑法、法律方面的名实问题。

辩者、察士，是同一学派。先秦著作常辩、察相提并论。《庄子·秋水》说辩者公孙龙"求之以察，索之以辩"。《徐无鬼》说："辩士无谈说之序，则不乐。察士无凌谇（责难辩诘）之事，则不乐。"《荀子·解蔽》说："析辞而为察，言物而为辩。"《经说上》把"心之察"和"心之辩"相提并论。《韩非子·问辩》说："以难知为察，以博文为辩。""说辩察之言。"

司马谈《论六家要旨》，把名家与阴阳、儒、墨、法、道德等学派并称六家，指出名家优、缺点说："名家使人俭而善失真，然其正名实，不可不察也。"司马迁发挥说:"名家,苛察缴绕,使人不得反其意,专决于名,而失人情。故曰,使人俭而善失真。若夫控名责实,参伍不失,此不可不察也。""俭"通"检",即考查、察验。《后汉书》李贤注:"检,犹察也。"名家的特点,是仔细审查、纠正名实关系。"苛察缴绕",过分仔细审查,流于烦琐,缠绕不识大体。裴骃《史记集解》引服虔说,"缴":"谓烦也"。引如淳说:"缴绕,犹缠绕不通大体也。""使人不得反其意",裴骃《史记集解》引刘向《别录》说辩者公孙龙等人"引人声,使不得反其意",在辩论时,曲解对方言论,违反原意。"专决于名,而失人情",过分纠缠名词概念,失却人情事理。批评名家缺点,强调不能忘记名家长处,考察名实关系,参错交互,比较勘验,有认识价值。裴骃《史记集解》引晋灼说:"引名责实,参错交互,明知事情。"

班固《汉书·艺文志》引孔子"欲为政,必先正其名",肯定"正名"是名家长处,说:"及警者为之,则苟钩𫐓析乱而已。""警"同"缴":"苛察缴绕"。"𫐓",裁截,割裂;《方言》:"𫐓,裁也。""钩𫐓析乱":烦琐破碎。名家学说是中国传统文化的宝贵遗产,至今仍有重要学术价值。

四、历物之意

《庄子·天下》说：

> 惠施多方，其书五车。其道舛驳，其言也不中。《历物之意》曰："至大无外，谓之大一。至小无内，谓之小一。无厚不可积也，其大千里。天与地卑，山与泽平。日方中方睨，物方生方死。大同而与小同异，此之谓小同异；万物毕同毕异，此之谓大同异。南方无穷而有穷。今日适越而昔来。连环可解也。我知天下之中央，燕之北、越之南是也。泛爱万物，天地一体也。"惠施以此为大观于天下，而晓辩者，天下之辩者，相与乐之。

"历"，分析。成玄英疏说："历览辩之。"唐陆德明《经典释文》注："分别历说之。""意"：断定，判断。"历物之意"，惠施对宇宙万物整体观察、分析而得出结论。

1. 至大无外，谓之大一。至小无内，谓之小一

最大的没有外边，叫"最大的一"。最小的没有里面，叫"最小的一"。惠施把最大的没有外边，叫作大一。最小的没有里面，叫作小一。"无外"，即没有什么东西在其外，这相当于无限大的概念。"无内"，即没有

什么东西在其内，这相当于无限小的概念。齐国稷下学派曾用"其大无外，其小无内"形容"道"概念的性质。《管子·心术上》说："道在天地之间也，其大无外，其小无内。"唐尹知章注："所谓大无不包，细无不入也。"惠施用这一个成语，不是用来形容"道"，而是用来为无限大、无限小的概念下定义。《庄子·秋水》说："何以知毫末之足以定至细之倪（度量的标准）？又何以知天地之足以穷至大之域？"这也是对宇宙有限论的一种怀疑，并用"至细""至大"的概念，表达宇宙微观和宏观的无限性。唐陆德明《经典释文》说："无外不可一，无内不可分，故谓之一也。"唐成玄英《庄子疏》说："囊括无外，谓之大也。入于无间，谓之小也。"惠施利用当时的思想资料，为无限大和无限小的概念命名，用特征描述法（揭示内涵）对其作出定义。

2. 无厚不可积也，其大千里

没有厚度的东西（这里指面积），是累积不起来的，然而它却可以大至千里。几何学上的面积，没有厚度，没有体积，但有广度（长和宽），可绵延扩展至千里。"无厚"是先秦名辩思潮中一大争论课题。《庄子·养生主》说："彼节者有间，而刀刃者无厚。以无厚入有间，恢恢乎其于游刃必有余地矣。"这里以"无厚"形容刀刃薄到极点，可视为没有厚度。

墨家《经上》说："端，体之无厚而最前者也。"《墨经》中的"无厚"，指点、线、面。点即"端"，没有长、宽、高（厚度），是"无厚"。线没有宽、高（厚度），只有长度，是"无厚"。面积只有长、宽，没有高（厚度），是"无厚"。

先秦儒、法等家，最关心政治、伦理，即治国、平天下问题，反对讨论"无厚"问题。《荀子·修身》说："坚白、同异、有厚、无厚之察，非不察也，然而君子不辩，止之也。"《韩非子·问辩》说："坚白、无厚之词彰，而宪令之法息。"《吕氏春秋·君守》说："坚白之察、无厚之辩，外矣。"

晋鲁胜指出讨论这一问题的意义，说："名必有分，明分莫如有无，故有无厚之辩。"名称有不同的界限，明白这些界限，最明显地表现在有无上，所以有"无厚"之辩。惠施的命题，表明面积这一"无厚"，尽管在高度上不可累积（在厚度上是无），但在长度、宽度上是有，可度量，其长宽可有千里之遥，三维空间要从长、宽、高三个方向上分别考察、计算，而不可混为一谈。

3.天与地卑，山与泽平

天和地一样高，山和水一样平。这是讲空间高低差别的相对性。从一个范围看，天高地低，山岭高水泽低，而惠施从另一观察角度说，天地相接，不分高低，山岭和水译也可以一样平。如高处之泽和低处之山，可以是一个高度。《经上》说："平，同高也。"晋李颐说："以地比天，则地卑于天。若宇宙之高，则天地皆卑。天地皆卑，则山与泽平矣。"从宇宙"大一"的观点看，天地山泽的位差可以忽略不计。

4. 日方中方睨，物方生方死

《庄子·齐物论》说："方生方死，方死方生。"唐成玄英《庄子疏》说："睨，侧视也。居西者呼为中，处东者呼为侧，则无中侧也。犹生死也。生者以死为死，死者以生为死，日既中侧不殊，物亦死生无异也。"宋林希逸《庄子口义》卷10说："'睨'，侧视也。日方中之时，侧而视之则非中矣，则中谓之侧亦可，故曰'方中方睨'。物方发生，而其种必前日之死者，故曰'方生方死'。"

太阳刚刚中午，同时又开始偏斜了。事物刚刚出生，同时也就开始走向死亡了。太阳正中午只有一瞬间，从运动连续性的观点看，它马上就开始西斜了。运动着的物体，"在同一瞬间既在一个地方又在另一个地方，既在同一个地方又不在同一个地方。"[1]同一瞬间，事物在两个地方，如果仅从运动间断性的观点看，这难以理解；如果从运动连续性的观点看，不如此就不能实现运动。惠施和其

---

① 恩格斯：《反杜林论》，人民出版社1970年版，第117页。

第三章　论证技巧

他辩者当时讨论的许多命题，都涉及如何在概念和判断中表达运动的辩证思维课题。

"方"：刚刚、开始、正在，表现在时的时间模态，刻画正在发生的过程。刚刚实现的东西（现在正存在的东西），同时即变为过去的东西，强调事物的流动、变动性。"方 P 并且方非 P"的公式，表达事物的对立统一。"物方生方死"的命题，包含生和死两个概念的对立统一。毛泽东《矛盾论》说："新陈代谢是宇宙间普遍的永远不可抵抗的规律。"任何事物内部都包含新旧、生死两方面。

5. 大同而与小同异，此之谓小同异；万物毕同毕异，此之谓大同异

"大同"（大类）跟"小同"（小类）不同，这叫作"小同异"；万物都相同（都是物），万物都不同（个体），这叫作"大同异"。《荀子·修身》唐杨倞注说："《庄子》所谓'大同而与小同异，此之谓小同异'，言同在天地之间，故谓之'大同'。物各有种类所同，故谓之'小同'。是'大同'与'小同'异也。此略举'同异'，故曰'此之谓小同异'。《庄子》又曰：'万物毕同毕异，此之谓大同异。'言万物总谓之'物'，莫不皆同，是'万物毕同'。若分而别之，则人耳目鼻口百体，草木枝叶花实，无不皆异，是物'毕异'也。此具举'同异'，故曰'此之谓大同异'。"

惠施把大同和小同有差异叫作小同异；一切事物都完全相同，并且一切事物都完全相异，叫作大同异。从现代逻辑哲学的观点看，这是正确的科学知识。小同异，指事物的大类（属）和小类（种）之间的同一性和差异性。大类（属）的共同性是大同，小类（种）的共同性是小同。如鸡和鸽同为鸟类，这是小同。牛与马同为兽类，是小同。而鸡、鸽、牛、马，同属动物类，这是大同。这里，动物这个属概念，同鸟、兽这两个种概念，外延大小的不同，在惠施看来，叫小同异。小同异，指事物属种系列中大类（大同）和小类（小同）范围大小的不同。小同异的概念，概括了除事物的最高类（范畴）和个体之外全部类概念的系列。这相当于《墨经》的"类名"。

大同异，指事物的最高类（范畴）和个体的差异，即事物的统一性和多样性。《庄子·德充符》："自其异者视之，肝胆楚越也。自其同者视之，万物皆一也。"即观察万物，从其相异的方面看，同在一体的肝胆，就同楚国和越国之间那样遥远。从相同的方面看，万物都是一体。这是惠施"万物毕同毕异"命题的另一种表述。

从惠施"大一"的观点看，万物都有共同性，万物都是"物"，表示宇宙的物质同一性，相当于荀子的"大共名"和《墨经》的"达名"。《吕氏春秋·有始》："天地万物，一人之身也，此之谓大同。"吕氏所谓"大同"，相当于惠施说的"万物毕同"，即把万物看作如"一人之身"一样的统一整体。"万物毕同"，是对宇宙整体的观察，即"万物毕同"。

"万物毕异"，是从事物个体多样性的观点看，即"物物一体"。《荀子·富国》："万物同宇而异体。"因为万物各不同体，所以都有个性差异。《经说上》："二必异。"即任何二物必有差异。世界上没有两片完全相同的树叶。极相似的孪生子也有差别，因为毕竟是不同个体。《吕氏春秋·疑似》："夫孪子之相似者，其母常识之，知之审也。"《吕氏春秋·有始》："众耳目鼻口也，众五谷寒暑也，此之谓众异。"这是比喻个性的差异。惠施的"万物毕异"，相当于《墨经》中说的"私名"，即个体概念（单独概念）。由于物物各一体，所以物物各有"私名"。

6. 南方无穷而有穷

南方是无穷的，又是有穷的。"南方无穷"是战国时人常说的话。《墨经》中说"南方无穷"和"无穷尽"（这里"尽"指有穷。墨家所谓"无穷尽"，实质上相当于惠施所谓"无穷而有穷"）。当时认为东有沧海，西有流沙，北有峻岭，南方一再开拓，没有止境，就认为是无穷的，后发现南面也有海洋，就认为是有穷的。但从惠施的命题和《墨经》的话看来，还有擅长理论思维的学者认为南方是无穷的。

从惠施"大一""万物毕同"和"天地一体"的观点看,世界是无限大的。世界上除了无限大的宇宙之外,什么也没有。在无限大的空间中,无论在长、宽、高三维的哪一个方向上,都可以无限延伸。由此推出,从所在的一点出发,向南方无限延伸,永远也没有尽头。"南方无穷"的命题,是惠施描绘的世界图景的一个必要环节,也是从惠施的宇宙观中必然引申出的结论。

既然南方无穷,怎么又有穷呢?《墨经》"盈"和"尽"的说法,为理解这一问题提供了钥匙。"盈"是"莫不有","尽"是"莫不然"。其推论过程是:

前提一:南方是无穷的。
前提二:无穷的南方莫不充盈和存在各种事物。
前提三:无穷的南方莫不是如此。
根据前提一可得:南方是无穷的。(命题1)
根据前提二、三可得:南方是有穷的。(命题2)

《墨经》说"盈无穷,则无穷尽也"。运用于此命题,意为无穷的南方既然充盈,在这个意义上可以说"无穷"是被语言"尽"了。"尽"即穷尽,也就是有穷。换句话说,毕竟用一两句话穷尽刻画了无穷的南方。这是辩者机

第三章 论证技巧

智的辩论技巧。将以上命题1和2用联言形式联结起来即：南方是无穷的，并又是有穷的。（"南方无穷而有穷"）这个命题，是惠施对当时认识经验的总结，是辩证思维成果的结晶。惠施用这一命题把无穷和有穷两个对立概念结合起来，反映了空间无限性和有限性的统一。

7. 今日适越而昔来

今天动身去越国，昨天就到了。从概念的确定性、绝对性上分析，今非昔，昔非今，今天动身去越，说昨天已到是荒谬的，是违背事实和情理的悖论。从概念的流动性、相对性上分析，今可变昔，昔可变今。"今日去越"，这个"今"可变为"昔"（从明天说，今天是"昔"）。从这个意义说，是接触到概念的转化问题。

从科学知识上分析。西汉天文学、数学著作《周髀算经》说："日运行处北极，北方日中，南方夜半。日在东极，东方日中，西方夜半。日在南极，南方日中，北方夜半。日在西极，西方日中，东方夜半。"就"日在东极"说，东方人说"今日到越国去"，西方人则可说"昨天来到"。设当日处东极时，一个东方人于今日（设为初二）日中时动身到越国去，并在当日到达。就西方人说，此人于昨日（初一）到达。因为当东方处于初二日中时，西方人正处于初一的夜半，尚未到初二日。待到西方初二日中时，此人早已来到越国。所以就可以说："今日适越

（就东方人说）而昔来（就西方人说）。"莫绍揆《逻辑学的兴起》（《百科知识》1982 年第 7 期）说："只要以超过地球自转的速度而往西行，必将会出现下列现象：在东方 10 时启程，到达西方时却是 9 时。"总之，"今日适越而昔来"的悖论式命题是有解的。

8. 连环可解也

互相套连的环是可以解开的。这个论题的解释，有以下几种：

第一，以不解为解。《庄子·天下》西晋司马彪注说："连环所贯，贯于无环，非贯于环也。若两环不相贯，则虽连环，故可解也。"唐成玄英疏说："夫环之相贯，贯于空处，不贯于环也。是以两环贯灾，不相涉入，各自通转，故可解者也。"宋林希逸《庄子口义》卷 10 说："两环相连，虽不可解，而其为环者，必各自为圆，不可以相粘。"即连环的实体部分并不互相粘连贯通，而只贯通于空处，各环可运转自如，把这种现象解释为"可解"，这不是常识所理解的可解，是巧辩或曲解，但也不失为一种解法。

第二，把"可解"理解为数学意义上的"巧计算"，这是另一种以不解为解。胡适说："对于计算这连环的圆周和半径的数学家来说，每一环都可看作是与他环分离的。它们之彼此扣接完全没有给他带来任何困难。"这是利用"可解"的常识意义（可以解开），一语双关，偷偷

地安放进去"可计算"（通常数学家对一道数学题所说的
"可解"）的意义。[①] 这属巧辩。

第三，以解体（损坏）为解。冯友兰说："连环是不
可解的，但是当它毁坏的时候，自然就解了。""连环存在
的时候，也就是它开始毁坏的时候，也就是它开始解的时
候。"[②] 这是自然损坏说。《战国策·齐策》说："秦昭王尝
遣使者遗君王后玉连环曰：'齐多智，而解此环不？'君
王后以示群臣，群臣不知解。君王后引锥椎破之，谢秦使
曰：'谨以解矣。'"齐威王后用锤子把玉连环打碎，向使
臣说："连环解开了。"这是人为损坏说。这是把"连环可
解"解释成解体。这是一种解的方式，即解决问题的方案
之一，但毁坏或打碎的连环，就不再是连环。

第四，以指出不可解为解。这是以不解为解。《淮南
子·人间训》说："夫儿说之巧，于闭结无不解，非能闭
结而尽解之也，不解不可解也。至乎以弗解解之者，可与
及言论矣。"又《说山训》说："儿说之为宋王解闭结，此
皆微眇可以观论者。"《吕氏春秋·君守》说："鲁鄙人遗
宋元王闭，元王号令于国，有巧者皆来解闭。人莫之能

---

① 胡适：《先秦名学史》，学林出版社1983年版，第101、102页。

② 冯友兰：《中国哲学史新编》第2册，人民出版社1984年版，第
153页。

解。儿说之弟子请往解之，乃能解其一，不能解其一，且曰：'非可解而我不能解也，固不可解也。'问之鲁鄙人。鄙人曰：'然，固不可解也。我为之，而知其不可解也。今不为，而知其不可解也，是巧于我。'故如儿说之弟子者，以'不解'解之也。"战国时期解闭或解连环的故事流传很广，惠施"连环可解也"的命题可能与这些故事有关。"能解其一，不能解其一"的"解"指解开，这是"连环可解也"中"解"字的本义或常识所理解的意义。以指出不可解为解，这的确是一种机智的巧辩，也是一种违反常识的悖论式的说法。

总结来说，"连环可解也"的"解"共有以下各义：

第一，解开。如"能解其一，不能解其一"。这是本意，常识意义。"连环可解也"命题的吸引人之处，在此意。封闭的连环无法解，这里说"可解"，于是引起注意。辩者的命题一般都具有反经验、反常识的性质，他们利用这一点来吸引注意，宣传学说、主张，这是辩者的一大特点。

第二，解体。如齐威王后以打碎为解，冯友兰以毁坏为解。这不是"连环可解"之"解"的本意和常识意义，是一种曲解意义。如果把"连环可解也"翻译为"连环是可以打碎的"，"是可以毁坏的"，这没有吸引人之处，辩者宣传这一命题，就不会耸人听闻、轰动一时。

第三，可计算（数学意义上的"可解"）。惠施是当时高水平自然科学家、自然哲学家，"连环可解也"作如是解不是不可能。这是利用"可解"的常识意义（解开）一语双关：一方面指可以从形体上解开，以吸引人注意；一方面指可运算，可以作为一数学题来求解（如计算圆周、直径、半径的长度等）。辩者对于探讨语句的语义十分关注，常利用语句的歧义、双关建立论题，进行论证。如"白马非马"就包含"白马异于马"和"白马不是马"两种语义。

第四，解决可以解开还是不可以解开的问题。如儿说及其弟子解闭结或解连环的故事就是用的这种意义。可以解开的把它解开，这算"可解"。不可以解开的，指出它本来不能解开，这也算"可解"，即以"不解解之"。

第五，指出一种解决方案，适用于迄今指出的所有解释。如解开（从形体上）、解体、指出不可解、可计算、由于连环贯空不粘连而可解等。

实际上，除上述第一种意义（从形体上解开）之外，其他四种意义都是偷换概念、转移论题。辩者的特点，是机智和巧辩，玩弄精巧的逻辑和语言艺术。战国时期风靡一时的解连环，是一种机智、辩才和技艺的综合训练。

惠施"连环可解也"的命题，寓意颇深，富有启发。其直接意义，是说明不可解与可解的相对性，不可解在一定条件下变成可解。其引申义，是一个语句可表达不同的判断。这是锻炼思维、练习巧辩的逻辑应用题，可以使人在解题的论证和巧辩过程中增益其所不能。在战国时期，各国统治者由于政治、外交和文化等方面的需要，要求有一批像辩者这样的知识分子来为他们服务。因此，辩者之师就为他们培养出这样的知识分子。在这个过程中，解说辩论如"连环可解也"之类的命题，就成为辩者之徒的必修课。

9. 我知天下之中央，燕之北、越之南是也

天下的中央，可以是燕国的北边，或者越国的南边。惠施的这一论点，超尘脱俗，超脱常识。当时中国人的常识和推论是：

燕南越北是中国的中央。

中国是天下的中央。

所以，燕南越北是天下的中央。

从惠施"大一"，即宇宙无限大的概念，必然能引申出宇宙中心相对性的观点。世界在长、宽、高三维都是无限的，在长、宽、高三维任取一点，都可以说是天下之中央。宇宙中心相对性的论点，是惠施"历物之意"的一个环节和有机组成部分。

第三章 论证技巧

据惠施宇宙无限大的观点，中国如沧海一粟。《庄子·秋水》说，四海与天地相比，好像小穴与大泽。中国在海内，好像粒米在大仓。《庄子》西晋司马彪注说："燕之去越有数，而南北之远无穷。由无穷观有数，则燕、越之间，未始有分也。天下无方，故所在为中，循环无端，故所在为始也。"宋林希逸《庄子口义》卷10说："燕北越南，固非天下之中，而燕人但知有燕，越人但知有越，天地之初，彼此皆不相知，则亦以其国之中，为天地之中也。"

根据当时的地理知识和推测，有人指出中国不一定是世界的中央。阴阳家代表邹衍说，世界有被海环绕的九大州，每大州有九个被海环绕的像赤县神州的州，中国这个赤县神州，是九大州的1/81。《吕氏春秋·有始》说：中国在四海之内，"四海之内，东西二万八千里，南北二万六千里"。四海又在四极之内。四极之内，东西南北各五亿又九万七千里。有"白民之国"，"日中无影"，"盖天地之中也"。

《经上》"同异交得"（对立统一规律）的一个案例是："中央，旁也。"即一般所谓"中央"，从另一观察角度看，可以视为"旁"。"中央"和"旁"，是相对、可变的。A圆的圆心（"中央"），可以是B圆圆周上的一点（"旁"）。这是墨家几何学的一个例题，是其辩证思维的一个典型案例，也是惠施"我知天下之中央，燕之北、越之南是也"命题的自然科学佐证。

10. 泛爱万物，天地一体也

普遍地热爱万物，天地是一个整体。《吕氏春秋·有始》说："天地万物"就如同"一人之身"一样，是一个统一的整体。根据"大一"的观点，宇宙之外无他物。"大一"本身即整个宇宙，是一个伟大、和谐的整体。所以要无差别地热爱万物。这比墨家"兼爱"的范围更广，于人之外还要及于万物。这反映了惠施热爱大自然的胸怀和对自然科学知识的浓厚兴趣和积极追求，这与许多中国古代学者只关注政治伦理的狭隘眼界大相径庭。《庄子·天下》列举惠施与其他辩者的辩题之后，对惠施评论说，惠施整天用这些知识跟人辩论，特别是与"天下之辩者"谈论这些怪说。惠施普遍地解说万物，说起来没完，滔滔不绝，还嫌说得少，又加上一些奇怪论证，以反常识为特点，而博得"胜人"的名声。强于论证万物，把精力分散于万物而不觉得厌烦，只博得"善辩"的名声。惠施的才能，都用来追逐万物，而不知返。由庄子的评论可知：

第一，惠施在当时和以后遭到责难的原因之一，是他站在与众不同的反常识的立场。惠施的命题往往以反常识的面目出现，故意作出反常识的命题，从事机智的辩论，这是名家、辩者的特点。其中有些辩论是合理的、合乎逻辑的；有些辩论从某种意义上说是不合理、不合逻辑的，但仍包含某种超越时代的智慧，或某些辩论技巧的运用。但常识不一定是真理，反常识不一定是谬误。黑格尔说："健全的常识包括有它的时代的共同意见。例如，如果有人在哥白尼以前说，地球环绕太阳旋转，或者在发现美洲以前说，那边还有大陆：那就是违反全部健全的常识的。在印度、中国、共和国也是违反全部健全常识的。健全的常识是一个时代的思想方式，其中包含着这个时代的一切偏见，常识总是为它所不自觉的思想范畴所支配的。"[①] 名家、辩者的论辩，超出当时中国人的常识，所以遭到时人反感和批评。

第二，惠施注意观察万物，对自然科学有浓厚兴趣。他"遍为万物说"，注重探讨自然现象的因果联系。他"强于物"，"散于万物而不厌"，"逐万物而不反"，是他的难能可贵处。惠施"历物之意"的十个论题中，"大同异""小同异"涉及概念分类知识。惠施是中国古代辩证思维的杰出代表，他运用辩证思维，解说自然万物的根本道理，有些论题涉及整个世界图景，有些论题论及空间相对性，有些论题论及时间相对性。惠施的命题大都是科学

---

① 黑格尔：《哲学史讲演录》第 2 卷，生活·读书·新知三联书店1957 年版，第 33 页。

的，带有科学意义。这些命题从各方面揭示自然界的矛盾运动规律。惠施的科学命题主要靠抽象的理论思维和天才猜测得来，他发现某些真理，带有朴素性。总之，惠施"历物之意"的学术价值及其对人类思维科学的贡献是不可磨灭的。

惠施的辩论轰动一时，唱和者甚多。《天下》列举惠施"历物之意"论题之后说："惠施以此为大观于天下，而晓辩者；天下之辩者，相与乐之。"惠施把这些论题作为对天下整体观察的结果，以此晓谕辩者，盛极一时的辩者都乐于同惠施辩论。在惠施的影响下，辩者提出 21 个论题，同惠施辩论。这些辩论极大地推动了中国逻辑发展，墨家和荀子逻辑就是在清理这些辩论的基础上建立的。

《庄子·秋水》载庄、惠"濠梁之辩"：

庄子与惠子游于濠梁之上，庄子曰："鲦鱼出游从容，是鱼乐也。"惠子曰："子非鱼，安知鱼之乐？"庄子曰："子非我，安知我不知鱼之乐？"惠子曰："我非子，固不知子矣。子固非鱼也，子之不知鱼之乐全矣。"庄子曰："请循其本，子曰'汝安知鱼乐'云者，既已知吾知之，而问我，我知之濠上也！"

庄子和惠施在濠水桥上散步，庄子说："鱼儿出游从容，是鱼的快乐。"惠施说："你不是鱼，怎么知道鱼的快乐。"这是惠施的强辩。不是鱼，根据鱼的表现，可以判明鱼的快乐。庄子说："你不是我，怎么知道我不知道鱼的快乐？"这是以子之矛攻子之盾，用惠施的逻辑反驳惠施，属归谬法。惠施说："我不是你，固然不知道你。你本来不是鱼，所以你不知道鱼的快乐，于是论证完全。"这是欲擒先纵，以退为进，承认自己小错，攻击对方大错。庄子说："请回到谈话开头，你说'你怎么知道鱼的快乐'等等，既然已经知道我已经知道，还故意问我，我就是在濠上知道的！"这是偷换概念，把惠施关于方式的疑问"安知鱼之乐"，偷换为关于地点的疑问，所以回答说"我知之濠上也"；同时也有断章取义、强词夺理的谬误，从惠施的疑问句"汝安知鱼乐""安知鱼之乐"，引申出陈述句、实然命题"惠施已经知道庄子已经知道鱼的快乐"。

庄、惠的"濠梁之辩"，脍炙人口，辩才无碍，为历代先哲所乐道。宋邵雍《皇极经世书》卷13引此辩论评价说："庄子雄辩，数千年一人而已。"惠施是庄子雄辩的好搭档，也应该是数千年雄辩的好手。"濠梁之辩"的处所也成为人们寻访纪念的名胜古迹，为方志所记载。唐李吉甫《元和郡县志》卷10说："庄周台在（钟离）县西南七里，濠水经其前，庄子与惠子观鱼之所，又曰观鱼台。"

《庄子·徐无鬼》载"运斤成风"的故事：

> 庄子送葬，过惠子之墓，顾谓从者曰："郢人垩漫其鼻端，若蝇翼，使匠石斫之，匠石运斤成风，听而斫之，尽垩而鼻不伤，郢人立不失容。宋元君闻之召匠石曰：'尝试为寡人为之。'匠石曰：'臣则尝能斫之，虽然，臣之质死久矣。'自夫子之死也，吾无以为质矣，吾无与言之矣。"

庄子送葬，经过惠子墓，对身边人说："郢人鼻子沾污一点白粉，像蝇翅一样薄，让匠石把白粉砍掉，匠石挥动大斧，一阵风，白粉砍干净，鼻子不受伤，郢人站立纹丝不动，面不改色。宋元君听到，召匠石说：'请给我表演一次。'匠石说：'我曾经表演过，但我的搭档已死很久。'自从惠施死，我没有谈辩的搭档，没有谈话的伙伴。"《淮南子·修务训》："惠施死而庄子寝说，言世莫可为语者也。"唐成玄英《庄子疏》说，"惠子之亡"，"庄子息濠上之微言"。宋林希逸《庄子口义》卷2说："庄子与惠子，为至密之友。"卷8说："斫者固难矣，然其人若立得不定，匠石虽巧，安得其鼻不伤？是立者尤难也。质，是用巧之地也。此意盖言，有惠子之辩，而后我得以穷之。惠子既死，则无可与语者矣。"

惠庄"濠梁之辩"和"运斤成风"的生动故事，是中华先哲思维艺术史上的一段佳话，一曲谈辩绝响。古往今来，诗人吟咏不绝。魏嵇康诗："郢人逝矣，谁与尽言？"唐李白诗："安得郢中质，一挥成风斤。"唐刘禹锡诗："郢人斤斫无痕迹，仙人衣裳弃刀尺。"唐陆希声《观鱼亭》："惠施徒自学多方，谩说观鱼理未长。不得庄生濠上旨，江湖何以见相忘。"

宋文天祥《文山集》卷14："运斤成风，技之神者也。"宋邵雍《伊川击壤集》卷16："春夏而来可作诗，虽然可作待何为。屡空滥得同颜子，历物固难如惠施。"宋王安石《临川先生文集·偶书》："惠施说万物，盘特忘一句。寄语读书人，呶呶非胜处。"《读眉山集次韵雪诗》："惠施文字黑如鸦，于此机缄漫五车。"

宋苏颂《苏魏公文集》卷4《陈和叔内翰得庄生观鱼图于濠梁出以相示且邀作诗以纪其事》："公堂四合临中衢，翰林壁挂观鱼图。传之近自濠梁客，云是蒙邑先生居。先生昔仕楚园吏，傲世不蕲卿大夫。逍遥淮上任造适，高岸偶见群儵鱼。清波出游正容与，潭底传沫煦以濡。悠然饵纶不可及，谁知此乐真天娱。惠施好辩发闳论，谓彼固异若与吾。至人冥观尽物理，岂以形质论精粗。禀生大块厥类众，合则一理散万殊。渊潜陆走各自适，天机内发宁拘拘。鸢飞戾天兽易薮，腾蛇游雾龟曳涂。味色谁能辨带鹿，足颈乌用嗟蚿虫鼋。蜄筐信美害爱马，钟鼓虽乐愁鹠鷃。青宁久竹代生变，蠡虫风化相鸣呼。方游溟海大空外，坎井讵能谈尾闾。若知飞息分皆足，图南未必胜抢榆。人生均是受形气，好恶欢养同一区。死生寿夭亦大矣，自本而视奚有无。方当在梦则栩栩，及其既觉还蘧蘧。入荣轩冕不累性，独往丘壑非为愚。不求刻意不徇利，孰是隐几孰据梧。惟能应变不囿物，天籁自与人心俱。一从郢匠丧其质，狂言空见传于书。当时陈迹复何在，客有过者犹踟蹰。先当朝士题咏处，不见綦履空遗墟。画工智巧良可尚，景物纵异能传模。古今变态尽仿佛，且暮烟云随卷舒。遂令都邑繁会地，坐见淮山千里余。泛观既已忘物我，企想岂直思玄虚。惟公雅尚每耽玩，持示同好良勤劬。自怜衰老喜求旧，况荷明照均友于。朝陪玉堂暂晤语，暮入荜门还宴如。欣然共乐濠上趣，相忘正在于江湖。"

宋吕本中《东莱诗集》卷19："闲居足因循，所至漫冬夏。今年忽六十，稍觉日有暇。孔子固大圣，未害六十化。同时蘧伯玉，亦岂出此下。庄周与惠施，初未识此话。"宋杨万里《诚斋集》卷36："庄周不须周，惠施不须施。"宋刘克庄《后村先生大全集》卷37："一滴何妨卢行少，五车安重惠施多。"宋乐雷发《雪矶丛稿》卷1：

"莫读书，莫读书，惠施五车今何如。"

明王偁《虚舟集》卷1："（邓）析（公孙）龙敏辩给，惠施夸便儇，竹书信激诡，坚白方自贤。腾口徒见尤，胡能事幽玄。九州谁复征，多方亦已然。去矣桃李蹊，予将欲忘言。"明王廷陈《梦泽集》卷2："惠施已不作，庄生寡所宣。伯牙失钟期，抱琴谁为弹。"清钱大昕《潜研堂诗集》卷1："郢人泣匠石，蒙庄感惠施。形存质已逝，千古同歔欷。"郭沫若《序〈杜国庠文集〉》诗："尽劚成风臣善斫，郢人不作抚斤叹。"

五、辩者论题

《庄子·天下》载：

> 卵有毛，鸡三足，郢有天下，犬可以为羊，马有卵，丁子有尾，火不热，山出口，轮不蹍地，目不见，指不至，至不绝，龟长于蛇，矩不方，规不可以为圆，凿不围枘，飞鸟之影未尝动也，镞矢之疾而有不行不止之时，狗非犬，黄马骊牛三，白狗黑，孤驹未尝有母，一尺之棰，日取其半，万世不竭。辩者以此与惠施相应，终身无穷。桓团、公孙龙，辩者之徒，饰人之心，易人之意，能胜人之口，不能服人之心，辩者之囿也。

桓团、公孙龙是辩者的代表，他们提出 21 个论题，跟惠施辩论：

1. 卵有毛

鸟卵在未孵出雏鸟时就有毛。西晋司马彪注说："胎卵之生，必有毛羽。""毛气成毛，羽气成羽，虽胎卵未生，而毛羽之性亦著矣。故曰'卵有毛'也。"如此解释"卵有毛"的论题，则是把鸟卵有生毛的可能性直接说成现实性的诡辩。这是混淆可能性和现实性的谬误论证。可能性是事物现象出现之前所具有的某种发展趋势，用或然命题（可能命题）表示。现实性是可能性的实现，是存在的事实，用实然命题表示。这是两种不同的模态，不能混淆。《墨经》的逻辑对此作了明确区分，说将要出门，不等于已经出门；将要入井，不等于已经入井。同样，"卵有毛"的可能性，不等于"卵有毛"的现实性。

卵发育为幼雏，即将出壳而未出壳时，既是卵，又有毛，所以说"卵有毛"。这是把卵孵化过程中一个阶段的性质，夸大为所有卵的性质，含有混淆局部和全局、特例和常规、个别和一般的诡辩。

《经说上》说："鸡宿，成未也。"指出在鸡孵雏的某一特定时刻，小鸡是"既成又未成"，这是"同异交得"的一例。如此解释，则辩者"卵有毛"，同墨家"鸡宿，成未也"的命题和论证，体现了片面性和全面性、诡辩和逻辑两种思维方式。

2. 鸡三足

鸡有三只足。《公孙龙子·通变论》论证说："谓鸡足，一。数足，二。二而一，故三。谓牛羊足，一。数足，四。四而一，故五。牛羊足五，鸡足三。"其诡辩论证是：说"鸡足"，是一只足；数鸡足个数，是二只足。一只足加二只足，等于三只足。这种诡辩论证违反了数学和逻辑常识：不同类不能相加。这触及集合概念及其元素的关系问题。"鸡足"是一集合概念；"数足二"是元素概念。辩者混淆了集合和元素概念的不同层次，用算术方法机械相加。运用同样诡辩方法，可说"牛羊足五"。这从反面说明，运用明确的概念进行逻辑思维的重要性。辩者用这类诡辩作学习谈辩课程的习题，进行逻辑训练，这是职业辩者的日常工作。

3. 郢有天下

楚国都城郢，领有全天下。这是反常识的怪论，从政治意义上说，有一定程度的真理性；从地理意义上说，是诡辩。

从政治意义上说，若楚称王，则郢领有天下。《庄子》唐成玄英疏说："郢，楚都也，在江陵北七十里。夫物之所居，皆有四方，是以燕北、越南，可谓天中。故楚都于郢，地方千里，何妨即天下者耶。"宋林希逸《庄子口义》卷 10 说:"郢有天下,言楚都于郢,而自为王,亦与得天下同矣。"清宣颖说:"称王自大。"罗道勉说:"郑本侯国,而称为王,是有天下之号。"楚君居郢而王,可兼有天下。以郢之小,支配天下之大,大者受制于小,小者可有大。在目前信息化时代,互联网技术发达,在北京可得全世界各种信息,在这个意义上可以说"北京有天下"。

从地理意义上说"郢有天下",是诡辩。《经下》说:"荆之大,其沈浅也,说在有。"《经说下》解释说:"沈,荆之有也。则沈浅非荆浅也。若易五之一。"即楚国是大的,但楚国的沈县是偏小的,论证的理由在于沈县为楚国所领有。沈县为楚国所领有,则沈县小,并非楚国小。如果把沈县与楚国混淆起来,那就像用五份东西偷换一份东西。"荆":楚的别名。"沈":楚县名,在今河南固始,临皖。"浅":地域偏小。用同样的逻辑推论:

郢是楚国一部分。

楚是天下一部分。

所以,郢是天下一部分。

从地理意义上,只能说"天下有郢",不能倒过来说"郢有天下"。

4. 犬可以为羊

犬可以说成羊。西晋司马彪说："名以名物，而非物也。犬羊之名，非犬羊也。非羊可以名为羊，则犬可以名羊。郑人谓玉未理者曰璞，周人谓鼠未腊者亦曰璞。故形在于物，名在于人。"唐成玄英《庄子疏》说："名实不定，可呼犬为羊。"宋林希逸《庄子口义》卷10说："犬可以为羊，谓犬羊之名，出于人，而不出于物，使有物之初，谓犬为羊，则今人亦以为羊矣。谓羊为犬，则今人亦以为犬矣。"清宣颖说："犬、羊之名，皆人所命，若先名犬为羊，则为羊矣。"意在说明最初约定名称时的人为性。

《荀子·正名》说："名无固实，约之以命实，约定俗成谓之实名。"如在命名之初，把犬、羊之名互易命物，亦无不可。不过，名称一旦约定俗成之后，再互易命物，会引起混乱。这就是荀子说的："名无因宜，约之以命，约定俗成谓之宜，异于约则谓之不宜。"这是语言学的常识。辩者用最初命名时的人为性，否定名称约定俗成后的确定性。强调事物的一方面，否定事物的另一方面，是辩者诡辩的手法。但不能把辩者的诡辩看作纯粹的胡说八道，而是他们故意用反常识的怪论形式，曲折、歪曲地表达某种真理。

5. 马有卵

兽类动物马有鸟类动物的卵。这个命题采取反常识的怪论形式，但其中有合理内容。晋李颐说："胎卵无定形。故鸟可以有胎，马可以有卵也。"马是胎生动物，在马的胚胎发育初期，近似鸟类之卵。胎生动物马的个体发育史，重复其进化前身鸟类动物的某些特征。兽类动物马的胚胎，从受精卵发育开始。宋林希逸《庄子口义》卷10说："马有卵者，胎生虽异于卵生，而胎卵之名，实人为之，若谓胎为卵，亦可即犬羊之意。"这是另一种解释，道理同于"犬可以为羊"。

6. 丁子有尾

青蛙有尾巴。辩者故意用违反常识的怪论，表达动物发育的知识。唐成玄英说："楚人呼虾蟆为丁子也。"宋林希逸《庄子口义》卷10说："丁子，虾蟇也，蛙也。楚人谓之丁子。丁子虽无尾，而其始也实蝌蚪，化成蝌蚪，既有尾，则谓丁子为有尾亦可。"无尾之蛙，由有尾之蝌蚪发育而成。蛙是蝌蚪的成年期，蝌蚪是蛙的幼年期。从这个意义上说："丁子有尾。"

7. 火不热

火不是热的。成玄英《庄子疏》说："譬杖加于体，而痛发于人，人痛杖不痛，亦犹火加体，而热发于人，人热火不热也。一云，犹金木加于人，有痛楚，痛楚发于人，而金木非痛楚也。""火不热"的命题，是夸大人的感觉官能，否认事物的客观性质的诡辩。假如这个命题成立，则事物的温度、颜色、硬度等各种性质，都可以归结为人的感觉，客观事物就变成人各种感觉的复合。

古希腊智者亦有类似诡辩。如普罗泰戈拉说："在一阵风吹来时，有些人冷，有些人不冷；因此对于这阵风，我们不能说它本身是冷的或是不冷的。"热作为感觉，在人不在火。但火有使人觉得热的原因，即高温。热的本质，是物体分子激烈的不规则运动。物体先发热，才能使人体觉得热。

《经说上》说："谓火热也，非以火之热我有，若视日。"热乃火之热，热性不能归结为人的主观感觉，如人看太阳，太阳本身发热，人才有热的感觉。辩者以人感觉到的热，否认物体本身的热，是歪曲论据性质、推不出来的诡辩。

8. 山出口

"山"从口中说出。西晋司马彪说："呼于一山，一山皆应。一山之声入于耳，形与声并行，是山有口也。"唐成玄英《庄子疏》说："山本无名，山名出自人口。在山既尔，万法皆然也。"宋林希逸《庄子口义》卷10说："空谷传声，人呼而能应，非山有口乎？"辩者从某一角度观察自然现象，得出这一违反常识的怪论。

9. 轮不碾地

车轮从来不碾地。运行着的车轮，作为机械运动的一个事例，它在同一时间，既在一点，又不在一点；既在这一点，又在另一点。从"在一点"说，轮碾地；从"不在一点""在另一点"说，轮不碾地。即轮在行进过程中，即碾地又不碾地，这是全面的说法。辩者抓住机械运动矛盾的一个侧面，即从"不在一点"或"在另一点"说，得出违反常识的怪论"轮不碾地"。唐成玄英《庄子疏》说："夫车之运动，轮转不停。前迹已过，后涂未至。徐却前后，更无蹑时。是以轮虽运行，竟不蹑于地也。犹《肇论》云，旋风偃岳而常静，江河竞注而不流，野马飘鼓而不动，日月历天而不周。复何怪哉？复何怪哉？"宋林希逸《庄子口义》卷 10 说："行于地则为轮，才着地则不可转，则谓轮不辗地亦可。"清王先谦《庄子集解》说："轮转不停，蹑地则何以转？"这是抓住一点不及其余，违反常识的诡辩。

10. 目不见

眼睛是看不见的。《公孙龙子·坚白论》说："且犹白以目、以火见，而火不见；则火与目不见。"即白是用眼睛，并且用光线，才能看见的，但光线不能见物，所以光线与眼睛加在一起，也不能见物。这里论证运用偷换概念的手法。第一句话中用眼睛见物，是说眼睛是见物的器官。而用光线见物，则指光线是见物的条件。眼睛和光线对于"见物"有不同作用。第二句话中光线不能见物，是指光线不是见物的器官。所以，结论中不能由光线不是见物的器官，而类推眼睛不是见物的器官。《墨经》批驳"以目见而目见，以火见而火不见"，并清楚地区分了"见物器官"与"见物条件"的不同概念，揭露了辩者的诡辩手法。

11. 指不至，至不绝

概念对事物的概括，不能穷尽事物所有的性质。但是，概念已经达到的对事物的概括，包含一定的绝对真理的成分。"指"是一种认识形式。一意是以手指指物，如《经说下》说："指是霍也，是以实示人也。"《经说下》说："所知而弗能指，说在春也、逃臣、狗犬、遗者。"

一意是以抽象概念概括事物。如《公孙龙子·指物论》说："物莫非指，而指非指。""指不至"，即以手指指物，或以抽象概念概括事物，总有达不到之处，总有所遗漏。王先谦《庄子集解》说："有所指，则有所遗，故曰'指不至'。"如在天安门前，指着天安门说："这是天安门。"颐和园不在眼前，就不能用手指指着说："这是颐和园。"这是一种"指不至"。

当我们用手指指着说"这是天安门"时，就不能同时指着别的事物。这也是一种"指不至"。如果用抽象概念说："人是社会的动物。"并没有穷尽人的所有属性，也没有说到人以外的事物。这都属于"指不至"。

一旦以手指指某物，或以抽象概念概括某物，则这种认识就一直保留，不会断绝，这是"至不绝"。《列子·仲尼》列举公孙龙论题说："有指不至，有物不尽。"与此意相近。"指不至，至不绝"，是揭示认识现象相对性和绝对性对立统一的辩证命题。

南朝文学家刘义庆（403—444）《世说新语·文学篇》载："客问乐令（乐广，官尚书令）'指不至'者，乐亦不复剖析文句，直以麈尾柄确几曰：'至不？'客曰：'至。'乐因又举麈尾曰：'若至者，那得去？'于是客乃悟服。乐辞约而旨达，皆此类。这是魏晋玄学辩名析理思潮中，以麈尾柄达到和离开桌子的行为，作为"指不至，至不绝"的一种形象解释。

12. 龟长于蛇

龟比蛇长。就一般情况，龟短蛇长。就特殊情况，大龟长于小蛇。另，龟形虽短，而寿长，蛇形虽长，而寿短。西晋司马彪说："蛇形虽长，而命不久。龟形虽短，而命甚长。""龟长于蛇"是违反常识的怪论，意在强调长短的相对性、复杂性和多义性。

13. 矩不方，规不可以为圆

矩尺作不出绝对的方形，圆规作不出绝对的圆形。这个命题，以否定形式，表达一般和个别、概念和具体事物的差异。《经上》说："圆，一中同长也。方，柱、隅四权也。"《经说上》解释说："圆，规写交也。方，矩写交也。"这是方、圆的一般性质、抽象概念。方、圆图形，可分别用矩尺、圆规画出。这是讲解几何学的定义和作图法。列宁在《谈谈辩证法问题》中说："任何一般只是大致地包括一切个别事物。任何个别都不能完全地包括在一般之中。"辩者指出一般和个别、概念和具体事物的差异，有合理因素，有助于防止思想僵化和绝对化。但他们故意作出违反常识的怪论，没有指出一般和个别、概念和事物的相对同一性，把差异性无限夸大，导致违反事实的诡辩，从中可导出极端的怀疑论、相对主义和不可知论。这一诡辩的方法，类似公孙龙的"白马非马"：个别不是一般。

14. 凿不围枘

枘眼围不住榫头。工匠加工榫眼、榫头，力求相吻合。《周礼·考工记》说："调其凿、枘而合之。"这是工匠经验的总结。事实上由于工艺的误差和材料的质量，凿、枘二者不能完全相合。

西晋司马彪说："凿枘异质，合为一形，凿积于枘，则凿枘异围，凿枘异围，是不相围也。"唐陆德明《经典释文》说："凿者，孔也。枘者，孔中之木也。然枘入凿中，本穿空处，不关涉，故不能围，此犹连环可解义也。"
宋林希逸《庄子口义》卷 10 说："枘虽在凿之中，而枘之
旋转，非凿可止，则谓之不围亦可。言围之不住也。""凿
不围枘"命题的积极意义，是防止思想僵化和绝对化，其
消极意义是导向怀疑论和相对主义。这也是故意作出的违
反常识的怪论。

15.飞鸟之影，未尝动也

飞鸟的影子从来没有动过。《列子·仲尼》载公孙龙
说："有影不移。""影不移者，说在改也。"说明这也是公
孙龙等辩者喜欢辩论的问题。《经下》说："影不徙，说在
改为。"《经说下》解释说："光至影亡，若在，尽古息。"
即一物体在这里遮光成影，物移别处，这里光至影无，别
处物至遮光又成新影。新影非旧影迁移，是新影的不断重
新构成。影的移动，是现象；光源和物体相对位置改变，
是本质。这个命题包含光学知识。

这个命题触及运动本质的理解。"飞鸟之影，未尝动
也"的命题，取运动的一瞬间，认为这一瞬间曾"在一个
地方"，它的影子也静止在那里，未曾动过。这是用违反
常识的怪论，表达对运动本质的理解。这一怪论只表达运
动矛盾本性的一个侧面、特征和片段，没有全面揭示物体
运动的矛盾本性。它同"轮不碾地"的命题，代表相反的
两个极端。"飞鸟之影，未尝动也"表达运动的间断性，

"轮不碾地"表达运动的连续性，二者结合，才表达运动矛盾两个侧面的性质。

毛泽东1956年11月15日在中国共产党第八届中央委员会第二次全体会议上说："看电影，银幕上那些人净是那么活动，但是拿电影拷贝一看，每一小片都是不动的。《庄子》的《天下篇》说：'飞鸟之影，未尝动也。'世界上就是这样一个辩证法：又动又不动。净是不动没有，净是动也没有。动是绝对的，静是暂时的，有条件的。"

16. 镞矢之疾，而有不行不止之时

飞行的箭，每一瞬间既静止，又运动，既在一个地方，又不在一个地方。这个命题表达了机械运动的本质。这是辩者的精密观察和高度抽象思维的结晶，超出同时代的其他学派学者的思维水平。这个反乎常识的怪论，包含深刻的辩证哲理。

17. 狗非犬

狗不是犬。《经说下》说："所谓非同也，则异也。同则或谓之狗，其或谓之犬也。"《经下》说："知狗而自谓不知犬，过也，说在重。"《经说下》解释说："知狗重知犬则过，不重则不过。"《经下》说："狗，犬也。而'杀狗非杀犬也'不可，说在重。"《经说下》解释说："狗，犬也。杀狗，谓之杀犬，可。"西晋司马彪说："狗犬同实异名。名实合，则彼所谓狗，此所谓犬也。名实离，则

彼所谓狗，异于犬也。"宋林希逸《庄子口义》卷10说："狗犬即一物也，谓之狗，则不可谓之犬矣。谓之犬，则不可谓之狗矣。故曰狗非犬。"

狗犬是"二名一实"的"重同"。这是从"名实合"的角度看问题，即把概念和实际结合起来的"合知"。《墨经》允许从别的意义上理解"狗非犬"的命题。单从"名知"说，知狗可以说不知犬，因为狗、犬毕竟是两个"名"，无论从字形还是读音说，二者都不同。要想让人了解狗、犬是"二名一实"，就要另外下定义。辩者从这个意义上引申出"狗非犬"的怪论。这个命题从"名知"的意义上是对的。但从"名实合"的"合知"上说，就成为诡辩。因为狗、犬所指对象是重合的。从所指对象说，应该说："狗，犬也。"这个命题对古代逻辑，特别是对逻辑语义学、名实关系的研究，有一定的刺激和启发作用。

18. 黄马骊牛三

黄马和骊牛是3个。这是"鸡足三"式的诡辩，是把"黄马骊牛"的集合算作1个，把"黄马"和"骊牛"的元素，算作2个，然后把两个不同层次的概念机械相加，总数为3。这与"鸡足三"的诡辩手法相同。

19. 白狗黑

白狗是黑的。《小取》说："之马之目眇，则谓'之马眇'；之马之目大，而不谓'之马大'。""此乃一是而一非者也。"西晋司马彪说:"狗之目眇,谓之'眇狗';狗之目大,不曰'大狗',此乃一是一非,然则白狗黑目,亦可为'黑狗'。"即这个马的眼睛眇,可以说"这个马眇"。但是,这个马的眼睛大,不能说"这个马大"。以此类推,可得"这个狗的眼睛眇,可以说'这是眇狗'。这个狗的眼睛大,不能说'这个狗大'"。辩者错误地运用语句的省略结构,不正确类推说:

白狗的眼睛眇,可以说"白狗眇"。

白狗的眼睛黑,可以说"白狗黑"。(?)

这里推理的前提是正确的,而推理的结论是错误的,犯机械类比的错误。根据语言约定俗成的含义,说"眇狗",指的是眼睛眇;说"黑狗",却不是指"眼睛黑",而是指毛色黑。这个推理的素材,是墨家说的"一是一非"的情况。这揭示了辩者"白狗黑"这一怪论的由来。

20. 孤驹未尝有母

孤驹从来就没有母亲。晋李颐说:"驹生有母,言孤则无母,孤称立,则母名去也。"宋林希逸《庄子口义》卷10说:"孤驹未尝有母,名之以孤,则非有母矣。"《列子·仲尼》说公孙龙有"孤犊未尝有母"的命题,并解释说:"孤犊未尝有母,有母非孤犊也。"这个命题从"孤驹"（或孤犊）的概念出发，认为既然称为"孤"，就是（现在）无母，又由（现在）无母夸张为"未尝有母"（即过去无母，从来无母，未曾有母）。

墨家认为，这是混淆时间模态所导致的诡辩。《经下》说："可无也，有之而不可去，说在尝然。"《经说下》借恶事说："已然，则尝然，不可无也。"这里区分两种"无"，一种是"无之而无"，即从来就没有，如"无天陷"之"无"。另一种是"有之而后无"，如"先有马，后无马"，即先有而后失的"无"。孤驹之母是第二种"无"，是"有之而后无"。这种"无""有之而不可去，说在尝然"（尝然是曾经如此），并说："已然，则尝然，不可无也。"从时间模态上驳倒辩者的诡辩。正确区分不同的时间模态，反映实际情况的正确命题是："孤驹曾经有母，而现在无母。"辩者只取"现在无母"的一面，抹杀"曾经有母"的另一面。这是辩者取其一、舍其二的诡辩手法。

21. 一尺之棰，日取其半，万世不竭

一尺长的棍子，每天取一半，一万代也取不完。宋洪迈《容斋随笔·尺棰取半》说："《庄子》载惠子之语曰：'一尺之棰，日取其半，万世不竭。'虽为寓言，然此理固具。盖但取其半，正碎为微尘，余半犹存，虽至于无穷可也。""一尺之棰"，是长度有限的物体，但其中却包含无限的成分。每日将其一分为二，永无分完之时。这是运用抽象的数学和理论思维作出的辩证命题，在反常识的怪论形式中，包含深刻智慧。说明有限长的线段，可以无限分割，有限和无限是对立统一的，这是辩者运用辩证思维取得的辉煌成果。这个命题表明辩者的辩证思维水平高于《墨经》。

《墨经》认为，"取半"的分割不能无限进行，最后会剩下不能取半、"不动"的"端"，相当于几何学的点。《墨经》站在经验的立场，以当时的实验条件，不可能做到超越直观的无穷分割。辩者站在理论思维的立场，在当时技术实验上尚不能实现的领域，不妨碍其发挥人类特有的理论思维能力进行数学运算。

从辩者与惠施讨论的 21 个论题，可以看出如下特点：

第一，这些命题采用反常识的怪论形式。在当时和以后很长时期里，这些命题被斥为"奇辞怪说"，即谬误和诡辩。今天看来，有些论题不是谬论和诡辩，其中包含深邃的哲理，闪烁着智慧的光芒。其他一些论题，虽带有诡辩色彩，含有明显谬误，也曲折、片面地表达了某种真理。真理和谬误间，没有不可逾越的鸿沟。谬误也用真理作跳板。列宁说，真理"只要再多走一小步，仿佛是向同一方向迈的一小步，真理便会变成错误"。①辩者的议论

---

① 《列宁选集》第 4 卷，人民出版社 1960 年版，第 257 页。

常常真理和谬误混杂，科学和想象参半。

第二，这些命题多涉及自然事物，对中国古代科学技术发展起到积极作用。

第三，这些命题反映在逻辑和方法论上的独立探讨。如果没有辩者的论辩，也不会产生墨家和荀子的逻辑学总结。

第四，这些命题涉及辩证思维的全面性原则。有些命题，如"飞鸟之影，未尝动也"，"镞矢之疾，而有不行不止之时"，"一只之棰，日取其半，万世不竭"等，是辩证思维的范例。这些命题至今仍吸引学者注意，为学者所乐道。有些命题，表现事物或概念矛盾运动的侧面。所有这些论题，不管是表现事物的矛盾，或歪曲事物的真相，都是典型的逻辑练习题。辩论这些题目，可以锻炼思维能力，习得论辩技巧。辩者学派的兴起，适应当时社会历史的需求；辩者的论辩，反映了思维发展的规律。

辩者公孙龙等，因辩论这些怪论题，受世人关注。东晋葛洪《抱朴子·应嘲篇》说："著书者徒饰弄华藻，张砾迂阔，属难验无益之辞，治靡丽虚言之美，有似坚白广修之书，公孙形名之论。虽旷笼天地之外，微入无间之内，立解连环，离同合异，鸟影不动，鸡卵有足，犬可为羊，大龟长蛇之言，适足示巧表奇以诳俗。"

南朝刘孝标《刘户曹集·广绝交论》说："骋黄马之

· 313 ·

第三章 论证技巧

剧谈，纵碧鸡之雄辩。"《世说新语·文学篇》注说："夫藏舟潜往，交臂恒谢。一息不留，忽焉生灭。故飞鸟之影，莫见其移。驰车之轮，曾不掩地。是以去不去矣，庸有至乎？至不至矣，庸有去乎？然则前至不异后至，至名所以生。前去不异后去，去名所以讫。今天下无去矣，而去者非假哉？既为假矣，而至者岂实哉？"

六、淫辞诡辩

《吕氏春秋·淫辞》载：

秦赵相与约，约曰："自今以来，秦之所欲为，赵助之；赵之所欲为，秦助之。"居无几何，秦兴兵攻魏，赵欲救之，秦王不说，使人让赵王曰："约曰：秦之所欲为，赵助之；赵之所欲为，秦助之。今秦欲攻魏，而赵因欲救之，此非约也。"赵王以告平原君，平原君以告公孙龙，公孙龙曰："亦可以发使而让秦王曰：'赵欲救之，今秦王独不助赵，此非约也。'"

秦国和赵国签订条约，条约规定："从今以后，秦国想做的事，赵国帮助；赵国想做的事，秦国帮助。"没过多久，秦国兴兵攻打魏国，赵国想救魏国，秦王不高兴，派使臣责备赵王说："条约规定，秦国想做的事，赵国帮助；赵国想做的事，秦国帮助。现在秦国想攻打魏国，而赵国却帮助魏国抵抗秦国，这违反条约规定。"赵王把这一情况告诉平原君，平原君又告诉公孙龙，公孙龙说："赵国也可以派使臣责备秦王说：'赵国想解救魏国，现在秦王偏偏不帮助赵国解救魏国，这违反条约规定。'"这是运用墨家逻辑中的援式推论，即你可以那样，为什么我偏偏不能那样呢？"秦赵相约"的内容"自今以来，秦之所欲为，赵助之；赵之所欲为，秦助之"，对双方有同等的约束力，产生同样的权利和义务。秦赵两国相互指责的说词，所包含推论的内容和形式是悖论。

秦赵相约悖论推引过程中，两个推论的内容和形式，分别来看都正确，属直言三段论演绎推论，符合推论规则。大前提（印度逻辑叫作"喻"）都是引用条约规定的原文，小前提（印度逻辑叫作"因"）是本国想做的事，但推出的结论（印度逻辑叫作"宗"）互相矛盾，是悖论，其内容和公式如下：

并非（（赵国帮秦国攻魏国）并且（秦国帮赵国救魏国））

用公式表示：$\neg (Q_1 \land Q_2)$

读为：并非 Q_1 并且 Q_2。

第三章　论证技巧

"赵国帮秦国攻魏国""秦国帮赵国救魏国"两个互相矛盾的结论，无法同时实行（践约、履约），在实践上办不到，在逻辑上荒谬，违反矛盾律，是悖论。这种谬误，印度逻辑（因明）有专门论述。唐玄奘译为"相违决定"的不定似因。日本比较逻辑研究家末木刚博教授解释说："相违"即矛盾；"决定"即确定；"相违决定"即由有效的两组前提出发，可推出两个互相矛盾的结论；"不定似因"指不能确定的虚假小前提。[①] 印度逻辑（因明学）专家虞愚，把这种谬误称为"平衡理由"，即一理由成立一命题，同时另有理由证明该命题的反面，或论题和反论题各有理由支持。[②]

犹如爸爸论证说："因为是爱因斯坦发明相对论，不是他儿子，所以，爸爸比儿子聪明。"儿子针锋相对论证说："因为是爱因斯坦发明相对论，不是他爸爸，所以，儿子比爸爸聪明。"这种论证，使用同一论据，得出矛盾的结论，是悖谬之论（悖论），是强词夺理、推不出来的

---

① 参见末木刚博：《因明的谬误论》，孙中原译，载《因明新探》，甘肃人民出版社1989年版，第312、313页；《东方逻辑趣谈》，孙中原译，商务印书馆2021年版，第316页。

② 刘培育：《中国古代哲学精华·名辩篇》，甘肃人民出版社1992年版，第345页；刘培育主编：《虞愚文集》第1卷，甘肃人民出版社1995年版，第211、258页。

诡辩，违反逻辑论证的充足理由律。这相当于西方哲学的"二律背反"（希腊文 antinomos，拉丁文 antinomies，英文 antinomy），指两个矛盾论题都可根据公认的论据得到证明，自相矛盾、悖论。

论题含混。"秦赵相约"故事中，推论出矛盾结论的原因，是两国所订条约的条文"秦之所欲为，赵助之；赵之所欲为，秦助之"的论题含混，"所欲为"的概念不明确，有歧义。这里涉及利益不同的两个国家，以及"想做"和"不想做"两种情况，所以全部排列组合，有以下四种可能：

（1）秦国想做，赵国想做。
（2）秦国想做，赵国不想做。
（3）秦国不想做，赵国想做。
（4）秦国不想做，赵国不想做。

如果两国做事，属于第一种情况，就可以顺利履行条约，不致发生争论。但在"秦兴兵攻魏，赵欲救之"的情况下，两国利益不可调和，排除第一种情况，发生后面三种情况的矛盾、抵牾和争论，原订条约不能约束，无法仲裁，争论不休。

公孙龙是战国中后期名家的杰出代表，是立志"以正名实，而化天下焉"的学者。当赵王把秦赵关系的重大矛盾事件告诉平原君，平原君又告诉谋士公孙龙时，公孙龙说："赵国也可以派使臣责备秦王说：赵国想解救魏国，现在秦王偏偏不帮助赵国解救魏国，这违反条约规定。"这是一个正确的主意，援引两国条约原文，坚持本国原则立场，振振有词，秦王无法反驳。公孙龙作为赵国平原君的谋士，尽职尽责，做了一件名家、辩者兼谋士身份的学者所应该做的事，发挥了辩者以辩论术服务于社会的专业职能。

"秦赵相约"故事给予今人的教训，是在社会和国际生活中签订各项条约、合同、协议，制定法律、法令、政令条文时，应注意概念明确，论题清晰，避免论题含混、概念不明确所带来的无谓纷争。

"秦赵相约"的故事，提供了"论题含混"的反面事例。吕不韦把"秦赵相约"的故事写进《淫辞》篇，作为诡辩的第一案例。"淫"：惑乱，偏邪。"淫辞"：夸大失实的言辞，意同"诡辩"。《孟子·公孙丑上》："淫辞知其所陷。"《滕文公下》："放淫辞。"王守仁《阳明先生集要·文章编》卷2说："侈淫辞，竞诡辩。""淫辞"术语用例统计：《四库全书》454次，《四部丛刊》41次。

歧义诡辩。这是指混淆语言不同意义的无效论证，有含混笼统和断章取义等表现。

含混笼统。王充《论衡·问孔篇》载，春秋时卫人蘧伯玉派使者去见孔子，与孔子对话。使者走后，孔子批评说："使乎！使乎！"王充说孔子的话过于简约，含混笼统，使"后世疑惑"，不知使者究竟是犯了什么过错，引起不同意见的争辩。王充引韩非子说："书约则弟子辩。"书文过于简约，含混笼统，会引起弟子的无谓争辩。《论衡·书虚篇》批评史书说"齐桓公负妇人而朝诸侯"也是含混笼统，既可指"桓公朝诸侯之时"，"妇人立于后"，这在当时是正常的；也可指桓公把妇人背负在背后，意谓淫乱无礼之甚。这都说明语言含混笼统会造成认识和交际的障碍。王充《论衡·自纪篇》说："口则务在明言，笔则务在露文。""言无不可晓，指无不可睹。""文字与言同趣，何为犹当隐闭指意？"主张说话明白，文字清楚，便于了解，反对"隐闭指意"，即语言含混模糊。

有一位客人把一獐和一鹿关在一个笼子里，问王安石儿子元泽："何者是獐？何者是鹿？"元泽不认识，思索了一会儿说："獐边者是鹿，鹿边者是獐。"这是含混笼统的遁词。《孟子·公孙丑上》说："遁词知其所穷。"即对躲闪逃遁的言辞知道其穷困之所在。

《经上》说："说，所以明也。"即说话、议论是用来明确表达事物、交流思想的。《荀子·正名》说："彼正其名，当其辞，以务白其志义者也。"人们使用正确的语词和恰当的语句，是为了明确表达思想。正确的论证，应该运用清楚明确的语言，遵守逻辑学的同一律。

严复指出，科学用语"必须界限分明，不准丝毫含混"，认为"未有名义含糊，而所讲事理得明白者"。批评学术界"极大极重要之立名"，"意义歧混百出"。[①] 梁启超 1922 年 8 月 20 日在《科学精神与东西文化》的讲演中说，学术界生出"笼统"弊病，如："标题笼统"，"令人看不出他研究的对象为何物"；"用语笼统"，"一句话容得几方面的解释"；"思想笼统"，"最爱说大而无当不着边际的道理，自己主张的是什么，和别人不同之处在哪里，连自己也说不出"。

含混笼统的诡辩，由语言意义和所指模糊而产生。语言有指谓事物、表达思想的功能，要想正确思维和有效交际，就要遵守语言明确性的原则。含混笼统的谬误与诡辩，违反了语言明确性原则，有碍于发挥语言的指谓、表达功能和进行有效的交际。

断章取义。"断章取义"是一成语。唐孔颖达指出儒家著作《中庸》引《诗经》"断章取义"，只截取片段，不顾全文与原意。清末小说《官场现形记》第 59 回说："碰巧他这位老贤甥，听话也只听一半，竟是断章取义。"

---

① 《严复集》，中华书局 1986 年版，第 1280、1285 页。

"断章取义"谬误，也叫"脱离语境的引用"。语境即语言环境，有广、狭二义。广义语境，指语句全部环境条件的总和，包括交际各方、时间、地点、事件、来龙去脉、知识背景、社会环境等。狭义语境，指语句上下文。断章取义的谬误流行，会给社会造成无法估量的损失。有效思维和成功交际，应防止脱离语境、断章取义的谬误。

七、心理谬误

1. 曾参杀人

　　在孔子弟子曾参的住地费城，有与曾参重名者犯了杀人罪，有一人向曾参母亲误传说："曾参杀人了！"曾参母亲说："我儿子不会杀人！"说完又继续织布。过一会儿，第二个人又向曾参母亲误传说："曾参杀人了！"曾参母亲仍相信自己儿子，继续织布。再过一会儿，第三个人向曾参母亲误传说："曾参杀人了！"曾参母亲害怕了，弃梭翻墙逃跑（《战国策·秦策二》《新序·杂事》）。这是"曾参杀人"典故的来源。东汉王充《论衡·累害篇》："夫如是市虎之讹，投杼之误不足怪；则玉变为石，珠变为砾，不足诡也。"三国魏曹植《当墙欲高行》诗："众口可以铄金，谗言三至，慈母不亲。"唐诗人李白说："曾参岂是杀人者？谗言三及慈母惊。"孔子弟子曾参本以品德贤良著称，曾参母亲也很了解自己的儿子不会杀人，但当

"曾参杀人"的假话被接连三个人重复传播时，连曾参的慈母也不免误信而惊逃。

2. 三人成虎

战国时魏国被赵国打败，魏国太子和大臣庞恭将要到邯郸去做人质。临行前，庞恭怕自己走后魏王听信谗言，启发魏王说："假定现在有一人说闹市上有虎，您相信吗？"魏王说"不信。"庞恭说："有两人说闹市上有虎，您相信吗？"魏王说："不信。"庞恭说："有三人说闹市上有虎，您相信吗？"魏王说："那我就相信了。"庞恭说："闹市上本来没有虎是很明显的事实，但因为有三个人说有虎，您就相信了。现在从邯郸到魏国，比从王宫到闹市远得多，说我坏话的也会超过三个人，希望您能明察。"果然不出所料，待到庞恭做完人质从邯郸返回，魏王竟真的听信众人的谗言，而不愿再见他（见《韩非子·内储说上》《战国策·魏策二》）。这是"三人成虎"成语的来源。

《战国策·秦策三》："闻三人成虎，十夫揉椎，众口所移，毋翼而飞。"《淮南子·说山训》说："众议成林，无翼而飞，三人成市虎，一里能挠锤。"众人之议如平地生林，没有翅膀能传向四方，三人都说闹市有虎，一里之人都说铁锤能弯曲，会被信以为真。东汉王符引谚语说："一犬吠形，百犬吠声。"一犬因形迹可疑而叫，百犬会听声而叫，比喻不察真假，随声附和。又有成语说："一人传虚，万人传实。"谓本无其事，因传说者多，会被信以为真。《乐府诗·折杨柳行》："三夫成市虎，慈母投杼趋。"后句用"曾参杀人"的典故。清秋瑾《致琴文书》："三言讹虎，众口铄金。"

明陶宗仪《王氏谈录》说："某以文字正之，后世必有信之者，一千年后必得一人信之，二千年后又必得一人信之，又三千年后又必得一人信之矣。以三千年而获三人见信，则后数千年信者必多，则其说行矣。"

韩非子总结说："言之为物也以多信。不然之物，十人云疑，百人然乎，千人不可解也。"（《韩非子·八经》）话因说的人多而容易被人相信。如某物事实上并非如此（S 不是 P，实然否定命题），十人说某物可能如此（S 可能是 P，或然肯定命题），百人会说成某物事实上如此（S 是 P，实然肯定命题），千人会说成某物必然如此（S 必然是 P，必然肯定命题）。这说明，假话经众人传播，次数越多，离事实愈远，愈易使人相信。先哲这些精辟言论，有助于理解"心理谬误"的实质。

3. 诉诸众人

"诉诸众人"，以众人所说为根据的无效论证，又叫"以众人为据""以众取证"。其公式是：因为众人说论题 P 正确，所以论题 P 正确。"诉诸众人"是心理相关谬误的一种，此外还有"诉诸强力""诉诸人身""诉诸无知""诉诸权威"等各种形式。心理相关谬误是凭借论据与论题在心理上的相关，以心理为据的无效论证。这种无效论证，因违反充足理由律，犯"推不出"的逻辑错误。正确有效的论证应该是以事实和真理为论据，凭借论据与论题的必然联系，在逻辑上相关。

实际上，众人对某一论题的看法，与这一论题是否正确之间，并没有必然联系。众人对某一论题的看法，是人的心理态度。而某一论题正确，是指它符合实际。正确的论证，应该引用充分的事实或理论论据，运用有效的推论形式，抽引出该论题。这种论证，与众人对该论题的看法、心理态度，在逻辑上不相干。众人认为正确，事实上未必正确。众人认为错误，事实上未必错误。有时为多数人所赞成的意见，未必是真理。真理有时掌握在少数人手里。许多事实和真理，最初为个别人、少数人所发现，尔后经过检验与宣传，逐渐为多数人所接受。有时为众人所接受的见解却是谬误。黑格尔说，常识是一个时代的思维方式，"其中包含着这个时代的一切偏见"。如在哥白尼以前，众人都认为太阳与其他行星围绕着地球旋转，但这是不符合事实的谬见。

一种意见如果为众人所认可，会对其他人产生一种心理上的影响，即认为"既然这种意见为众人所认可，可见它是正确的"。但这正是"诉诸众人"的错误逻辑。盲目从众心理是诉诸众人谬误产生的认识论根源。

"诉诸众人"谬误的一个变种，是"大谎言"的谬误，指捏造弥天大谎，不断重复传播，骗取人们相信。其信条是"重复即真理"，"谎言重复一千次就变成真理"。在当代社会生活与国际关系中，有人企图借"诉诸众人"与"大谎言"谬误加害我们，我们需提高警惕，清醒鉴别。

八、谬误避免

唐代大诗人白居易16岁时作诗说："离离原上草，一岁一枯荣。野火烧不尽，春风吹又生。"可借用该诗，形容谬误可避免的相对性和不可避免的绝对性。

1.不可避免的绝对性

在思维表达中，谬误和诡辩的产生有客观必然性，一定程度上不可避免。人类认识对象的复杂性、多样性，人类实践和认识的相对性、局限性，不同利益的需要，观点、方法的各异，是谬误和诡辩产生的温床。真理和谬误同门，逻辑与诡辩为邻。真理和谬误相比较而存在，相斗争而发展。逻辑在诡辩刺激下产生和发展。谬误与人生同在，诡辩与语言共生。任何人都不能声言，对谬误和诡辩有天生豁免权，一生一世不会有丝毫谬误和诡辩。清醒地认识谬误不可避免的绝对性，有助于自觉克服和战胜谬误和诡辩。

2. 可避免的相对性

谬误与诡辩，在一定条件下有可避免性。积极追求真善美，自觉遵守逻辑，勤于实践、调查和研究，树立科学和理性精神，掌握科学知识和方法，有助于在一定程度上避免谬误和诡辩。犹如树立交通标志，指明事故多发地段，有助于识别路况，避免事故发生，分析各种谬误和诡辩，有助于建构有效论证，避免似是而非的论证。亚里士多德在《辩谬篇》中说："在某个特殊领域里有知识的人，其职责就是避免在自己的知识范围内进行荒谬的论证，并能够向进行错误论证的人指出错误所在。"①

谬误和诡辩，是十分复杂的课题，涉及哲学、逻辑学、心理学、语言学、伦理学和文化学等多种学科。谬误和诡辩的复杂性，根源于事物和思维、语言的复杂性。迄今为止，人类尚未能制定出将所有谬误和诡辩一网打尽、包罗无遗的一览表，未能炮制出避免一切谬误和诡辩的万应灵丹。但一把钥匙开一把锁，对不同种类的谬误和诡辩，有不同的克服方法。对论据不足的谬误和诡辩，应注意提供充分支持论题的事实和理论论据，避免无稽之谈、

---

① 苗力田主编：《亚里士多德全集》第 1 卷，中国人民大学出版社1990 年版，第 552 页。

强词夺理。对心理相关的谬误和诡辩，应注意用事实和理论论据，逻辑地导出论题，避免心理因素的干扰。对语言歧义的谬误和诡辩，应注意握紧逻辑的方向盘，驾驭灵活多变的语言，避免歧义暧昧的迷障遮盖逻辑的慧眼。谬误和诡辩，是科学、真理和逻辑的对立物。崇尚科学，追求真理，遵守逻辑，不可不设法避免谬误和诡辩。

第四章　思维规律

第一节　黄公美女：同一律

一、违名得实

《尹文子·大道上》载："齐有黄公者，好谦卑。有二女，皆国色。以其美也，常谦辞毁之，以为'丑恶'。'丑恶'之名远布，年过而一国无聘者。卫有鳏夫，时冒娶之，果国色。然后曰：'黄公好谦，故毁其子，妹必美。'于是争礼之，亦国色也。国色，实也；'丑恶'，名也：此违名而得实矣。"

齐国黄先生，癖好过谦。两个女儿生得美，有国色天香貌，倾国倾城色。恰因女儿生得美丽，有过谦癖的黄先生常用谦辞诋毁女儿，说两女儿都是"丑八怪"，使女儿"丑八怪"名声远布，耽误女儿青春，遍齐国无人敢娶。当时卫国有位鳏夫，豁出"老婆丑"的坏名，冒然而娶，

"丑老婆"竟是倾国之色，于是告诉别人："黄先生癖好过谦，故意诋毁女儿，妹一定美。"有人争娶二女儿，也是倾国之色。倾国之色是实际，"丑八怪"是假名。这是"违名得实"的事例。

　　黄先生美丑不分，偷换概念，以"美"为"丑"，违反逻辑同一律。《经下》说："谓而固是也，说在因。"《经说下》解释说："有之实也，而后谓之。无之实也，则无谓也。不若假。举'美'谓是，则是固'美'也，谓也。则是'非美'，无谓，则假也。"称谓要保持固定所指，称谓以对象为转移，因对象而存在。有这样的对象，才这样称谓。没有这样的对象，不这样称谓。这不像说假话。称谓某种状况为美，假如这种状况本来"美"，这叫称谓。假如这种状况本来"不美"，就不能用"美"称谓，这样称谓是虚假的。这是阐述保持概念确定性的规律：逻辑同一律。《墨经》的话，是黄公美女例的恰当逻辑概括，连其所举"美"与"非美"实例也暗合。

二、谓而固是

　　"谓而固是"：称谓保持固定所指。这是逻辑同一律的要求。《广雅》"谓"：说、告、言。"固"：固定，同一。"是"：这个。这是用古汉语指示代词，充当变项，指代任一对象。《墨经》讲述逻辑同一律的条文，以"美"和

"非美"为例，与"黄公美女"故事用词相同，寓意相通。从这些脉络相通，有内在关联的典故之中，可窥见中国逻辑学产生发展的机理。从具体思维艺术，概括升华抽象逻辑知识。

广义逻辑学，对应于符号学三个领域。第一，语义学，研究符号及其对象之间的关系，语言意义指谓作用的理论。第二，语用学，研究符号及其解释者之间的关系，语言实际应用的理论。第三，语法学，研究符号与符号之间的关系，语言逻辑结构的理论。中国古代逻辑是广义逻辑，符号学意义上的逻辑，沿语义学方向发展，用名实关系即言词与对象关系的形式表现出来。名实关系是中国古代激烈讨论的题目，围绕名实关系，中华先哲们进行了广义逻辑的论争。中国古代逻辑的语义学方向，是中国语言的结构使然。中国语言，以概念为中心，用汉字固定概念。古代中国关注言词指示什么，言词和对象的关系，是语义学；作为排列、联结概念，构成语句的语言，必然沿语义学的道路前进。

狭义逻辑学，是亚里士多德开创的语法学方向。亚里士多德使用是以主项为中心的希腊语，探索建立在主项、谓项关系上的命题构成的三段论，走上以三段论为中心的逻辑。墨家在中国开创研究形式逻辑、语法学的流派，《荀子·正名》和《公孙龙子·名实论》则是语义学。后来因明学和欧洲形式逻辑引进，使中国语法学的历史继续。①"黄公美女"的故事，墨家"谓而固是"的总结，都是围绕名实关系，从语义学角度，表述逻辑同一律。

三、以鼠为璞

《尹文子·大道下》载："郑人谓玉未理者为璞，周人谓鼠未腊者为璞。周人怀璞谓郑贾曰：'欲买璞乎？'郑贾曰：'欲之。'出其璞视之，乃鼠也，因谢不取。"郑国人把未加工的玉石叫"璞"，周国人把未腊制的鼠肉叫"璞"。周国人在市场上怀揣新鲜鼠肉，问郑国商人："想买璞吗？"郑国商人以为周国人说的"璞"是玉石，脱口而出说："想买！"周国人掏出新鲜鼠肉，递给郑国商人说："给你！"郑国商人不想经营鼠肉，但已承诺买周国人的"璞"，又单方撕毁协议，只好向周国人道歉说："对不起，我只想买玉石的'璞'，不想买鼠肉的'璞'。"

《战国策·秦三》说，郑国人误会的原因，是"眩于名不知其实"，受名称字面迷惑，不知名称所指的对象。周、郑两国方言有别，郑国人指"璞"为玉石，周国人指

·331·

---

① 参见加地伸行：《中国逻辑学——从诸子百家到毛泽东》，日本中央公论社 1977 年版。

"璞"为鼠肉。一词多义现象,司空见惯。语言交际中要想有效沟通,应明确对话各方言词所指,保证概念确定,避免含混,促进成功交际。

"鼠璞"的用例,《四库全书》67次,《四部丛刊》5次。宋代戴埴以这一词语为书名,《四库全书总目》卷118载:"《鼠璞》二卷。""是书皆考证经史疑义,及名物典故之异同,持论多为精审。""率皆确实有据,足裨后学。其曰《鼠璞》者,盖取周人宋(郑)人同名异物之义。"《四库全书简明目录》卷13:"《鼠璞》一卷,宋戴埴撰。《文献通考》列之小说家。然其辨正经传,考订名物训诂,颇有可采,实非小说家言。曰《鼠璞》者,取《战国策》以鼠为璞之意也。"以鼠为璞,是典型的语词概念误会之例。

四、通意后对

针对"以鼠为璞"之类的误会,为解决语言交际中语词概念混淆的问题,墨家提出"通意后对"的原则。《经下》说:"通意后对,说在不知其孰谓也。"《经说下》解释说:"问者曰:'子知羁乎?'应之曰:'羁何谓也?'彼曰:'羁旅。'则知之。若不问'羁何谓',径应以弗知,则过。且应必应问之时而应焉,应有深浅、大小,当在其人焉。"

在对话辩论中，应先弄通对方意思再回答。论证的理由在于，如果不先弄通对方意思，就不知道对方究竟说的是什么。同一个"羁"字，既指旅客，也指马笼头。问方说："你知道羁吗？"答方说："你说的'羁'是什么意思？"否则匆忙回答不知道，是不合适的。对方给你解释他说的"羁"是指旅客，你也许知道。应对应及时，答案的深浅、多寡，应适合问方的情况。

墨家对"通意后对"交际原则的解释，涉及语言的多义性。社会生活的复杂、多样，带来语言的复杂、多义。在对话、辩论中不先"通意"，会出现"答非所问"的现象，妨碍成功交际，导致无谓纷争。针对当时常见用语言多义玩弄诡辩的现象，墨家提出"通意后对"原则予以矫正。

刘向《别录》载邹衍说："辩者别殊类使不相害，序异端使不相乱，抒意通指，明其所谓，使人与知焉，不务相迷也。""引人声使不得及其意"的诡辩，有害"大道"，是"缴言纷争"的根源。邹衍这一番话，是从思维规律的角度，揭示辩论的实质，本来是针对公孙龙"白马非马"的诡辩而发。

五、彼止于彼

"通意后对"（弄通对方意思再回答）的原则，和"谓而固是"（称谓应该保持确定性）一样，是逻辑同一律的应用。墨家把同一律的规定叫作"正名"（正确运用概念的规律）。"正名"本来是孔子提出的语言表达规律，经过战国时期诸子百家的长期争论，《经说下》用古汉语代词作为变项，把它表述为元逻辑的规律"彼止于彼""此止于此""彼此止于彼此"，即彼＝彼，此＝此，彼此＝彼此。

同一律用古汉语代词和用英文字母作变项表达，在逻辑上等值。实例是：牛＝牛，马＝马，牛马＝牛马。《墨经》说："彼此不可彼且此也。"相当于用英文字母说：AB≠A，AB≠B。实例是：牛马≠牛，牛马≠马。《墨经》说："若是而彼此也，则彼亦且此此也。"相当于说：若C=AB，则A=BB。实例是：若羊＝牛马，则牛＝马马。这是用归谬法证明同一律。

墨家把同一律概括为"正名"，即正确运用概念的规律。《公孙龙子·名实论》说："彼彼止于彼，此此止于此，可。彼此而彼且此，此彼而此且彼，不可。"《墨经》同一律见表18。

表18 《墨经》同一律

古代汉语表达	彼止于彼	此止于此	彼此止于彼此	彼此不可彼且此
逻辑表达	A=A	B=B	AB=AB	AB≠A；AB≠B
实例	牛＝牛	马＝马	牛马＝牛马	牛马≠牛；牛马≠马

这说明了墨家逻辑同一律思想的正确性、合理性和普遍真理性。

《大取》列举"迁"，即转移论题、偷换概念的逻辑错误。公孙龙说，白马不包含黄马、黑马，白马异于马。白马异于马，所以白马非马。这是把"异于"（不同，有差别）偷换为"非"（不是，全异，完全不同）。"非"除"异于"的意思外，还包含"不是、全异、完全不同"的意思。公孙龙偷换概念，把"白马异于马"偷换成"白马非马"，是违反逻辑同一律。

六、王顾左右

《孟子·梁惠王下》说："孟子谓齐宣王曰：'王之臣，有托其妻子于其友，而之楚游者，比其反也，则冻馁其妻子，则如之何？'王曰：'弃之。'曰：'士师不能治士，则如之何？'王曰：'已之。'曰：'四境之内不治，则如之何？'王顾左右而言他。"

孟子对齐宣王说："您的大臣，把妻子儿女托付给朋友，到楚国游历，回来发现，妻子儿女在挨饿受冻，对这种朋友怎么办？"齐宣王说："跟他绝交。"孟子说："司法官不能管好下级，怎么办？"齐宣王说："撤换他。"孟子说："齐国四境之内没有治理好，怎么办？"齐宣王左右张望，说别的话题。东汉赵岐注"王顾左右而言他"：

"左右顾视，道他事，无以答此言也。""王顾左右而言他"，是"转移论题"，违反同一律的同义语。

七、答非所问

歌剧《刘三姐·对歌》选段：

> 刘三姐　高高山上低低坡，三姐爱唱不平歌。
> （众和）　再向秀才问一句，为何富少穷人多？
> 陶秀才　穷人多者不少也，
> 李秀才　富人少者是不多。
> 罗秀才　不少非多多非少，
> 莫海仁　快快回答莫啰嗦！

刘三姐提问："为何富少穷人多？"三位秀才没有正面回答，而是"答非所问"，用否定定义、同语反复、语无伦次的话，解释"多""少"的字义。莫海仁要他们"快快回答莫啰嗦"。"答非所问"，是"转移论题"，违反同一律的逻辑错误。

八、抬杠

宋祝穆《古今事文类聚别集》卷 20 载："营邱有士，性不通慧，每事多好折难，而不中理。一日造艾子问曰：

'大车之下，与橐驼之项，多缀铃铎，其故何也？'艾子曰：'车、驼之为物甚大，且多夜行，忽狭路相逢，则难于回避，以借鸣声相闻，使预得回避矣。'营邱士曰：'佛塔之上，亦设铃铎，岂谓塔上夜行，而使相避耶？'艾子曰：'君不通理乃至如此。凡鸟鹊多高巢，以粪秽狼藉，故塔之有铃，所以惊鸟鹊也。岂与车、驼比耶？'营邱士曰：'鹰鹞之尾，亦设小铃，安有鸟鹊巢于鹰鹞之尾乎？'艾子大笑曰：'怪哉！君之不通也！夫鹰隼击物，或入林中而绊足，绦线偶为木枝所绾，则振翼之际，铃声可寻而索也，岂谓防鸟鹊之巢乎？'营邱士曰：'吾尝见挽郎，秉铎而歌，虽不究其理，今乃知恐为木枝所绾，而便寻索也。但不知挽郎之足，用皮乎？用线乎？'艾子愠而答曰：'挽郎乃死者之导也，为死者生前好诘难，故鼓铎而乐其尸尔！'"

营邱人问艾子："大车底下，橐驼颈项，为什么挂铃铛？"艾子说："为的是夜行，方便回避。"他说："佛塔上挂铃铛，也是为夜行，方便回避吗？"艾子说："鸟鹊喜欢在佛塔上筑巢，塔上挂铃铛，为惊鸟鹊，怎能与大车、骆驼挂铃相比？"他说："老鹰尾巴上挂铃铛，难道有鸟鹊在老鹰尾巴上筑巢吗？"艾子说："老鹰尾巴上挂铃铛，是怕老鹰脚上的绳子被木枝绊住，便于主人寻找，哪里是防鸟鹊筑巢呢？"他说："送葬人摇铃，也是怕脚上的绳子，被木枝绊住，便于主人寻找，不知送葬人脚上的绳子，是皮的，还是线的？"艾子说："送葬人是死者的先导，因为死者生前好抬杠，所以摇铃，让死者的尸体快乐！"营邱人好折难，不中理，不通理，混淆不同铃铛的不同作用，偷换概念，违反同一律。

《两般秋雨庵随笔》说，有人把竹竿插在木碌碡中晾衣服，衣重风紧，屡被吹倒。甲说："须用石滚，才可不动。"乙说："石头不动吗？为什么染坊里的石臼从早动到晚呢？"甲说："那是有人用脚踏的缘故！"甲说："城隍山、紫阳山庙里每日千万人用脚踏，怎么不见其动呢？"甲说："它是大而实心的，所以不动。"乙说："城河石桥都是小而空心的，每日踏为什么不见其动呢？"石滚、石臼、石山、石桥，虽都是石，但是不同概念，反映事物不同的性质，不能相互混淆，乙将其混为一谈，违反同一律。

九、调羹

魏邯郸淳《笑林》载："人有和羹者，以勺尝之，少盐，便益之。后复尝向勺中者，故云：'盐不足。'如此数益升许盐，故不咸。因以为怪。"（《太平御览·饮食部·羹》）有人熬粥，盛一勺"锅里的粥"，品尝味道，认为"放盐少了"，于是加盐。后来反复多次，品尝原来

"勺里的粥"，每一次都说："放盐少了。"反复多次，放一升多盐，他还总认为不咸，感到奇怪。这位"调羹"厨师，不懂同一律，混淆"勺里的粥"和"锅里的粥"两个不同概念，"调羹"调错了对象，引出"放一升多盐还不咸"的奇谈。

十、打是不打

宋沈俶《谐史》载："殿中丞丘浚，尝在杭州谒释珊，见之殊傲。顷之，有州将子弟来谒，珊降阶接之，甚恭。丘不能平，伺子弟退，乃问珊曰：'和尚接浚甚傲，而接州将子弟乃尔恭耶？'珊曰：'接是不接，不接是接。'浚勃然起，杖珊数下曰：'和尚莫怪，打是不打，不打是打。'"杭州寺院名"珊"的和尚，对殿中丞丘浚态度傲慢，对州将子弟恭敬接待。丘浚问："为什么和尚待我傲慢，而待州将子弟恭敬？"和尚说："接是不接，不接是接。"丘浚怒用棍子打和尚，说："打是不打，不打是打。"和尚把对丘浚的傲慢解释成"不接是接"，把对州将子弟的恭敬解释成"接是不接"，是违反同一律的诡辩。丘浚用"打是不打，不打是打"的同一逻辑回敬他，是用"以子之矛，攻子之盾"的归谬法反驳。

第二节　自相矛盾：矛盾律

一、成语来历

《韩非子·难一》说："楚人有鬻盾与矛者，誉之曰：'吾盾之坚，物莫能陷也。'又誉其矛曰：'吾矛之利，于物无不陷也。'或曰：'以子之矛，陷子之盾，何如？'其人弗能应也。夫'不可陷之盾'与'无不陷之矛'，不可同世而立。"

楚国有一个卖盾和矛的人，称赞他的盾说："我的盾坚固，所有东西都不能刺穿。"又称赞他的矛说："我的矛锐利，所有东西都能刺穿。"有人说："用你的矛，刺你的盾，怎么样？"他不能回答。他说的"所有东西都不能刺穿的盾"和"所有东西都能刺穿的矛"，这两种说法不能同时成立。《难势》说："以'不可陷之盾'与'无不陷之矛'为名，不可两立也。"明杨慎《丹铅总录》卷8说："今人谓言不相副曰自相矛盾。"

《韩非子·难一》《难势》说的"不可陷之盾"与"无不陷之矛"，从古汉语语法来说，是两个概念。《难势》明确说"为名"，即作为语词概念。从这两个概念可以引出互相矛盾的命题，构成逻辑矛盾：

（1）吾矛能刺穿吾盾。（从"无不陷之矛"引出）

（2）吾矛不能刺穿吾盾。（从"不可陷之盾"引出）

（3）吾盾能被吾矛刺穿。（从"无不陷之矛"引出）

（4）吾盾不能被吾矛刺穿。（从"不可陷之盾"引出）

其中（1）与（2）、（3）与（4）构成逻辑矛盾。所以当有人质疑"用你的矛，刺你的盾，怎么样"时，楚人不能回答。因为楚人"誉盾"和"誉矛"的两句话，能引出互相矛盾的命题，构成逻辑矛盾，违反矛盾律。自相矛盾的逻辑错误应该避免。韩非子说楚人"誉盾"和"誉矛"的两句话（"不可陷之盾"与"无不陷之矛"），"不可同世而立""不可两立"，即不能同真。这是通过对"楚人鬻盾与矛"典型案例的分析，用理论语言的形式，表达逻辑矛盾律。①

二、成语影响

《韩非子·难一》《难势》中"自相矛盾""矛盾"的

---

① 参见末木刚博：《东方合理思想》，孙中原译，江西人民出版社1990年版，第157—159页；《东方逻辑趣谈》，孙中原译，第197—201页。

词语，普遍流行。自相矛盾术语见表19。

表19　自相矛盾术语 （单位：次）

术语	四库全书	四部丛刊	合计
自相矛盾	597	59	656
矛盾	2136	259	2395
合计	2733	318	3051

"自相矛盾""矛盾"在应用中，实际上起到逻辑矛盾律的作用。

唐刘知几《史通》卷20："探赜索隐，然后辨其纰缪。如向之诸史所载则不然，何者？其叙事也唯记一途，直论一理，而矛盾自显，表里相乖，非复抵牾，直成狂惑者尔。寻兹失所起，良由作者情多忽略，识惟愚滞，或采彼流言，不加诠择，或传诸缪说，即从编次，用使真伪混淆，是非参错。"这是指出过去"诸史所载"矛盾的原因和后果。

宋何薳《春渚纪闻》中有"称刘仲甫奕棋无敌，又记祝不疑胜之，两条自相矛盾"。宋朱熹《晦庵先生朱文公文集》卷69说："五礼之书，当时修纂，出于众手，其间亦有前后自相矛盾。"明文学家王士禛《香祖笔记》摘宋《续博物志》："既云刘亮合仙丹得白蝙蝠，服之立

·342·

中华先哲思维技艺趣谈

死。又云陈子真得蝙蝠，大如鸦，食之一夕大泄而死，乃更云丹水石穴蝙蝠百岁者倒悬，得而服之，使人神仙，自相矛盾。"

《明文衡》卷13引王祎说："孔子去鲁，《世家》谓定公十四年，《年表》则又谓为十二年。以《年表》为是，则《世家》为非。以《世家》为是，则《年表》为非。一书之中自相矛盾若此。"《明文衡》卷15《辩》引陈琏《桂林志辩疑三事》说："是其一篇之中自相矛盾，而不可通矣。"明黄训《名臣经济录》卷28说："其平昔之言抵牾，而一篇之中亦自相矛盾，此岂至当之论而可信从者哉？"

《四库全书·世宗宪皇帝上谕八旗》卷5、《世宗宪皇帝上谕内阁》卷56说："精明严刻，此四字即自相矛盾。既云精明，则所惩治者必当其罪，安得又有严刻之诮乎？"《四库全书·世宗宪皇帝上谕内阁》卷67说："初七日奉上谕前日兵部议称盛京管理驿站事务应于正监督之外添设副监督一员，令五部堂官拣选送部引见等语，已降旨依议在案。今兵部奏称，将保送之正监督送部引见，无一字及于副监督。朕若不加详察，以依议批出，则前后互异，奉天官员必至莫知适从何所遵奉办理。倘照例以在后奉旨之事为准，则必将添设副监督之处寝而不行矣。该部于数日之间办理一事，其中自相矛盾，全不照应，甚属疏忽。"

《四库全书总目》卷116评明徐献忠《水品》说："时有自相矛盾者，如上卷论瀑水不可饮；下卷乃列喷雾崖瀑，引张商英之说，以为偏宜煮茗（煮茶饮用）。下卷济南诸泉条中，论珍珠泉涌出珠泡，为山气太盛，不可饮；天台桐柏宫水条，又谓涌起如珠，甘冽入品。"《四库全书总目》卷31说："颠倒杂乱，自相矛盾者，几于展卷皆然。""《文集》《语录》之内，异同矛盾不一而足。即《四书章句集注》与《或问》亦时有抵牾。"孙星衍《孙渊如诗文集》卷3批评《文献通考》："既云（文、武、周公之葬）在咸阳，又引《括地志》在万年云云，则自相矛盾。"这都以"自相矛盾"的典型案例，作为一般逻辑规律应用。

中华先哲有用典型案例，代表一般规律的特色。"自相矛盾"是具体典型事例，代表一般性概括，发挥规律和公式的作用。用"白马非马"典型事例，代表"个别不是一般"的概括、规律和公式。《公孙龙子·迹府》说："白马竟非马。欲推是辩，以正名实而化天下焉。""白马非马"是公孙龙"正名实"的典型案例，意图是推广这一辩论，使之成为教化天下的方法。公孙龙的"离坚白"，代表"对立而不统一"的一般观点。墨家的"盈坚白"，代表"对立统一"的一般观点。

晋鲁胜《墨辩注序》总结中国逻辑的特点说："取辩

于一物，而原极天下之污隆。"用一个典型案例的辩论，代表一般规律性的认识，穷极天下兴衰的根源。周礼全《中国大百科全书·哲学》卷"逻辑"条释文说："《墨经》中没有应用对象语言来表示的命题形式和推理形式，而只有应用典型的具体推理来体现的推理方式。"[①]

中国逻辑学的特点，在于强调典型案例的类推作用，习惯以典型案例的说明代表抽象的理论分析。这是诸子百家思维表达的特点。现实生活中"树标兵""抓典型"的方法，也是用个别类推说明一般。

三、类似成语

"自相背驰"，是与"自相矛盾"类似的成语。清阎若璩《邱札记》卷6说："不与其说自相背驰乎？大抵著一书，立一说，必处处圆通，不至有一毫隔碍而后可。"这里，"必处处圆通"是遵守同一律；"不至有一毫隔碍"，即不"自相矛盾""自相背驰"，是遵守矛盾律。遵守同一律和矛盾律，是同一思维过程中相互联系的两个侧面。

宋潘自牧《记纂渊海》卷58并列"自相矛盾"和"自相背驰"的成语，如："断根以续枝，割背以裨腹。"

---

① 《中国大百科全书·哲学》"逻辑"条释文，中国大百科全书出版社1987年版第537页。

（《抱朴子》）"刻割心腹，以补四支。"（《后汉书·李固传》）"犹芟刈股肱，独任胸臆。"（《通鉴》《三国志》）"借子之矛，刺子之盾"（《晋书·天文志》）"恶辱而居不仁，是犹恶湿而居下也。"（《孟子·公孙丑上》）"恶死亡而乐不仁，是犹恶醉而强酒。"（《孟子·离娄上》）"犹欲其入而闭之门也。"（《孟子·万章下》）"犹立枉木，而求其影之直也。"（《荀子·王霸》）竖立弯的木杆，却求直的影子。"欲寿而刭颈。"（《荀子·强国》）想长寿，却割脖子。"若是其悖谬也"，譬之是犹"救经而引其足也，说必不行矣，愈务而愈远"。（同上）为救上吊自杀的人，却往下拽他的脚。"欲灭迹而走雪中。"（《淮南子·说山训》）"譬如拯溺锤之以石，救火投之以薪。"（《邓析子》）

"病热而强之餐，救暍而饮之寒，救经而引其索，拯溺而授之石，欲救之反为恶。"（《淮南子·说林训》）"披裘而扇。"（《淮南子》）披着裘皮大衣，却扇着扇子。"犹治丝而棼之也。"（《左传》）想理顺蚕丝，却把丝搅乱。"棼"：纷乱。"行危而求安，造祸而求福。"（《史记·荆轲传》）"浊其源而求其清流。"（《汉书·礼乐志》）用把源泉搞混浊的办法，来求得流出的水是清的。"犹却行而求及前人也。"（《汉书·楚元王传》）用倒退的方法，求得赶上前面的人。"却行"：退着走、往后走。

"譬犹抱薪而救火。"（《枚乘传》）抱着柴火去救火。

"掩目捕雀。"(《资治通鉴》)用捂着眼睛的方法捕捉麻雀。"将适越者指沙漠以遵途,欲登山者涉舟航而觅路,所趣逾远,所尚转难,南北倍殊,高下相反,求其至也,不亦难乎!"(《晋书·武帝纪》)想要到越国去,却指着北方沙漠来找道路,想爬山,却坐到船上来找道路,走得越远,离目标越远,因为方向的南北高下矛盾相反,这样来达到目的,是很困难的。

"如室斯构,而去其凿契。如水斯积,而决其堤防。如火斯蓄,而离其薪燎也。"(《晋书·于令升总论》)想盖房,却撤掉栋梁;想蓄水,却挖开堤防;想让火旺,却撤去柴火。"伐根以求木茂,塞源而欲流长。"(《唐书·魏征传》)"绊良骥之足,而责以千里之任。槛猿猴之势,而望其巧捷之能。"(《吴季重书》)"犹适于南而北辕,其到也无日矣。"(《唐文粹》)想到南方去,却往北方赶车。"北辕适楚,圆凿方枘。""北辕适楚,南辕适晋。""犹航断港绝潢,以望至于海也。"(《唐文粹》)以上典型案例,贯穿矛盾律的要求,以自相矛盾为荒谬悖理。

四、墨子比喻

墨子创造性地运用比喻,具体、形象、生动地说明议论中自相矛盾的荒谬和背理。

1. 命包去冠

《公孟》记载，儒家信徒公孟子说："人的贫富寿夭，完全由天命决定，人为的努力完全不起作用。"同时又说："君子一定要努力学习，改变命运。"墨子反驳说："教人学而执有命，是犹命人包而去其冠也。"教人学习，同时又坚持命定论的观点，这就像叫人包裹头发，同时又叫人把包裹头发的帽子去掉，是自相矛盾。教人学，意味着承认通过学习这种人为的努力，可以改变命运。坚持命定论，意味着自身的际遇完全由天命决定，人为的努力完全不起作用。这是既承认人为努力的作用，又不承认人为努力的作用，是自相矛盾。

2. 无客学客礼

《公孟》记载，公孟子说："鬼神是不存在的。"又说："君子一定要学习祭祀鬼神的礼节。"墨子反驳说："执无鬼而学祭礼，是犹无客而学客礼也，无鱼而为鱼罟也。"坚持鬼神不存在的论点，却又提倡学习祭祀祭鬼神的礼节，这就像没有客人，却学习待客之礼，没有鱼，却制造渔网，是自相矛盾。

3. 禁耕求获

《节葬下》记载，墨子说，统治者提倡厚葬，把许多劳动人民用血汗创造的财富埋在墓穴，并长久服丧，禁止做事。"以此求富，此譬犹禁耕而求获也。"用禁止耕种与求得收获的矛盾，比喻厚葬久丧与求富的矛盾。

4. 负剑求寿

《节葬下》记载，墨子说，当时统治者以"久丧""败男女之交"的办法，来求得人丁兴旺，这就像"负剑而求其寿"，即用把利剑放在脖子上的办法来求得长寿，意谓矛盾、荒谬。

5. 掩目祝视

《耕柱》记载，墨子说，季孙绍与孟伯常治理鲁国政治，互不信任，闹矛盾，不从建立信任入手来解决矛盾，却跑到丛林中的神祠，祷告说："愿神灵保佑我们和好！"这就像把眼睛掩盖起来，祷告神灵说："请保佑我什么都看得见！"意谓矛盾、荒谬。

6. 少见黑曰黑

《非攻上》《天志下》和《鲁问》记载，墨子批评天下君子把偷窃抢掠视为"不义"，却把攻国掠夺叫作"义"，这就像"少见黑曰黑，多见黑曰白；少尝苦曰苦，多尝苦曰甘"，意谓矛盾、荒谬。

"自相矛盾"的成语，从词源上说，是比喻，因其所含逻辑意义典型，成为违反矛盾律逻辑错误的代表性词语。在中国古代，还有许多与"自相矛盾"类似的形容违反矛盾律逻辑错误的比喻。墨子的比喻，与韩非的"矛盾之说"异曲同工，同样有启发逻辑思维、避免逻辑矛盾的意义。

五、"悖"概念

1.墨子"悖"概念

墨子率先在辩论中总结"悖"的逻辑概念，表示议论的自相矛盾、荒谬和背理。《耕柱》记载，墨子说："世俗之君子，贫而谓之富则怒，无义而谓之有义则喜，岂不悖哉？"一个人贫穷，说他"富有"，就愤怒；但是一个人无义，说他"有义"，却喜欢。二者都是过誉，对方一则以喜，一则以怒（不喜），包含矛盾、荒谬、背理。《贵义》记载，墨子说："世之君子，使之为一犬一彘之宰，不能则辞之；使之为一国相，不能而为之，岂不悖哉？"世上君子，让他杀一条狗、一头猪，不会做就推辞。但是，让他做一国的宰相，不会做却不推辞。二者都是"不能"，对方一则以"辞"，一则以"为"（不辞），也包含矛盾、荒谬、背理。

2.语言背景

"悖"概念有深刻的语言背景。古汉语"悖"字，或本从言，或从心，指思维、表达中的逻辑矛盾、荒谬和背理。《说文》："悖，乱也。"《玉篇》："悖，逆也。"《集韵》《韵会》："悖，音背意同。"北，古背字。《说文》："北，乖也，从二人相背。"徐锴说："乖者相背违也。"《集韵》："北，违也。"清代段玉裁注："乖者戾也，此于其形得其义也。""悖"概念的基本含义，是自相矛盾、荒谬和背理。

六、典型悖论

用"悖"概念揭示对方议论中的自相矛盾、荒谬和背理，是归谬反驳法。《墨经》从百家争鸣中总结典型悖论，即自相矛盾的论点，用"悖"概念进行归谬反驳。

1. "言尽悖"悖论

古希腊有"说谎者"悖论，来自克里特岛人爱庇门德："所有克里特岛人说的话都是谎话。"如果这句话真，由于它也是克里特岛人说的话，则这句话本身也是谎话，即假。从它的真，推出它的假，是悖论，是自相矛盾。但是，如果这句话假，能推出其矛盾命题"有克里特岛人说的话不是谎话"，即"有克里特岛人说的话是真话"，不能推出"所有克里特岛人说的话都是谎话"真。这是一种不典型的语义悖论，后把"说谎者"悖论表述为"我正在说的这句话假"，构成典型的语义悖论：由它的真推出它的假，由它的假推出它的真。悖论是自相矛盾的恒假命题。语义悖论是涉及语言的意义、断定和真假等概念的悖论。《墨经》批评的"言尽悖"论，同爱庇门德的"说谎者"悖论相似，不过《墨经》"言"的论域不限于某个地区的人所说的话，而是扩大到所有人言。

　　《墨经》批评的"言尽悖"论，类似庄子的观点。《庄子·齐物论》说："是非之途，樊然淆乱，吾恶能知其辩？"又说："其所言者特未定也。"《庄子·至乐》篇说："天下是非果未可定也。"这种怀疑一切言论真实性的论点，导致相对主义的怀疑论和不可知论。《经下》说："以言为尽悖，悖，说在其言。"即"一切言论是虚假的"这一论点自相矛盾，论证的理由在于"一切言论是虚假的"本身是言论。《经说下》解释说："悖，不可也。之人之言可，是不悖，则是有可也。之人之言不可，以当必不当。"即虚假就是不成立。如果这个人这个言论成立，就是有并不虚假的言论，有成立的言论。如果这个人这个言论不成立，认为它恰当必然不恰当。《墨经》指出论证的关键是"说在其言"，即"一切言论是虚假的"中"言论""虚假"的概念，涉及自身，自我相关。这是对悖论成因的深刻理解。墨家"论求群言之比"，积极探求真理，博采百家精髓，反对"言尽悖"论，这是用归谬法，巧妙揭示论敌议论中的自相矛盾。

　　玄奘译印度陈那《因明正理门论》论"自语相违的似宗"（自相矛盾的错误论题）的举例，是"一切言皆是妄"，与《墨经》批评的"言尽悖"论相同。二者说的都是"言"，"一切"和"尽"同义，"妄"和"悖"同义，指虚假。亚里士多德也有与《墨经》相似的反驳。亚氏在

《形而上学》中说:"说一切为假的人就使自己也成为虚假的。""从一切断语都是假的这一主张,也会得出,这话本身也不是真的"。古代中国、印度和西方不同逻辑传统,具有某些相同思考的事实,是对人类思维规律一致性的证明。

2."非诽"悖论

墨家认为批评是正常的,应积极提倡。《经下》说"诽之可否","说在可非",《经说下》说"论诽之可不可以理",即讨论批评的可否,以是否合乎道理为标准。《公羊传·闵公元年》载,儒家主张"为尊者讳,为亲者讳,为贤者讳"。《论语·子路》载,孔子提倡"父为子隐,子为父隐"。《经说上》批评儒家主张的"圣人有非而不非",即圣人见人有错误而不批评;批评庄子否定百家言辩而自己却积极言辩,是自相矛盾。墨家概括儒、道论点为"非诽"论,并揭示其自相矛盾,进行归谬反驳。

《经下》说:"非诽者悖,说在(非)弗非。"《经说下》说:"非诽,非己之诽也。不非诽,非可非也。(非)不可非也,是不非诽也。""诽"是批评缺点、错误。《经上》定义说:"诽,明恶也。""诽"即非人之非,批评别人的错误。"非诽",即反对一切批评。墨家认为,提出"反对一切批评"这一论点的人,陷入逻辑矛盾。因为提出"反对一切批评",就连自己"反对一切批评"这一批评也反对了。如果不反对一切批评，那么有错误就可以批评了。如果有错误不能批评，这本身也导致对"反对一切批评"论点的否定。因为对方正是把批评看作错误来反对的。墨家主张批评，在百家争鸣中积极运用批评武器，批评错误，弘扬真理，运用归谬法，揭示"反对一切批评"论点的逻辑矛盾。

3. "学无益"悖论

《经下》说："学之益也，说在诽者。"《经说下》说："以为不知学之无益也，故告之也，是使知学之无益也，是教也。以学为无益也教，悖。"即学习是有益的，因为反对这一论点的人，必然陷入逻辑矛盾。对方认为人们不知道"学无益"的论点，所以告诉别人，教别人，这等于否定"学无益"，而承认学有益。墨家肯定教育的功能和学习的益处，反对"学无益"论，运用归谬法，揭示"学无益"论的逻辑矛盾。

4. "知知之否之足用"悖论

《老子》说："知不知，上；不知知，病。"《庄子·齐物论》说："知止其所不知，至矣。"《论语·为政》载孔子说："知之为知之，不知为不知，是知也。"这是《墨经》批评的"知知之否之足用"的论点，即知道自己是知道还是不知道，就够用了。墨家主张积极探求知识，反对道、儒两家对待知识的消极态度，用归谬法反驳"知知之否之足用"的悖论。《经下》说："知知之否之足用也悖，说在无以也。"《经说下》说："论之非知无以也。"即"知道自己是知道，还是不知道，就够用了"的论点，自相矛盾。因为讨论它，是想让人知道它，别人若是仅宣称自己不知道它，你肯定认为不够用，这里运用了归谬法来揭示论敌的逻辑矛盾。《墨经》对悖论的归谬反驳，与印度、西方逻辑相通，说明了东西方人类思维规律的一致。

七、辩无胜

《庄子·齐物论》说：

假如我与你辩论，你对我错，无胜。

我对你错，无胜。

一对一错，无胜。

都对都错，无胜。

任意的评判者与你相同，无胜。

任意的评判者与我相同，无胜。

任意的评判者与你、我相异，无胜。

任意的评判者与你、我相同，无胜。

你对我错；或我对你错；或一对一错；或都对都错；或任意的评判者与你相同；或任意的评判者与我相同；或任意的评判者与你、我相异；或任意的评判者与你、我相同。

　　所以，无胜。

　　庄子从辩论的语境中，精心选取"你对我错；或我对你错；或一对一错；或都对都错；或任意的评判者与你相同；任意的评判者与我相同；或任意的评判者与你、我相异；或任意的评判者与你、我相同"等 8 个选言支，是辩论双方对错以及任意的评判者与辩论双方同异情况的全部排列组合，给人貌似全面、理由充足和论证充分的假象。这一论证所采用的推理形式，是具有 8 个选言支的多难推理，其形式是：

$$P \rightarrow Y$$
$$Q \rightarrow Y$$
$$R \rightarrow Y$$
$$S \rightarrow Y$$
$$T \rightarrow Y$$
$$U \rightarrow Y$$
$$V \rightarrow Y$$
$$W \rightarrow Y$$
$$\underline{P \lor Q \lor R \lor S \lor T \lor U \lor V \lor W}$$
$$\therefore Y$$

其推理形式有效，但其所用选言支不穷尽，即选言前提内容不真实。《墨经》给予针锋相对、击中要害的反驳，用矛盾律和排中律，揭示辩论的实质，指出辩论是争论一对矛盾命题的真假。矛盾命题的真值规律是不能同真，必有一假（矛盾律）；不能同假，必有一真（排中律）。只有辩方所持论点"当"（真，即符合实际），才能在辩论中取胜。墨家对庄子"辩无胜"论的反驳，使用推翻对方多难推理的"避角法"，指出对方论证的谬误在于回避辩论是关于同一对象的矛盾命题之争，成功驳倒庄子的"辩无胜"论。

八、矛盾律

《经上》说："辩，争彼也。"《经说上》举例解释说："或谓之牛，谓之非牛，是争彼也。是不俱当。不俱当，必或不当。"辩论是针对同一个对象（彼）所发生的一对矛盾命题的争论。如一人说："这个动物是牛。"一人说："这个动物不是牛。"这是针对同一个对象（彼）所发生的一对矛盾命题的争论。辩论就是"争彼"，争论矛盾命题的是非。

《墨经》用元语言的语法概念（否定词"不"，全称量词"俱"，特称量词"或"，模态词或必然推出关系"必"）和语义概念（"当""不当"，相当于真、假），对逻辑矛盾律作出理论概括。这是《墨经》用古汉语的元语言工具，对墨子运用矛盾律的议论，进行第一层次的元理论概括。

把"这个动物是牛"和"这个动物不是牛"两命题，分别表示为 P 和 ¬ P（读为 P 和非 P），则"不俱当，必或不当"可表示为：¬ (P ∧ ¬ P) → (P ∨ ¬ P)。读为：并非"P"和"非 P"同真，则或"P"真，或"非 P"真，即"P"或"非 P"中必有一假。这是用现代科学语言对墨家逻辑进行第二层次的元理论分析。

《墨经》用"这个动物是牛"和"这个动物不是牛"两命题"不俱当"的方式，表示矛盾律。矛盾律的公式是：

$$\neg\,(P \wedge \neg\,P)$$

读作：并非 P 并且非 P。对矛盾命题"P"和"非 P"不能同时都肯定。矛盾律从要求思维的一贯性方面保证思维的确定性。对任一命题 P，不能既肯定又否定；不能同时断定一对矛盾命题或反对命题；任一语言表达式不能既具有、又不具有语义 P。如果违反矛盾律的规定，思维表达会陷于混乱，发生逻辑错误。违反矛盾律的逻辑错误，是自相矛盾，同时肯定一对矛盾或反对命题。其形式是：

$$P \land \neg P$$

读作：P 并且非 P。这是矛盾式、永假式，即同时肯定一对矛盾或反对命题。

墨家表述的矛盾律同亚里士多德逻辑在本质上是一致的。亚氏认为，矛盾律是"一切原理中最确实的原理"，"一切原理中最无可争议的原理"，是"不证自明"的"真理"。他把矛盾律表述为："对立的陈述不能同时为真。""相反论断不能同时为真。""这个动物是牛"和"这个动物不是牛"，就是亚里士多德说的"对立的陈述""相反论断"。"不俱当"，就是亚里士多德说的"不能同时为真"。

《墨经》通过实例分析，把矛盾律理解为两个矛盾命题、判断或语句的关系。亚氏除了有时把矛盾律理解为两个"相反的叙述"或"互相矛盾的判断"的关系，思维、认识、表达的规律之外，在更多场合，主要是把它理解为事物规律，本体论、存在论规律，导致把逻辑的具体科学规律与哲学世界观的普遍规律混为一谈。墨家对矛盾律的概括是思维论辩的规律，不是事物的规律，本体论、存在论规律。这是墨家逻辑的优点。

矛盾命题"a 是牛"和"a 不是牛"（＝"a 是非牛"）

的谓项"牛"和"非牛",是其邻近属概念"动物"下属的一对矛盾概念,它们内涵不同,外延互相排斥。一动物 a"是牛",就不能又"是非牛";"是非牛",就不能又"是牛"。矛盾命题"a 是牛"和"a 是非牛"(="a 不是牛")的真值规律,必然是不能同真。

矛盾律也适用于反对命题,反对命题的真值规律也是不能同真,同时肯定一对反对命题也违反矛盾律。如《经说下》第 136 条说:"或谓之牛,其或谓之马也,俱无胜。"反对命题"a 是牛"和"a 是马"的谓项"牛"和"马",是其邻近属概念"动物"下属的一对反对概念,它们内涵不同,外延互相排斥。一动物 a"是牛",就不能同时又"是马";"是马",就不能同时又"是牛"。反对命题"a 是牛"和"a 是马"的真值规律,必然不能同真。不同的是,矛盾命题是必有一假,反对命题是至少有一假,也可以同假。"俱无胜"指可以同假,如事实上动物 a 是狗,则说"a 是牛"和"a 是马"同假。矛盾律也适用于反对命题的另外一个理由,是从反对命题中也可引申出矛盾命题,例如说"a 是马",等于说"a 不是牛",与"a 是牛"构成矛盾;说"a 是牛"等于说"a 不是马",与"a 是马"构成矛盾。

违反矛盾律的自相矛盾的思想、言论,在现实生活中常见。毛泽东说："写文章要讲逻辑。""不要互相冲突。"[①]
列宁说："'逻辑矛盾'—— 当然在正确的逻辑思维的条件下，—— 无论在经济分析中或在政治分析中都是不应当有的。"[②]

第三节　模棱两可：排中律

一、成语来历

　　唐文学家苏味道（648—705），赵州栾城（今河北）人，666 年 18 岁当进士，698 年 50 岁当宰相。清田雯《古欢堂集》卷 14 有《苏味道宅在栾城西》诗："武子桥西十里余，翠微山下古村墟。卯君自爱栾城好，柳陌莲塘味道居。""卯君"：指苏味道，十二时辰之一的卯时（晨 5 时至 7 时），是旧时官署开始办公的时间。宋李昉等《太平御览》卷 180 说："宣风坊北街之西，中书令苏味道宅，有三十六柱亭子，时称'巧绝'。"与苏味道有关的成语，有"模棱两可""模棱两端""模棱手""模棱""苏模棱""摸床棱宰相""摸棱宰相"。模棱两可术语见表 20。

---

　　① 《毛泽东选集》第 5 卷，人民出版社 1977 年版，第 217 页。

　　② 列宁：《论对马克思主义的讽刺和"帝国主义经济主义"》，《列宁全集》第 23 卷，人民出版社版，第 33 页。

表20　模棱两可术语　　（单位：次）

相关术语	四库全书	四部丛刊	合计
模棱两可	15	2	17
模棱两端	5	1	6
模棱手	19	2	21
模棱	305	42	347
苏模棱	16	1	17
模棱宰相	6	0	6
摸床棱宰相	1	0	1
苏味道	540	70	610
合计	907	118	1025

二、摸床棱宰相

宋王谠《唐语林》卷5说："苏味道初拜相，门人问曰：'方事之殷，相公何以燮和？'味道但以手摸床棱而已，时谓'摸床棱宰相'。"苏味道任宰相，门下人问他："现在天下事正多，宰相您如何调和处理？"苏味道只用手摸着他所坐的床棱，不说话，表示遇事既不肯定，又不否定。"殷"：多。"燮和"：调和、调理。苏味道是"摸床棱宰相"的典故，当是真实的历史故事。《四库全书》总纂纪昀评价王谠《唐语林》"记唐世名言"，"所纪典章故实，嘉言懿行，多与正史相发明"。

宋李昉等《太平广记》卷 259 说："唐苏味道初拜相，有门人问曰：'天下方事之殷，相公何以燮和？'味道无言，但以手摸床棱而已，时谓摸棱宰相也。"宋朱胜非《绀珠集》卷 3 说："苏味道为相，或问其燮和之道无言，但以手摸床棱，时谓摸棱宰相。"

宋高承《事物纪原》卷 10 说："味道为相，人所咨决，无所可否，依违嗫胡（含糊其辞），以手摸所坐床，故曰摸棱，盖此语之始自味道也。"宋谢维新《古今合璧事类备要后集》卷 13 说："味道为相，或问其燮和之道，无名，但以手摸床棱。"明王世贞《弇州四部稿·说部宛委余编》说："按《卢氏杂记》，味道初拜相，门人问曰：'天下事方殷，公何以燮和？'味道无言，但以手摸床棱而已，故名摸棱宰相。"

三、模棱两可

"摸床棱宰相"的典故，变形为"摸棱以持两端可也"和更简练的"模棱两可"成语。"摸棱"同"模棱"。《唐书·苏味道传》说，苏味道当宰相数年，"尝谓人曰，处事不欲决断明白，若有错误，必贻咎谴，但摸棱以持两端可矣。时人由是号为苏摸棱。"《新唐书·苏味道传》说，苏味道"常谓人曰，决事不欲明白，误则有悔，模棱持两端可也。故世号模棱手。"

《明史》卷 235 说："今言者不论是非，被言者不论邪正，模棱两可。"明高攀龙《高子遗书》卷 11 说："是曰是，非曰非，不为模棱也。"即是就是，非就非，是＝是，非＝非，如就一动物个体 a 来说，"是牛"就"是牛"，"非牛"就"非牛"，这是同一律。而"模棱"（模棱两可），是对"是非"二者都否定，就一动物个体 a 来说，说"是牛"否定，说"非牛"也否定，这是"矛盾命题模棱两不可"，违反排中律的规定。

四、排中律

逻辑学排中律的规定是，对两个互相矛盾的思想，不能同时都否定，必须肯定其中之一。其公式是：

$$P \lor \neg P$$

读作：P 或非 P。即对矛盾命题 P 和非 P，不能同时都否定，必须肯定其中之一。这一公式是永真式，代入任何具体命题，都是真的。就简单直言命题而言，排中律的"排中"，即排除对同一主项肯定和否定之外的任何中间可能。亚里士多德说："在两个互相矛盾的谓项之间，没有第三者，我们必须或者肯定或者否定某个主项有某个谓项。"① 如"或谓之牛，谓之非牛"关于同一主项的矛盾命题，"不可两不可"，不能同时都否定，必须肯定其中之一。针对同一动物 a，甲说"a 是牛"，乙说"a 不是牛"（＝a 是非牛），"牛"和"非牛"是同一概念"动物"下属的一对矛盾概念，二者穷尽了"动物"概念的外延，a 不在"牛"中，就在"非牛"中，不在"非牛"中，就在"牛"中，排除矛盾概念"牛"和"非牛"之外的任何中间可能。

《经下》说："谓辩无胜，必不当，说在辩。"《经说下》解释说："所谓非同也，则异也。同则或谓之狗，其或谓之犬也。异则或谓之牛，其或谓之马也。俱无胜。是不辩也。辩也者，或谓之是，或谓之非，当者胜也。"即辩论必须是双方针对同一主项，一方说它是什么，另一方说它不是什么，其中正确的一方是胜方，不正确的一方是败方。如果争论的论题都不成立，"俱无胜"，这不叫作辩论。如"或谓之牛，其或谓之马也"，甲说"a 是牛"，乙说"a 是马"，这是关于同一主项的反对命题之争，"牛"和"马"是同一概念"动物"下属的一对反对概念，二者没有穷尽"动物"概念的外延，在反对概念"牛"和

· 365 ·

第四章　思维规律

_____

① 参见苗力田主编：《亚里士多德全集》第 7 卷，中国人民大学出版社 1993 年版，第 106 页。

"马"之外，还有其他许多中间可能。

　　排中律不适用于反对命题，因为反对命题可以同假，允许对二者都否定，不肯定其中之一。排中律只适用于矛盾命题，因为矛盾命题不能同时都否定，必须肯定其中之一。排中律从要求思维的明确性方面，保证思维的确定性。对矛盾命题 P 和非 P，不能同时都否定，必须肯定其中之一。在只有真和假的二值逻辑系统中，排中律无条件成立。排中律的作用，是保证在二值逻辑系统中，划定真命题所存在的范围。

　　就简单直言命题而言，真命题存在于对同一主项肯定或否定同一谓项的矛盾命题中。根据排中律，对同一主项肯定或否定同一谓项的两个矛盾命题，不能同假，必有一真。不能二者都否定，必须肯定其中之一。如根据排中律可以断言"中华先哲有丰富多样的思维艺术"和"中华先哲没有丰富多样的思维艺术"这一对矛盾命题，不能同假，必有一真。不能二者都否定，必须肯定其中之一。排中律划定真命题存在的范围，就在矛盾命题中。

　　五、模棱两不可

　　违反排中律的逻辑错误，是矛盾命题模棱两不可。即认为命题 P "不可"，矛盾命题非 P "亦不可"。对矛盾命题 P 和非 P 都否定，而不肯定其中之一。其形式如：

$$\neg P \wedge \neg \neg P$$

读作：非 P 并且非非 P。如《墨经》中有一段辩论说："'牛马非牛也'未可，'牛马牛也'未可。"（以上为引辩论对方语）则或可或不可。（排中律）而曰"'牛马非牛也'未可，'牛马牛也'未可"亦不可。墨家否定对方违反排中律的"矛盾命题两不可"的逻辑错误。墨家认为，"牛马"是一集合概念，集合不等于元素，所以"牛马非牛"的命题是正确的。"牛马牛也"的命题，把集合与元素等同，是不正确的。而对方对"牛马非牛也"和"牛马牛也"一对矛盾命题，都说"未可"，都否定，而不肯定其中之一，违反排中律，犯"矛盾命题模棱两不可"的逻辑错误。

　　同一律、矛盾律和排中律三者是一致的，是同一件事情的不同方面。同一律保证思维的确定性，矛盾律保证思维的一贯性，排中律保证思维的明确性。就一动物个体 a 来说，"是牛"就"是牛"，"不是牛"就"不是牛"，保持思维的确定性，这是同一律的要求。如果既说"是牛"，又说"不是牛"，这没有保持思维的一贯性，是"自相矛盾"，违反矛盾律的要求。如果既否定"是牛"，又否定"不是牛"，这没有保持思维的明确性，是"矛盾命题模棱两不可"，违反排中律的要求。

唐朝宰相苏味道惯于模棱两可，含糊其辞，在互相矛盾的论点间，躲闪回避，不明确表示肯定其中之一。《辞海》"摸棱"释文："对问题的正反两面，含糊其辞，态度不明确。""模棱"释文："对问题的正反两面，含含糊糊，不表示明确态度"。《辞源》"摸棱"释文："言依违无可否也。""模棱"释文："依违无所可否也"。

"模棱两可"的成语，从词源上看，是对矛盾命题含糊其辞，不明确表示肯定其中之一，包含"矛盾命题两不可"的意思，是违反排中律要求的逻辑错误。排中律要求，对矛盾命题必须明确表示肯定其中之一，不能都否定。对矛盾命题含糊其辞，躲闪回避，是否定的一种形式。"模棱两可"，或"矛盾命题模棱两不可"，是违反排中律要求逻辑错误的代表术语。

六、三月雪

唐刘肃《唐新语》卷9载，武则天时，农历三月下大雪，苏味道说是"祥瑞"，率领百官向武则天朝贺。大臣王求礼坚决反对，说三月降雪，不利于农作物生长，是灾害，不是祥瑞。如果三月下雪是瑞雪，那么腊月打雷岂是瑞雷？这是用归谬法巧妙驳斥苏味道谬论。

宋司马光《资治通鉴》卷207说："大雪，苏味道以为瑞，帅百官入贺，殿中侍御史王求礼止之曰：'三月雪为瑞雪，腊月雷为瑞雷乎？'味道不从，既入，求礼独不贺，进言曰：'今阳和布气，草木发荣，而寒雪为灾，岂得诬以为瑞？贺者皆谄谀（谄媚奉承）之士也。'太后为之罢朝。"

清《历代名臣奏议》卷298说："三月大雨雪，凤阁侍郎苏味道等以为瑞，率群臣入贺，监察御史王求礼让（责备）曰：'宰相燮和（调和）阴阳，而季春雨雪乃灾也，果以为瑞，则冬月雷渠（岂）为瑞雷邪？'味道不从，既贺者入，求礼即厉言于朝曰：'今阳气债升，而阴冰激射，此天灾也。主荒臣佞，寒暑失序，边隅不靖，盗贼繁兴，正官少，伪官多，百司非贿不入，使天有瑞，何感而来哉？'群臣震恐，后为罢朝。"这是用事实和道理驳斥苏味道的谬论。

苏味道惯于模棱两可，遇事回避"或是或非"的明确决断，但对三月雪灾却一反常态，明确作出荒谬的论断，诬说灾害为祥瑞，颠倒是非，混淆黑白，谄媚奉承武则天。王求礼以求真务实的科学态度，用归谬法、事实和道理驳斥苏味道的谬论，博得群臣的支持，武则天为之罢朝，这是科学、正义战胜迷信、邪恶。

第四节 持之有故：充足理由律

一、人问其故

《吕氏春秋·察今》载："有过于江上者，见人方引婴儿而欲投之江中，婴儿啼。人问其故，曰：'此其父善游。'其父虽善游，其子岂遽善游哉？"某甲要将一婴儿投入江中，婴儿啼哭，别人问某甲缘故，某甲说："因为这个婴儿的父亲善于游泳。"某甲议论，隐含以下推论：

> 若其父善游，则其子善游。
> <u>其父善游。</u>
> 所以，其子善游。

推论形式：

> 如果 P，则 Q。
> <u>P</u>
> 所以，Q。

这里，推论形式正确，某甲说出的"故"（原因、理由、根据），"若其父善游，则其子善游"，在推论中作为大前提，内容错误，与已知真理相悖。已知真理是："善游"是人后天习得的技巧，不是先天遗传的本性。前提正确，是推出正确结论的必要条件。某甲用其错误前提，推论婴儿善游，结论荒谬，不符合论证的充足理由律。

二、持之有故

"持之有故，言之成理"，即坚持论题有理由，推论过程有条理，语出《荀子·非十二子》，表示推论的充足理由律。《雪涛小说》载，楚国有一人看见卖姜，说："姜从树上结成。"另一人说："姜从土里生成。"楚人固执己见，说："我与你找十人裁判，用我的驴作赌注，跟你打赌。"他们问十个人，都说："姜从土里生成。"楚人说："我的驴给你，但姜还是从树上结成。"楚人坚持"姜从树上结成"的虚假论题，并非"持之有故，言之成理"，违反论证的充足理由律。

《大取》说："语经：三物必具，然后足以生。夫辞以故生，以理长，以类行也者。立辞而不明于其所生，妄也。今人非道无所行，虽有强股肱，而不明于道，其困也，可立而待也。夫辞以类行者也。立辞而不明于其类，则必困矣。"孙诒让注："语经者，言语之常经也。""语经"即思维表达的基本规律。沈有鼎说："'辞以故生，以理长，以类行'十个字替逻辑学的原理作了经典性的总括。"① "辞以故生，以理长，以类行"，三者齐备，论题才能必然推出，这是论证充足理由律的古汉语表述。

1. 辞以故生

论题凭借充足理由而产生。无充足理由是虚妄。作为充分条件的"故"，具有必然推出论题的性质。《经说上》说："湿，故也，必待所为之成也。"如说："因为天下雨了，所以地湿了。""天下雨"的"故"（原因、理由、根据），必然推出"地湿"的结论。作为充分必要条件的"故"，具有"有之必然，无之必不然"的必然性。如说："由于不具备见物的条件，所以不能见物。"而作为必要条件的"故"（部分原因），就"无之必不然"，或"非彼必不有"说，也具有必然性。如"只有对象在眼前，才能看见"，可以改说为："因为对象没有在眼前，所以不能看见。"这是把必要条件的表达式改写为充分条件的表达式，其必然性显然。分析事物的因果关系，列出论题之所以成立的充足理由，是推论的实质和功能。做到这一点，论题的成立就有必然性，毋庸置疑，《经说上》第84条说："必也者可勿疑。"

《经说下》说："无说而惧，说在弗必。"《经说下》举

---

① 沈有鼎:《墨经的逻辑学》，中国社会科学出版社1980年版，第42页。

例解释说："子在军，不必其死生。闻战，亦不必其死生。前也不惧，今也惧。"即没有论证解的充分理由而恐惧，论证的理由在于缺乏必然性。例如，儿子在军队，不能必然断定他的生死。听到战斗的消息，也不能必然断定他的生死。从前不恐惧，现在却恐惧，这是不合道理、没有必要的。

与"辞以故生"类似的说法，还有："辩其故"，即辩明理由（《兼爱中》）；"明其故"，即辩明理由（《非攻下》）；"无故从有故"，即没有理由的服从有理由的（《非儒》）；"辩则尽故"，即证明、反驳全面列举理由（《荀子·正名》）；"问其故"，即问明理由（《吕氏春秋·察今》）。

2. 辞以理长

即推论过程有条理，顺理成章，推理形式正确。《大取》用"道"（人走的路）来比喻"理"。人走路，不知"道"在哪里，即使腿脚强劲，也要立刻遭到困难。宋朱熹咏《道》诗："如何率性名为道，随事如由大路行。欲说道中条理具，又将理字别其名。"

"道"如大路，道中有理，"道理"即条理、规律。《墨经》中道理、方法、法则、效法等词意近，可互相解释。《大取》以"故、理、类"三范畴相提并论，《小取》以"故、方、类"三概念相提并论，说明"理"（道理）

与"方"（方法）可互相替换。《经上》说："法，所若而然也。"法则是遵循着它，就可以得到预期结果的东西。用"圆，一中同长也"的法则，用"规写交"（用圆规画闭曲线）的方式，可以画出标准的圆形。《小取》说："效者，为之法也。所效者，所以为之法也。故中效则是也，不中效则非也。此效也。""效"就是提供标准的法式、形式、方法、方式，以作为效法、模仿的对象。这种效法、模仿，即"套公式"。在数学计算和逻辑推演中，"套公式"是基本操作。正确"套公式"，就是进行正确的演绎推理。《大取》还谈到了"强"（牵强论证，强词夺理）的逻辑错误。

与"辞以理长"类似的说法，还有："言必当理"，即说话一定要符合道理（《荀子·儒效》）；"必中理然后说"，一定要符合道理才说话（《吕氏春秋·怀宠》）；"辩而不当理则伪"，证明反驳不符合道理则虚假不实（《吕氏春秋·离谓》）；"理也者是非之宗也"，道理是决定真假的根本（同上）。

《吕氏春秋·淫辞》载诡辩故事："宋有澄子者，亡缁衣，求之途。见妇人衣缁衣，援而弗舍，欲取其衣，曰：'今者我亡缁衣。'妇人曰：'公虽亡缁衣，此实吾所自为也！'澄子曰：'子不如速与我衣。昔吾所亡者，纺缁也。今子之衣，禅缁也。以禅缁当纺缁，子岂不得哉？'"

宋国有一个叫澄子的人，丢了一件黑衣服，到路上寻找。看见一位妇女穿一件黑衣服，就拉住不放，想夺取她的衣服，说："刚才我丢了一件黑衣服。"妇女说："您虽然丢了一件黑衣服，我身上这件确实是我亲手做的呀！"澄子说："你不如赶快把衣服给我。刚才我丢的，是黑色的夹衣。现在你穿的，是黑色的单衣。用单衣顶替夹衣，你岂不是占了我的便宜了吗？"

汉高诱注："澄子横认路妇缁衣，计其禅与纺以为便，非其理也。"澄子强词夺理，论证无效。"澄子"的名字，有讽刺意味。"澄"本意是清楚，"澄子"应是头脑清楚的人，但"澄子"无理夺衣，思路不清。

3. 辞以类行

推论过程符合类别关系。类是事物性质决定的同异界限范围。《经说上》说："有以同，类同也。""不有同，不类也。""辞以类行"，即同类相推。推论过程如果混淆事物类别，就会立即遭到困难。《小取》提出"以类取，以类予"，寻找例证进行证明、反驳，要符合事物类别关系。

《庄子·天下》载辩者有"白狗黑"的诡辩论题，违反"辞以类行"（同类相推）的规则。晋司马彪解释"白狗黑"的诡辩说："狗之目眇，谓之眇狗。狗之目大，不曰大狗。此乃一是一非。然则白狗黑目，亦可为黑狗。"狗的眼睛眇，叫作眇狗。狗的眼睛大，不叫大狗。因为眇指眼而言，大指形体而言。而白狗的眼睛黑，同样指眼而言，而非指形体。所以，与"狗之目大，不曰大狗"相类比，说"白狗黑目，不曰黑狗"，是正确的。因为"目大""黑目"均指眼睛而言，"大狗""黑狗"均指形体而言。而与"狗之目眇，谓之眇狗"相类比，说"白狗黑目，亦可为黑狗"，是错误的。因为"眇狗"（瞎狗）特指眼睛而言，而"黑狗"却是泛指形体而言。"白狗黑"是强词夺理的牵强论证。

与"辞以类行"类似的说法，还有："知类"，即知道类别（《公输》）；"异类不比"，即不同类不相比（《经说下》）；"察其类"，即审查类别（《吕氏春秋·审分》）；"推类而不悖"，即以类相推不矛盾（《荀子·正名》）；"负类反伦"，即混淆类别，违反常理（《列子·仲尼》）。

论证的功能，是摆事实，讲道理，以理服人。所谓说服，就是用理由充分的话，使人信服。而论证符合充足理由律，理由充足，才有说服力。东汉王充《论衡·薄葬篇》说，"论莫定于有证，空言虚词"，"人犹不信"。《论衡·知实篇》说，"凡论事者，违实不引效验"，"众不见信"。《论衡·奇怪篇》说："言之有头足，故人信其说。"宋吕祖谦《左氏博议》卷10说："持之有故也，举之有证也，辨之有理也，无惑乎倾天下而从之也。"论点"持之有故""举之有证"，论证"言之成理"，"辨之有理"，必然能获得天下人的信从，所谓"有理走遍天下，无理寸步难行"。马克思说："理论只要说服人，就能掌握群众；而理论只要彻底，就能说服人。所谓彻底，就是抓住事物的根本。"充足理由术语见表21。

表 21　充足理由术语　　　（单位：次）

术语	四库全书	四部丛刊	合计	出处
持之有故，言之成理	13	3	16	《荀子·非十二子》
持之有故	45	12	57	《荀子·非十二子》
言之成理	43	12	55	《荀子·非十二子》
辞以故生以理长以类行	2	1	3	《大取》
以故生	14	1	15	《大取》
以理长	2	1	3	《大取》
以类行	31	1	32	《大取》
辩其故	7	2	9	《兼爱中》
明其故	101	12	113	《非攻下》
无故从有故	2	1	3	《非儒》
辩则尽故	2	1	3	《荀子·正名》
问其故	4665	771	5436	《吕氏春秋·察今》
言必当理	8	3	11	《荀子·儒效》
必中理然后说	3	1	4	《吕氏春秋·怀宠》
辩而不当理则伪	3	1	4	《吕氏春秋·离谓》

术语	四库全书	四部丛刊	合计	出处
理也者是非之宗也	3	1	4	《吕氏春秋·离谓》
知类	340	23	363	《公输》
异类不比	1	1	2	《经说下》
察其类	9	3	12	《吕氏春秋·审分》
推类而不悖	3	1	4	《荀子·正名》
负类反伦	3	0	3	《列子·仲尼》

这说明中华先哲对论证充足理由律的古汉语表达已经普及、流传于今。

三、充足理由律

充足理由律的内容是：在论证中，论题的成立必须有充足理由，即论据真实，并且从论据能必然推出论题。充足理由律的公式是：

$$P \wedge (P \to Q) \to Q$$

P、Q表示任一命题。含义是，要在论证中断定论题Q真，必须论据P真，并从论据P能必然推出论题Q。违反充足理由律的错误，是"推不出来""理由虚假"。"推不出来"，是推论违反逻辑规律、规则，犯形式错误。理由虚假，论题就得不到证明，不能达到论证目的，犯实质错误。

王充《论衡·薄葬篇》说："论莫定于有证。""空言虚辞""人犹不信"。宋洪迈《容斋随笔》卷4说："作议论文字，须考引事实无差忒，乃可传信后世。"曾国藩《曾文正公诗文集》卷1说："义理、考据、词章三者，不可偏废。"考据，又叫考证，考核事实，搜求例证，作为论证根据。

拉法格《回忆马克思》说，马克思的论证，是建立在"严格考核的事实上的"，"所引证的任何一件事实或数字，都是得到最有威信的权威人士的证实的"，"即使是为了证实一个不重要的事实，他也要特意到大英博物馆去一趟"。

1. 宋玉的论证

战国文学家、屈原弟子宋玉《登徒子好色赋》说：

> 大夫登徒子侍于楚襄王，短宋玉曰："玉为人体貌闲丽，口多微辞，又性好色，愿王勿与出入后宫。"王以登徒子之言问于宋玉，玉曰："'体貌闲丽'，所受于天也。'口多微辞'，所学于师也。至于'好色'，臣无有也。"王曰："子不好色，亦有说乎？有说则止，无说则退。"玉曰："天下之佳人，莫

若楚国。楚国之丽者，莫若臣里。臣里之美者，莫若臣东家之子。臣东家之子，增之一分则太长，减之一分则太短。着粉则太白，施朱则太赤，眉如翠羽，肌如白雪，腰如束素，齿如含贝，嫣然一笑，惑阳城，迷下蔡。然此女登墙窥臣三年，至今未许也。登徒子则不然，其妻蓬头挛耳，龇唇历齿，旁行踽偻，又疥且痔，登徒子悦之，使有五子。王熟察之，谁为好色者矣？"

　　大夫登徒子侍奉楚襄王，批评宋玉的缺点说："宋玉长得漂亮，能说会道，本性好色，希望大王不要让他在后宫走动。"楚王用登徒子的话问宋玉，宋玉说："长得漂亮，本是天生。能说会道，是跟老师学的。至于'好色'，是没有的事。"楚王说："你不好色，有论证吗？有论证就罢了，没有论证就退下。"宋玉说："天下之美人，都不如楚国。楚国的美人，都不如我老家。我老家的美人，都不如我东邻居的女子。我东邻居的女子，身高正合适。肤色白里透红。眉像翠鸟的羽毛，肌肤像白雪，腰像束丝，齿像海贝，莞尔一笑，使阳城、下蔡两城的人为之倾倒。但是这位女子，爬到墙头偷看我三年，我至今没有应允。登徒子就不是这样。他妻子蓬头散发，牙齿稀疏，走路迤逦歪斜，弯腰驼背，既有疥疮，又有痔疮，登徒子却喜欢她，使她生了五个孩子。国王您细想，究竟谁是好色的人？"

宋玉的结论是"登徒子好色"，这篇赋的标题就表明这一点。宋玉《登徒子好色赋》富有文采，对比鲜明，运用关系推论，证明世界上最美丽的女人爱他三年，他都没有应允："天下之佳人，莫若楚国。楚国之丽者，莫若臣里。臣里之美者，莫若臣东家之子。臣东家之子，……登墙窥臣三年，至今未许。"（天下之美人，都不如楚国。楚国的美人，都不如我老家。我老家的美人，都不如我东邻居的女子。我东邻居的女子，……爬到墙头偷看我三年，我至今没有应允）

"登徒子好色"的结论，随宋玉的佳作不胫而走，使登徒子错背"好色"的恶名。"登徒子好色"被《四库全书》引用30次，《四部丛刊》引用3次。

元岑安卿《栲栳山人诗集》卷上《题王氏三芗图》说："春风桃李花，秋雨梧桐树。人心自悲喜，草木那知故。三香各根柢，气色偶一类。凄凉冰雪魂，复绝霜月趣。人惟知其然，遂有兄弟喻。花岂识友于，人自生好恶。吾闻登徒子，好色耽伛偻。又闻海上翁，逐臭慕腥腐。世人溺嗜好，颠倒死不悟。君今眷兹香，志意实清苦。流芳当无穷，万古复万古。"该诗说，登徒子就像"海上翁，逐臭慕腥腐"，"溺嗜好，颠倒死不悟"，"好色

第四章　思维规律

耽伛偻"之名，流恶"无穷，万古复万古"。

历史上有人质疑宋玉的结论。宋王应麟《汉艺文志考证》卷 8 引朱熹说，宋玉"辞有余，而理不足"。宋玉的话，理由不充足，不符合"辞以理长"的充足理由律，犯结论"推不出来"的逻辑错误。毛泽东 1958 年 1 月在杭州与上海教授谈话说，登徒子娶了一个丑媳妇，但是登徒子始终对她忠贞不贰，他是模范地遵守《婚姻法》的，宋玉却说他"好色"，是论证方法错误。[①]

2. 过于执的推论

昆曲《十五贯·被冤》一场，无锡知县过于执，误推尤葫芦养女苏戌娟和路上偶遇的熊友兰是杀死尤葫芦的罪犯：

> 杀死尤葫芦的罪犯有十五贯钱。
>
> 熊友兰有十五贯钱。
> ————————————————
> 熊友兰杀死尤葫芦的罪犯。

这个推论作为三段论，犯"中项两次不周延"的逻辑错误。从思维规律说，违反充足理由律，犯"理由虚假"和"推不出来"的逻辑错误。过于执看到苏戌娟，

---

① 参见 1978 年 9 月 11 日《文汇报》。

论证说：

> 看她艳如桃李，岂能无人勾引？
>
> 年正青春，怎会冷若冰霜？
>
> 她与奸夫情投意合，自然要生比翼双飞之意。
>
> 父亲阻拦，因之杀其父而盗其财，此乃人之常情。
>
> 这案情就是不问，也已明白十之八九的了。

此论证犯"理由虚假"和"推不出来"的逻辑错误。

3. 南辕北辙

魏国大臣季梁，行走在太行山路上，见一人往北赶车，问他到哪里去，回答："到楚国去。"问他既然到楚国，为什么往北赶车？他说："我的马好。"对他说你的马虽好，但这不是往楚国去的路。他说："我的路费多。"告诉他你的路费虽多，但这不是往楚国去的路。他说："我的赶车技术好。"他这三点越好，离楚国越远。他这三点理由，推不出往北赶车能到南方的楚国（《战国策·魏策四》）。这个成语，比喻方法和目的的矛盾。汉荀悦《申鉴·杂言下》："先民有言：适楚而北辕者，曰：'吾马良，用多，御善。'此三者益侈，其去楚亦远矣。"唐白居易《长庆集》诗："欲望风来百兽舞，何异北辕将适楚？"

4.痴人说梦

《余墨偶谈》载,戚公子一天早起,对婢女说:"你昨天夜里,梦见我了吗?"婢女说:"没有。"戚公子说:"我梦中分明见到你,你怎么硬说没有?"戚公子对母亲说:"傻婢女该打,我昨夜梦中见到她,她硬说没有梦见我,岂有此理?"戚公子以自己梦见婢女为论据,无理论证婢女一定梦见自己。

5.马肝有毒

《雅谑》载"马肝有毒"的故事:

（1）甲说:"马肝有毒,吃了会死。"分析:这是古代的传说故事。宋赵与虤《娱书堂诗话》、宋朱翌《猗觉寮杂记》载,西汉元鼎五年（112年）,外国进贡马肝石,半青半黑,像马肝,方士舂碎,制成所谓"九转之丹"（又叫"九转神明丹"）。汉武帝宠幸的方士李少翁,被封为文成将军,他以神仙迷信方术,迷惑汉武帝。当时李夫人早卒,汉武帝想念,李少翁于夜间张灯设帐,使汉武帝在他帐遥望,见有女子像李夫人。李少翁鼓吹:"黄金可成,河决可塞,不死之药可得,仙人可致。"后李少翁方术失败,汉武帝诛杀李少翁,以"马肝石和九转神明丹"赐给他,李少翁吃了被毒死。汉武帝隐讳李少翁吃"马肝石和九转神明丹"中毒而死的事实,偷换概念说:"文成食马之肝而死"。

"马肝石"和"马之肝"是两个不同的概念，前者是石头（可制作砚台），为无机物，后者是马的内脏。前者有毒，不等于后者有毒。汉武帝偷换概念的逻辑错误，捆绑方士李少翁的神仙故事不翼而飞，"马肝有毒，吃了会死"的传说广为流传，医书多载治疗"吃马肝中毒"处方。明李时珍《本草纲目》卷51说："中马肝毒：雄鼠屎三七枚和水研饮之。"

（2）乙说："你骗人，马肝长在马腹，马怎么不死？"分析："马肝有毒，吃了会死"，跟"马肝长在马腹，马怎么不死"，是不同论题，不能混淆。

（3）甲说："马不能活到一百年岁，就是因为有肝。"分析：马的寿命约30年，说"马不能活到一百年岁，就是因为有肝"，理由虚假，违反充足理由律。

（4）乙恍然大悟，回家把自己所养马的肝剜出来，马立刻就死了。乙把刀一扔说："怪哉！马肝真的有毒！去掉肝，尚且不能活，何况留着肝呢？"分析：强词夺理，违反充足理由律。

6. 凿壁移痛

《雪涛小说》载，有人脚长疮，疼痛难忍，对家人说："你们给我把墙凿个洞！"洞凿成后，他把脚伸到邻居家一尺多长。家人问他："这是什么意思？"他答说："任凭他去邻居家疼痛，与我无关！"这是论题虚假，推不出来。

7. 打老婆和偷表

胡适《治学方法》说："譬如你说某人偷了你的表，你一定要拿出证据来。假如你说因为昨天晚上某人打了他的老婆，所以证明他偷了你的表；这个证明就不能成立。因为打老婆与偷表并没有关系"。"就算你修辞得好，讲得天花乱坠，也是没有用的。因为不相干的证据不算是证据。"胡适《研究社会问题的方法》说，传说"食指动就有东西吃"，"食指动"和"有东西吃"无关，"食指动"推不出"有东西吃"，违反充足理由律。当今有人说，我的"星座"好，"幸运数字"好，"幸运颜色"好，能推出"一生好运"，实际推不出来，这正像《续景德传灯录》卷20说："谈玄说妙，譬如画饼充饥。"

第五章　思维方法

第一节　刻舟求剑：与时俱进

一、因时而化

（1）楚人涉江。《吕氏春秋·察今》载："楚人有涉江者，其剑自舟中坠于水，遽契其舟曰：'是吾剑之所从坠。'舟止，从其所契者入水求之。舟已行矣，而剑不行，求剑若此，不亦惑乎？"有位楚国人乘船渡江，佩剑从船上掉到水里，急忙在船上刻记号说："我的剑是从这里掉下去的。"船到岸，他按记号下水找剑。船已行，剑没有跟着走。这样找剑，岂不愚蠢？

（2）循表夜涉。《吕氏春秋·察今》载："荆人欲袭宋，使人先表澭水。澭水暴益，荆人弗知，循表而夜涉，溺死者千有余人，军惊而坏都舍。向其先表之时可导也，今水已变而益多矣，荆人尚犹循表而导之，此其所以败也。"

楚国想偷袭宋国，派人在滩水树标记，表示可以涉水的河段。后来滩水暴涨，楚国人不知，仍按先前树立的标记，在夜里偷渡，溺死一千多人，军队惊慌混乱，犹如都市房屋崩坏。先前树立标记时可以涉河，现在水暴涨，楚国人按过时的标记涉河，导致失败。

二、昔虑今虑

《大取》说："昔者之虑也，非今日之虑也。"过去思虑，不等于现在思虑。今昔相对，时空改变，事物变化，思维应随之变化。不然就犯"刻舟求剑""循表夜涉"式的错误。《经下》说："或过名也，说在实。"《经说下》解释说："知是之非此也，又知是之不在此也，然而谓此南北，过而以已为然。始也谓此南方，故今也谓此南方。"

名称以实际情况为转移。实际情况变化了，名称依旧，就会犯错误。"过名"，名称有过错。知道事物性质已经改变，空间位置已经改变，仍根据"过去怎样，现在还是怎样"的错误逻辑思维，必然陷于谬误。过去在赵都邯郸，说："郑国在南方。"现在在楚都郢，不能还说："郑国在南方。""过而以已为然"，是《墨经》讥讽经验主义逻辑的惯用语，指过去已经怎样，就说现在还是怎样。这与墨家的历史进化论观念相悖。

《经说下》论述"疑"（疑惑），说："智与？以已为然也与？过也。"即真正地知道吗？还是单纯地以为过去已经怎样，就说现在还是怎样？这是"过"（以过去的事情为是非标准）的疑惑。知识是必然真，疑惑是或然真。从过去如何，不能必然推出现在如何。

《韩非子·五蠹》载："宋人有耕田者，田中有株，兔走触株，折颈而死，因释其耒而守株，冀复得兔，兔不可复得，而身为宋国笑。"宋国农夫见兔子偶然撞死在树墩上，就放下农具，专候在树墩旁，希望不断再拣到死兔。兔子没有再拣到，却传为国人笑柄。"守株待兔""刻舟求剑""循表夜涉"的故事，都说明"过而以已为然"思维方法的错误。

三、古今异时

《经上》说："化，征易也。"变化就是特征、性质改变，即质变。《经下》说："尧之义也，声于今而处于古，而异时，说在所义二。"《经说下》解释说："尧之义也，是声也于今，所义之实处于古。"古今异时，性质不同，今天事情比古代复杂，所以尧善治古，不能治今。古今情况不同，"尧是仁义的"这个命题，有历史性、相对性。今天说"尧是仁义的"，指谓的实际情况处于古代。古今时代不同，古代"仁义"不同于现代"仁义"。概念、命题有历史性，其真实性以历史情况为转移。

第五章　思维方法

《经下》说:"察诸其所然、未然者,说在于是推之。"《经说下》解释说:"尧善治,自今察诸古也。自古察之今,则尧不能治也。""尧善治"命题的真实性相对于所说的时代。如果说的是尧时的古代,这个命题是对的。如果说的是现代,这个命题不对,而应以反命题"尧不能治"取代。"所然",指过去和现在已发生的事。"未然",指将来尚未发生的事。审察已发生和未发生的事,可从"尧善治古,不能治今"命题类推而知。依此类推,舜、禹、汤、文、武等古圣王,都是"善治古,不能治今"。这是历史进化的观念。《耕柱》载墨子说:"吾以为古之善者则述之,今之善者则作之,欲善之益多也。""述":继承。"作":创新。主张在继承基础上,与时俱进,积极创新。

第二节　望洋兴叹:整体观察

一、河海对话

《庄子·秋水》说:

秋水时至,百川灌河。泾流之大,两涘渚崖之间,不辨牛马,于是焉,河伯欣然自喜,以天下之美为尽在己。顺流而东行,至于北海。东面而视,不见水端。于是焉,河伯始旋其面目,望洋向若而叹曰："野语有之曰：'闻道百，以为莫己若者。'我之谓也！且夫我尝闻少仲尼之闻，而轻伯夷之义者，始吾弗信。今我睹子之难穷也。吾非至于子之门，则殆矣。吾长见笑于大方之家。"北海若曰："井蛙不可以语于海者，拘于虚也。夏虫不可以语于冰者，笃于时也。曲士不可以语于道者，束于教也。今尔出于崖涘，观于大海，乃知尔丑尔，将可与语大理矣。"

秋天下雨，大河小河都灌满，流到黄河。河流宏大，两岸辨不清牛马。黄河之神"河伯"得意洋洋，以为天下壮美都在自己身上。河伯顺流，东行到海。向东观察，不见尽头。河伯旋转面目，望洋兴叹："俗话说：'听到一百个道理，以为都没有自己的道理好。'这就是说我呀！过去曾听到，有人轻视孔子的学问和伯夷的义气，开始我不相信。现在我看到你难以穷尽。我要是不来到你门口，我就危险了，将永远被懂得大道理的人耻笑。"北海神"若"说："不能同浅井的青蛙说海，因为受到居住地的限制。不能同夏天的虫说冰，因为受到季节的限制。不能同固执偏见的人说大道理，因为受到教养的限制。现在你从有岸的黄河来，看到大海，知道自己渺小，这就可以同你说大道理了。"

"望洋兴叹"的寓言尽人皆知，比喻观察宽大境界，领悟自身不足，整体观察优于局部观察。"曲士"：懂得局部道理的人。"曲"：局部。"大方""大理"：整体的道理。唐成玄英疏："方，犹道也。"西晋司马彪注"大方"即"大道"。《庄子·则阳》说："在物一曲，夫胡为于大方？""一曲"和"大方"对举，指部分和整体、局部和全局的对立。《庄子·天下》说，诸子百家"得一察焉以自好"，看到局部，自以为得到全面真理，是"一曲之士"："譬如耳、目、鼻、口，皆有所明，不能相通，犹百家众技也，皆有所长，时有所用。虽然，不该不遍，一曲之士也。"百家众技，像人的五官，各有自己的功能和作用，又都有各自的局限，不能随意妄称掌握全面真理。墨家区分"体见"（局部观察）和"尽见"（全面观察），与庄子区分"一曲"和"大理"相通。《荀子·解蔽》说："凡人之患，蔽于一曲，而暗于大理。"与庄子一致。

庄子借海神之口说："天下之水，莫大于海，万川归之，不知何时止而不盈。尾闾泄之，不知何时已而不虚。春秋不变，水旱不知。此其过江河之流，不可为量数。而吾未尝以此自多者，自以比形于天地，而受气于阴阳。吾在于天地之间，犹小石、小木之在大山也，方存乎见少，又奚以自多？计四海之在天地之间也，不似礨空之在大泽乎？计中国之在海内，不似稊米之在大仓乎？号物之数谓之万，人处一焉。人卒九州，谷食之所生，舟车之所通，人处一焉。此其比万物也，不似毫末之在马体乎？"

大海之水，广漠无边，是积无数小河之流而成。大海与更大的天地相比，微不足道，就像小石、小木同大山相比。四海在天地之间，就像蚁穴在大泽之中。中国同世界相比，像一粒米在大仓中。人类活动的地盘，同天地万物相比，像细毛与马体。从更大整体的视野观察，就不至于夸大部分、局部的地位和作用。这揭示出整体和局部两种思维方法的区别。

庄子"坎井之蛙"的寓言：

坎井之蛙，谓东海之鳖曰："吾乐欤，出跳梁乎井干之上，入休乎缺甃之崖，赴水则接腋持颐，蹶泥则没足灭跗，还虷、蟹与蝌蚪，莫吾能若也。且夫擅一壑之水，而跨跱坎井之乐，此亦至矣。夫子奚不时来入观乎？"东海之鳖，左足未入，而右膝已絷矣，于是逡巡而却，告之海曰："夫千里之远，不足以举其大。千仞之高，不足以极其深。禹之时，十年九潦，而水弗为加益。汤之时，八年七旱，而崖不为加损。夫不为顷久推移，不以多少进退者，此亦东海之大乐也。"于是坎井之蛙闻之，适适然惊，规规然自失也。

· 393 ·

第五章　思维方法

浅井的青蛙对东海大鳖说："我多么快乐！跳到井外栏杆上，又到井壁窟窿里休息。进到水里，被水托付腋窝面颊。进到泥里，被泥埋没足背。回顾孑孓、螃蟹和蝌蚪，不能与我相比。独占一坑水，独享浅井之乐，妙不可言。你何不常来参观？"东海大鳖，左脚还没有进去，右膝已经被卡住，只好退回，把大海的情况告诉他："千里远的距离，不能穷举它的宏大。千仞的高度，不能穷举它的深厚。大禹时，十年九涝，海水不见增加。商汤时，八年七旱，海水不见减少。不因时间长短变化容量，不因旱涝增减水量。这是东海的最大快乐。"浅井青蛙听了，惊奇发呆，失魂落魄，顿觉渺小。

据《庄子》记载，魏公子牟用"坎井之蛙"的寓言来反驳公孙龙。公孙龙是战国中后期名家著名代表，以"合同异，离坚白"的论题和论证，"困百家之知，穷众口之辩"。公孙龙的诡辩，不足以认识整体的道理，如浅井之蛙，目光狭小，像"用管窥天，用锥指地"，不知天之宽阔高远，地之深厚广大。

"望洋兴叹""坎井之蛙""夏虫语冰""用管窥天""用锥指地"等寓言，是用比喻来说明整体和局部观察两种思维方法的区别。"管中窥豹"，比喻只见局部，不见整体。宋陆游《江亭》诗："濠上观鱼非至乐，管中窥豹岂全斑？"元傅若金《傅与砺文集》卷4："指一斑以谓全豹不可。而全豹之章，不殊乎一斑。"全豹"和"一斑"，是整体和局部的关系，需要全面观察。

庄子总结思维规律说："自细视大者不尽。自大视细者不明。"单从局部看整体，不易看清整体的面貌。单从整体看局部，不易看清局部的细节。整体和局部观察相结合，既见局部，又见整体，既见树木，又见森林，才能把握全面真理。这是思维方法论的重要见解。

晋郭象注说："目之所见有常极，不能无穷也，故于大则有所不尽，于细则有所不明，直是目之所不逮耳。"即眼睛观察有固定的局限。眼力在大和小两个方向都非无限：在大的一方，有所不尽；在小的一方，有所不明。因为目力达不到。

宋林希逸《庄子口义》卷6说："自细视大者不尽，管中窥天之类也。自大视细者不明，鹏鸟下视野马、尘埃之类也。"针对目力的这两种局限，近代有望远镜和显微镜的发明应用，这是目力的强化延伸。

唐韩愈《原道》说："坐井而观天，曰天小者，非天小也。"毛泽东《论反对日本帝国主义的策略》说："看问题，不但要看到部分，而且要看到全体。一个虾蟆坐在井里说：'天有一个井大。'这是不对的。因为天不止一个井大。如果它说：'天的某一部分有一个井大。'这是对的。因为合乎事实。"

第五章 思维方法

北齐刘昼《刘子·通塞》说："入井观天，不过圆盖。登峰眺目，极于烟际。"唐王之涣《登鹳雀楼》诗："欲穷千里目，更上一层楼。"宋张孝祥《吴春卿高远轩铭》说："穴壁而窥，见不盈尺。我登泰巅，洞视八极。"宋王安石《登飞来峰》诗："不畏浮云遮望眼，自缘身在最高层。"宋刘过《登白云绝顶》诗："欲穷大地三千界，须上高峰八百盘。"形象说明大小、高低两种不同的观察境界。

二、两而勿偏

1. 锯中截入

"鲁人执竿"的故事："鲁有执长竿入城门者，初竖执之不可入，横执之亦不可入，计无所出。俄有老父至曰：'吾非圣人，但见事多矣，何不以锯中截而入，遂依而截之。'"（魏邯郸淳《笑林》）"长竿子，进城门，竖拿横拿不得进，中间锯断方得进。"主人公和路人没有想到，长竿一头前，一头后，就进去了，不用锯断。这是思维方法片面的典型。

2. 见人见金

《吕氏春秋·去宥》："齐人有欲得金者，清旦被衣冠往鬻金者之所，见人操金，攫而夺之。吏搏而束缚之，问曰：'人皆在焉，子攫人之金何故？'对吏曰：'殊不见人，徒见金耳！'此真大有所宥也。夫人有所宥者，固以昼为昏，以白为黑，以尧为桀，宥之为败亦大矣。亡国之主，其皆甚有所宥邪。故凡人必别宥，然后知。"齐人钱迷心窍，利令智昏，"不见人徒见金"，见物不见人。这是思维方法片面性的典型。

3. 权者两偏

《经说上》说："权者两而勿偏。"权，本意指秤砣，亦指秤、称量。《广雅·释器》："锤谓之权。"《汉书·律历志上》："权者"，"所以称物平施，知轻重也"。《孟子·梁惠王上》说："权，然后知轻重。"《墨经》引申为权衡、思考，主张权衡、思考要兼顾两面，不要只顾一面。"两而勿偏"，是思维全面性的方法。

《墨经》中的偏、体、特、或等词，是表示部分的范畴；兼、二、尽、俱等词，是表示整体的范畴。《墨经》认为观察、思考应经由片面、部分，达到全面、整体。《经上》说："见：体、尽。"《经说上》解释说："特者体也，二者尽也。""见"：观察。"体"：部分、局部、片面。"尽"：整体、全局、全面。《经上》说："体，分于兼也。"《经说上》解释说："若二之一，尺之端也。"两个元素"1"，构成一个集合"2"。无数点的集合，构成直线。

墨家区分部分和整体两种观察境界。体见是对事物部分的观察。"尽见"是对事物整体的观察。须仔细审查事物的各部分，作出由表及里、由此及彼的综合。《小取》

说："夫言多方、殊类、异故，则不可偏观也。"言辞有多方道理，不同类别和理由，不能片面观察。

"盲人摸象"的寓言：一个盲人摸到象牙，说大象像萝卜。一个摸到耳朵，说大象像簸箕。一个摸到头，说大象像石头。一个摸到鼻子，说大象像棒槌。一个摸到脚，说大象像杵臼。一个摸到背，说大象像床。一个摸到肚子，说大象像瓮。一个摸到尾巴，说大象像绳（见《大般涅槃经》卷32）。这是对大象的"体见"，即部分观察。清刘献廷《广阳杂记》卷4："盲人摸象，仅得一支，以为全体。"盲人摸象的寓言，比喻观察局部，误认全体。

世上事物由对立面构成。为追求真理，防止谬误，应提倡思维全面性，反对片面性。列宁把全面性，作为辩证逻辑首要原则，说："辩证逻辑则要求我们更进一步。要真正地认识事物，就必须把握、研究它的一切方面、一切联系和'中介'。我们决不会完全地做到这一点，但是，全面性的要求可以使我们防止错误和防止僵化。"①

三、利害相权

《大取》说："利之中取大，害之中取小也。害之中取小也，非取害也，取利也。其所取者，人之所执也。遇

_____

① 《列宁选集》第4卷，人民出版社1960年版，第453页。

盗人，而断指以免身，利也。其遇盗人，害也。"遇盗贼是坏事，不得已，与其身亡，不如采取灵活策略，断指保命，取小害，免大祸，换个角度看，不是取害，而是取利，这是清醒理智的谋略。

衡量利害得失，轻重大小，决定取舍的方法，叫作"权"。"权"本身不等于"是"，也不等于"非"，"权"是建立标准（正），用来衡量取舍。迫不得已，舍指保命，牺牲局部，保存整体，是聪明的策略选择。

两利相权取其大，两害相权取其轻。害之中取轻，是取害，又是取利。如"断一指"和"丢性命"，都是害，两害相权，取其轻，相比而言，"断一指"害小，"丢性命"害大。不得已，被迫受"断一指"的小害，而得"保性命"的大利，岂非可取？"取"：选择采纳。"利之中取大"，有未来性和主动争取性。"害之中取小"，有现实性和被迫承受性。取哪个利，舍哪个害，需全面权衡。

墨家从大量经验中概括出全面权衡的思维方法。墨子说："商人之四方，市价倍蓰，虽有关梁之难，盗贼之危，必为之。"（《贵义》）小国人民，遇大军压境，为最大限度保存自己，消灭敌人，有时需采取牺牲局部，保全整体的策略（如暂时撤退、转移、坚壁清野）。墨家熟悉手工业、商业活动特点，精通防御战策略，这些都有助于他们形成思考利害时全面权衡的哲理逻辑。

四、敢和不敢

《经上》说："勇，志之所以敢也。"《经说上》解释说："以其敢于是也命之，不以其不敢于彼也害之。"勇是人的意志敢于做某件事情，但有所敢必有所不敢。敢于为整体利益牺牲局部，不敢为局部利益而损害整体。可以损己而利人，不可损人以利己。同一人而兼有"敢"和"不敢"两种性质，才构成为"勇"，这是"同异交得"的一例。墨家对"勇"的定义，把握概念的辩证性，兼顾"敢"和"不敢"两面，给人以深刻启迪。

五、能和不能

《经下》说："不能而不害，说在容（容貌，指耳目等器官）。"《经说下》解释说："举重不举针，非力之任也。为握者之奇偶（独白为奇，指讲演。对谈为偶，指辩论），非智之任也。若耳、目。"人的职任只能专注于某项业务，而不能事事精通，样样会干。大力士力大如牛，能举千钧之重，却不会举针绣花，因为举针绣花不是大力士的职任。数学家善于精打细算，却不善于巧言争辩，因为巧言争辩不是数学家的职任。耳的作用在于听，目的作用在于视。耳不能视，但不妨碍听。目不能听，但不妨碍视。人不能干某事，不妨害能干其他事。"任"（职任）是

"能"和"不能"的对立统一、"同异交得",这是人才学的洞见。

六、全称和特称

表示整体和部分的命题形式,是全称和特称。《经上》说:"尽,莫不然也。"《经说上》举例说:"俱止、动。""尽""俱"是全称量词。在一个论域中,没有不是如此的(并非有 S 不是 P),等值于全都如此(所有 S 是 P)。例如就一个整体而言,所有部分都停止,或所有部分都运动。《小取》说:"或也者,不尽也。""或"是特称量词。它的定义是"不尽",即不是全部。《经说上》第75条举例说,针对同一动物,甲说:"这是牛。"乙说:"这不是牛。"这两个命题的真值,是"不俱当,必或不当"。"不俱当"("不尽当",并非所有都恰当),等值于"或不当"(有的不恰当)。《经说上》说:"以人之有不黑者也,止黑人。"用"有人不是黑的",驳倒"所有人是黑的"。用"有 S 不是 P",驳倒"所有 S 是 P"。公式如下:

$$SOP \rightarrow \neg SAP$$

读作:因为有 S 不是 P,所以,并非所有 S 是 P。《经说上》说:"尺与尺俱不尽,端与端俱尽,尺与端或尽或不尽。"这是《经上》"撄，相得也"的几个例子，说到几种不同命题形式：

> 全称肯定命题：两个点相交，二者都完全重合。
> 全称否定命题：两根直线相交，二者都不完全重合。
> 特称肯定命题：有的是完全重合。
> 特称否定命题：有的不是完全重合。

运用全称和特称的命题形式，有助于准确表达事物整体和部分的区别。墨家列举几种直言命题（性质命题），正确理解其等值关系。

七、欧冶之巧

《淮南子·齐俗训》说："得十利剑，不若得欧冶之巧。"得十把利剑，不如得铸剑技巧。"点石成金"的神仙故事说，得到"点石成金"的金子，不如得到"点石成金"的指头。得金有时用完，得指继续点金。明冯梦龙《警世通言·吕大郎还金完骨肉》："愿得吕纯阳祖师点石为金这个手指头。"有格言说："好教师授人以真理，更好的教师授人以获得真理的方法。""授人以鱼，不如授人以渔（捕鱼方法）。"这些都表示方法更重要。

《淮南子·人间训》说："发一端，散无境，周八极，总一管，谓之心。见本而知末，观指而睹归，执一而应万，握要而治详，谓之术。""心术"，是思维的方法，方法的总管，思维的技艺，智慧的门径。又说："凡人之举事，莫不先以其知，规虑揣度，而后敢以定谋。其或利或害，此愚智之所以异也。""晓自然以为智，知存亡之枢机，祸福之门户，举而用之。陷溺于难者，不可胜计也。使知所为是者，事必可行，则天下无不达之途矣。是故知虑者，祸福之门户也。""铅之与丹，异类殊色，而可以为丹者，得其数也。"

思维方法是成败的关键。刘安重视思维方法，认为心智有分析和综合的功能，可以掌握类推和预见的技巧。人所遭逢的祸福、利害、存亡和成败，无不与思维方法、技巧有关。一般人感到困惑的同异、是非、然不然，真相假象的联系和区别，都属于心术，属于思维方法。刘安懂炼丹术，他观察到元素铅是银白色，人工炼成的化合物铅丹（四氧化三铅）是红色。铅和丹性质不同，弄清变化原因，掌握变化技巧，能炼铅为丹。这是朴素的科学思维方法论。

八、丑女有美

《淮南子·说山训》说："桀有得事，尧有遗道。嫫母

（丑女）有所美，西施（美女）有所丑。故亡国之法，有可随者。治国之俗，有可非者。""视方寸于牛，不智其大于羊。总视其体，乃知其大相去之远。"暴君夏桀有成功处，圣王唐尧有失败处。丑女嫫母有美丽处，美女西施有丑陋处。败亡之国的法律有可取处，治世的风俗有可非议处。只看牛身一方寸，不知其整体大于羊。纵观牛整体，才知牛比羊大。这是提倡全面观察，反对片面观察。

《淮南子·原道训》说："井鱼不可与语大，拘于隘也。夏虫不可与语寒，笃于时也。曲士不可与语至道，拘于俗，束于教也。"不能跟井里的鱼说大海，因为它拘泥于狭隘的环境。不能跟夏天的虫说冰雪，因为它受时令的限制。不能跟片面看问题的人说大道理，因为他受流俗和教养的束缚。

《淮南子·泛论训》说："百川异源，而皆归于海。百家殊业，而皆务于治。""今世之为武者，则非文也。为文者，则非武也。文武更相非，而不知时世之用也。此见隅曲之一指，而不知八极之广大也。故东面而望，不见西墙。南面而视，不睹北方。唯无所向者，则无所不通。"众多河流，不同源泉，同归大海。诸子百家，不同专业，同归于治。片面看问题的人，为武者非文，为文者非武，文武之士互相轻视，只见眼皮下一小片，不知世界的广大。人向东看，不见西墙。向南看，不见北方。这是片面性的认识论根源。克服片面性，才能见整体。

　　《淮南子·泰族训》说："周公诛管叔、蔡叔，以平国弭乱，可谓忠臣也，而未可谓弟也。汤放桀，武王伐纣，以为天下去残除贼，可谓惠君，而未可谓忠臣矣。乐羊攻中山未能下，中山烹其子而食之，以示威，可谓良将，而未可谓慈父也。故可乎可，而不可乎不可；不可乎不可，而可乎可。""夫天地不包一物，阴阳不生一类，海不让水潦以成其大，山不让土石以成其高。夫守一隅而遗万方，取一物而弃其余，则所得者鲜，而所治者浅矣。""故大较易为智，曲辩难为慧。""夫彻于一事，察于一辞，审于一技，可以曲说而未可以广应也。"提出肯定和否定相结合的复合命题："周公是忠臣，不是好弟弟"；"商汤、武王是贤君，不是忠臣"；"乐羊是良将，不是慈父"。肯定该肯定的一面，否定该否定的另一面；用不同命题形式的结合，表达事物多样性与思维全面性。

　　《淮南子·俶真训》说："喻于一曲，而不通于万方之际也。"《淮南子·缪称训》说："察一曲者，不可与言化。审一时者，不可与言大。"《淮南子·齐俗训》说："愚者有所修（长处），智者有所不是。""故其见不远者，不可与语大。其智不闳（宏大）者，不可与论至（最深刻的道理）。""故百家之言，指奏相反，其合道一体也。譬若丝、竹、金、石之会乐同也。其曲家异，而不失于体。""天下是非无所定，世各是其所是，而非其所非。所谓是与非各异，皆自是而非人。由此观之，事有合于己者，而未始有是也。有忤于心者，而未始有非也。故求是者，非求道理也，求合于己者也。去非者，非批邪施（斜曲）也，去忤于心者也。忤于我，未必不合于人也。合于我，未必不非于俗也。至是之是无非，至非之非无是。此真是非也。若夫是于此，而非于彼，非于此，而是于彼者，此之谓一是一非也。此一是非，隅曲也。夫一是非，宇宙也。今吾欲择是而居之，择非而去之，不知世之所谓是非者，孰是孰非。"事之情一也，所从观者异也。从城上视牛如羊，视羊如豕，所居高也。窥面于盘水则圆，于杯则椭。面形不变其故，有所圆有所椭者，所自窥之异也。"

《淮南子·要略》篇说："理万物，应变化，通殊类，非循一迹之路，守一隅之指。"主张认识由一隅到万方，从部分到整体，由片面到全面。事物的部分，叫"一曲""一隅"；思维的片面性，叫"察一曲""喻一曲""偏一曲"和"守一隅"。固执片面认识的人，叫"曲士"。与片面性相反的，叫"万方"：全面道理。

刘安认为各家学说都有存在价值，像不同乐器发出不同声音，汇合成美妙乐章。主张求是，即求真理，是探求宇宙整体的全面性道理。由于主客观条件限制，可能引起误观察，如从城上把远处的牛看成羊，把羊看作猪；不同弧度的镜面，会把面容照成不同的形状。《淮南子》对全面性原则的论述，颇有价值。

九、别同异

《淮南子·原道训》说："察能分白黑，视美丑。而智能别同异，明是非。"观察能区分白黑、美丑，智慧能辨明同异、是非。从区分白黑、美丑，到辨明同异、是非，是由感性具体到理性抽象的过程。白黑、美丑比同异、是非具体。同异、是非比白黑、美丑抽象。从区分白黑、美丑，到辨明同异、是非，又是由理性抽象到理性具体的进展。"同异"：事物的相同本质和不同本质。"是非"：认识的正误、真假。

《小取》说，"辩者将以明是非之分"，"明同异之处"，辩学的功能、作用，包含"别同异，明是非"。晋鲁胜《墨辩注序》论中国逻辑范畴说："同异生是非。""同异"：事物本质的同一性和差别性。"是非"：对事物同异性质判断的真假对错。

《淮南子》有把握思维具体性原则的思想萌芽。《淮南子·人间训》说："物类相似若然，而不可以从外（表面现象）论者，众而难识矣，是故不可不察也。"事物的类别经常呈现表面的相似性，似乎是那样，实际不是那样，因此不能根据表面现象判断，应仔细审察。

　　"若使人之所怀于内者（内在本质），与所见于外者（外表现象）若合符节，则天下无亡国败家矣。"这是用归谬法证明，如果事物的内在本质和外表现象是直接合一（若合符节）的，人就不会被假象迷惑，犯错误。

　　"物类之相摩近而异门户者，众而难识也：故或类之而非；或不类之而是；或若然而不然者；或若不然而然者。"事物类别近似，实际不同类的情况很多，很难识别：有的像一类，实际不是一类；有的不像一类，实际是一类；有的像这样，实际不是这样；有的不像这样，实际是这样。

　　《淮南子·泛论训》说："物之相类者，世主之所乱惑也。嫌疑肖像者，众人之所眩耀（迷惑）。故狠（狠毒）者类知而非知，愚者类仁而非仁，戆（刚直而愚）者类勇而非勇。使人之相去（区别）也，若玉之与石，美之与恶，论人易矣。夫乱人者，苈蒻之与藁本也，蛇床之与麋芜也（蛇床外表像麋芜，麋芜是川芎的苗）。此皆相似者。故剑工惑剑之似莫邪（良剑名）者，唯欧冶（古善铸剑者）能名其种。玉石眩玉之似碧卢（美玉名）者，唯猗顿（古善识玉者）不失其情。"

　　事物的类似，使国君迷惑。疑惑难辨，使众人迷惑。狠毒的人类似有智慧，实际没有智慧。愚昧的人类似有仁惠，实际没有仁惠。刚直而愚的人类似勇敢，实际不是勇敢。假使人与人的区别若宝玉和石头、美丽和丑恶一样明确，评论人就容易了。芎䓖和藁本、蛇床和麋芜相似，所以迷惑人。剑工迷惑剑类似莫邪，只有欧冶能区别。玉工迷惑玉石类似碧卢，只有猗顿不会看错。思维的任务是分析不同事物的不同性质，认识特殊性、不同点，注意分辨表面相同、实质不同的事物。这是思维具体性原则。

第三节　祸福相依：同异交得

一、塞翁失马

《淮南子·人间训》说：

> 夫祸福之转而相生，其变难见也。近塞上之人，有善术者。马无故亡而入胡，人皆吊之。其父曰："此何遽不为福乎？"居数月，其马将胡骏马而归，人皆贺之。其父曰："此何遽不能为祸乎？"家富良马，其子好骑，堕而折其髀，人皆吊之。其父曰："此何不遽为福乎？"居一年，胡人大入塞，丁壮者引弦而战，近塞之人死者十九，此独以跛之故，父子相保。故福之为祸，祸之为福，化不可极，深不可测也。

祸福转化，难以预料。有一人喜欢术数，家住边塞，马跑往塞外，人们为他惋惜，父亲说："这何尝不是福呢？"过了几个月，他的马带了一匹胡人的骏马回来，人们为他高兴，父亲说："这何尝不是祸呢？"家有好马，儿子喜欢骑马，堕马摔断腿，人们为他惋惜，父亲说："这何尝不是福呢？"过了一年，胡人入侵边塞，青壮年参军作战，边塞人死去十分之九，儿子却因腿跛，父子保全。福变为祸，祸变为福，变化无穷，深不可测。

"塞翁失马"成语，比喻祸福相依，坏事变好事。《淮南子·人间训》说："祸与福同门，利与害为邻。"清赵翼诗："塞翁失马何足惜，先生奇遭在削籍。"清李汝珍《镜花缘》说："处士有志未遂，甚为可惜，然塞翁失马，安知非福？"鲁迅《阿Q正传》说："真所谓'塞翁失马，安知非福？'罢，阿Q不幸而赢了一回。"孙锦标《通俗常言疏证·祸福》引《病玉缘》剧："'塞翁失马，焉知非福？'你眼前不信俺的话也罢，到了日后，才觉得俺不是说笑话哩！"

北宋蔡京（1047—1126）做宰相，贪吃鹌鹑，烹杀无数。一夜，蔡京梦见数千只鹌鹑前来控诉。一只鹌鹑上前致辞："啄君一粒粟，为君羹内肉。所杀知几多，下箸嫌不足。不惜充君庖，生死如转縠。劝君慎勿食，祸福相倚伏！"蔡京惊吓，从此不敢吃鹌鹑。宋陈岩肖《庚溪诗话》记载这一故事，警告说："观此，亦可为饕餮而暴殄天物者之戒。"蔡京贪吃鹌鹑的故事，可作为有类似嗜好者的前车之鉴（又见宋马纯《陶朱新录》）。

"祸福相倚伏"的命题，在《四库全书》出现16次。元代纳新《河朔访古记》载，名医扁鹊庙，在河南汤阴县东南20里伏道村扁鹊墓侧，庙壁有刘昂题诗："先生具正眼，毫厘窥肺腹。谁知造物者，祸福相倚伏。"清朱彝尊《明诗综》卷24诗："泰终否斯受，贲尽剥乃续。日中渐西移，月盈竟东朒。平久鲜无陂，往久靡不复。乐极悲自来，进锐退恒速。安弗持则危，满不损乃覆。高位多疾颠，厚味每藏毒。至盛当遭衰，苦寒必生燠。万事无不然，祸福相倚伏。"表达万物对立面，人生进退、安危、盛衰、祸福，无不互相依存和转化。宋王十朋《梅溪集》卷9诗："否泰迭往来，祸福相依黏。"

二、转化机理

"祸福倚伏"的命题，源于《老子》第58章："祸兮，福之所倚。福兮，祸之所伏。孰知其极？其无正！"意思是："灾祸啊，幸福就靠在你身边。幸福啊，灾祸就藏在你里面。谁知道最后的机理？并没有最高的主宰！"祸福的互相依存和转化，没有鬼神主宰，是事物内在的必然之理，是客观条件和人为努力综合作用的结果。

　　《韩非子·解老》从一般道理上解释、论证《老子》的命题。"解"：解释，分析，说明道理，韩非的推论方式。《玉篇》："解，释也。"《礼经解疏》："解者，分析之名。"《博雅》："解，说也。""解"是演绎推论，通过解释分析，说明事物的因果联系，论证《老子》的命题。韩非运用最多的"解"式推论，是假言联锁推理。这种推论形式，通过一系列因果联系的中间环节，揭示《老子》命题的义理。

　　韩非子阐发"祸福互依伏"的机理说："人有祸，则心畏恐。心畏恐，则行端直。行端直，则思虑熟。思虑熟，则得事理。行端直，则无祸害。无祸害，则尽天年。得事理，则必成功。尽天年，则全而寿。必成功，则富与贵。全寿富贵之谓福，而福本于有祸。故曰：祸兮福之所倚。人有福，则富贵至。富贵至，则衣食美。衣食美，则骄心生。骄心生，则行邪僻，而动弃理。行邪僻，则身死夭。动弃理，则无成功。夫内有死夭之难，而外无成功之名者，大祸也，而祸本生于有福。故曰：福兮祸之所伏。"包含如下推论：

　　　　人有祸，则心畏恐。

　　　　心畏恐，则行端直。

　　　　行端直，则思虑熟。

思虑熟，则得事理。

得事理，则必成功。

<u>必成功，则有福。</u>

人有祸，则有福。

人有福，则富贵至。

富贵至，则衣食美。

衣食美，则骄心生。

骄心生，则动弃理。

动弃理，则无成功。

<u>无成功，则有祸。</u>

人有福，则有祸。

推论形式为：

如果 A 则 B。

如果 B 则 C。

如果 C 则 D。

如果 D 则 E。

<u>如果 E 则 F。</u>

如果 A 则 F。

这是假言联锁式的演绎推论。

三、同异交得

《经上》说："同异交得仿有无。"《经说上》解释说："于富家良知，有无也。比度，多少也。蛇蚓旋圆，去就也。鸟折用桐，坚柔也。剑犹甲，死生也。处室子、子母，长少也。两色交胜，白黑也。中央，旁也。论行、行行、学实，是非也。鸡宿，成未也。兄弟，俱适也。身处志往，存亡也。霍，为姓故也。价宜，贵贱也。"

解释：同一性和差异性互相渗透和同时把握的方法，从分析"有无"等实例中得知。实例如下：一人家中富有，却缺乏优良的知识素养。或一贫如洗，却具有优良的知识素养。这是"有无"两种对立性质共存于一人之身。一数跟不同的数比较度量，既多又少。如齐比宋、鲁大，比楚、越小，是既多又少。蛇和蚯蚓的运动方式，可以既去（离开）且就（接近）。鸟用梧桐树枝筑窝，树枝既坚且柔：不坚不足以承重，不柔不利于交织。剑的作用在消灭敌人，甲的作用在保存自己。消灭敌人，才能保存自己。剑有类似甲的作用：致敌"死"，以保己"生"，是"死生"对立性质共存于一剑之身。一位妇女，比女儿长一辈，比妈妈少一辈，是"长少"两种对立性质共处于一人之身。一物颜色，比另一物白，比第三物黑，是

"黑白"两种对立性质共存于一物之身。一个区域的"中央"，是另一个区域的"旁"边。一个圆的圆心，是另一圆的圆周，是"中央"和"旁"两种对立性质共存于一空间点。言论和行动，行动和行动，学问和实际，有是又有非。"自以为是"者的错误，在于没有同时"自以为非"。母鸡孵雏，雏鸡即将出壳又未出壳时，是"成"和"未成"的对立统一。兄弟三人中的老二，说是"兄"或"弟"都合适，是"兄弟"两种对立性质共存于一人之身。一人身体处在这里，思想（志）却跑往别处，是"存亡"两种对立性质共存于一人之身。古代繁体"靃"字，既指鹤，也指姓。说"靃"，不知是指鹤，还是指人。这是由于指水鸟"鹤"字，兼用作姓氏的缘故。一词多义，是对立统一的例子。合适的价格，对卖者够"贵"，对买者够"贱"，是"贵贱"两种对立性质共存于一价格之身。

"同异交得"：同异兼得，同一性和差异性互相渗透和同时把握。墨子说："兼相爱、交相利。""兼"：兼顾、兼有、合取。"交"：交互、交错、交叉、渗透。"得"：得到、占有、把握。墨家从大量日常生活实例中总结出"同异交得"的思维方法。根据《墨经》列举的实例，"同异交得"即相异、对立的性质共处于同一事物之身，或任一事物分裂为两种相异、对立的性质。这是对立统一规律的别名。《墨经》论证论题，常用举例证明方式，大多举一两个实例。这里为了证明"同异交得"论题的真实性，列举了十几个实例。为方便记忆，《经上》以"同异交得仿有无"七字概括。"仿"原作"放"，是"仿"（模仿、例如）的假借字。《法仪》篇"放依以从事"之"放"，是"仿"的假借字，意为仿照着做事。"仿"可以翻译为"例如"，即"有无"是"同异交得"的典型案例，仿照"有无"，还有许多类似案例。这里所用的证明方法，是典型分析式的科学归纳法。

四、久是不久

《经下》说："是是之'是'与是不是之'是'同，说在不殊。"《经说下》解释说："是不是，则是且是焉。今是久于是，而不于是，故是不久。是不久，则是而亦久焉。今是不久于是，而久于是，故是久与是不久同说也。"

现在有如下两种情况：第一种情况是，现在是"是"，将来还是"是"；第二种情况是，现在是"是"，将来变成"不是"。在这两种情况下，就现在都是"是"这一点，是相同的，论证的理由在于，在这两种情况下，现在都是"是"这一点，没有什么差别。现在是"是"，将来变成"不是"，但就现在来说，这个"是"仍然是"是"。现在这个"是"，维持其为"是"，已经很久了，于是不再是"是"，而变成"不是"，所以现在这个"是"

又有其"不久"的一面。现在这个"是",虽然有其"不久"的一面,但就现在来说,这个"是"仍有其相对长久的一面。也就是说,现在这个"是",不能长久地维持其为"是",但是又在一定限度内,长久地维持了这个"是"。所以说:现在这个"是"是长久的。又说:现在这个"是"不是长久的。这两种相反的说法,同样成立。

《庄子·寓言》说:"孔子行年六十而六十化,始时所是,卒而非之,未知今之所谓是之非五十九非也。"唐成玄英疏:"是以去年之是,于今非矣。故知今年之是,还是去岁之非。今岁之非,即是来年之是。"庄子认为是非既然随时而变,所以是非"未可定"(《至乐》),是非"无辨"(《齐物论》)。《墨经》认为事物随时间而变化,而在一定历史阶段,又有其确定性,坚持事物、概念确定性和灵活性的统一,这在《墨经》叫作"同异交得","久是不久",是"同异交得"的另一个实例。

"久"与"不久"为相异的两种性质,这两种性质又统一于同一个"是",这就是"同异交得"。"是"即此,这个,在《墨经》中是常用的逻辑变项符号,指代任一事物或概念。"是"犹如说"A","不是"犹如说"非A"。"久"指时间的延续,意味着事物或概念质的相对稳定性。"不久"指这种稳定性的界限,即质变,指一事物性质改变,变为别的事物,即《经说下》另一条所说的"知是之非此也"。任何事物或概念，不论其存在时间的长短，都是"久"与"不久"的统一。如一棵树生长了50年，50年后被加工为栋梁，在这50年之内，就是"久"。而就其变为栋梁而言，又是"不久"。一粒种子存放一年，这是"久"。一年后种在地里，长成庄稼，这是"不久"。

《经说下》把这种现象做了高度的抽象、概括，表达概念确定性和灵活性、变动性的"同异交得"、对立统一。这是墨家用古汉语代词作变项符号，对思维方法形式化、公式化的尝试，表现了墨家高度的逻辑智慧。

《墨经》的议论，是对庄子相对主义诡辩论的反驳。《庄子·齐物论》说："物无非彼，物无非是。自彼则不见，自知则知之。故曰：彼出于是，是亦因彼。彼是，方生之说也。虽然，方生方死，方死方生。方可方不可，方不可方可。因是因非，因非因是。是以圣人不由，而照之于天，亦因是也。是亦彼也，彼亦是也。彼亦一是非，此亦一是非。"这是以事物的运动变化为借口，引出否定事物质的相对稳定性的诡辩结论。《墨经》的论述，从思维方法论上驳倒了庄子的诡辩。

五、既坚又白

在战国时期，坚白之辩与同异之辩齐名。二者在先秦著作中常常并提，见于《庄子·秋水》和《荀子》的

《修身》《儒效》《礼论》等篇。公孙龙子用诡辩方法论证"坚白相离"。《墨经》用"同异交得"方法论证"坚白相盈"，驳斥公孙龙子的诡辩。

《经上》说："坚白，不相外也。"《经说上》解释说："于石无所住而不得二（指坚白）。异处不相盈，相非是相外也。"《经上》说："盈，莫不有也。"《经说下》说："抚坚得白，必相盈也。"《经下》说："于一有知焉，有不知焉，说在存。"《经说下》解释说："石，一也。坚白，二也，而在石。故有知焉，有不知焉，可。"《经下》说："不可偏去而二，说在见与不见、俱一与二、广与修。"《经说下》解释说："见、不见离；一、二不相盈；广修、坚白相盈。"《经上》说："撄，相得也。"《经说上》解释说："坚白之撄相尽。"

坚、白这两种相异的性质，在同一块石头中是互相渗透、包含和联系着的，而不是互相排斥、分离和割裂的。这是"同异交得"的又一典型事例。《大取》用打碎一块石头的方法证明："苟是石也白，败是石也，尽与白同。"白是如此，坚可类推。把一块坚白石打碎，每一小块都兼有坚、白两种性质。公孙龙子"坚白相离"的奇词怪说不符合实际情况。

第四节　大巧若拙：正言若反

一、比试巧拙

鲁班和墨子比巧拙："公输子削竹木以为鹊，鹊成而飞之，三日不下。公输子自以为至巧，子墨子谓公输子曰：'子之为鹊也，不如翟之为车辖，须臾斫三寸之木，而任五十石之重。故所为功，利于人谓之巧，不利于人谓之拙。'"（《鲁问》）

"墨子为木鸢，三年而成，飞一日而败，弟子曰：'先生之巧，至能使木鸢飞！'墨子曰：'不如为车輗者巧也，用咫尺之木，不费一朝之事，而引三十石之任，致远力多，久于岁数，今我为鸢，三年成，飞一日而败。'惠子闻之曰：'墨子大巧，巧为輗，拙为鸢。'"（《韩非子·外储说左上》）

"鲁般、墨子以木为鸢而飞之，三日不集。"（《淮南子·齐俗训》）"儒书称：'鲁般、墨子之巧，刻木为鸢，飞之三日而不集。'夫言其以木为鸢飞之可也，言其三日不集，增之也。夫刻木为鸢，以象鸢形，安能飞而不集乎？既能飞翔，安能至于三日？如审有机关，一飞遂翔，不可复下，则当言遂飞，不当言三日，犹世传言曰：'鲁般巧，亡其母也。'言巧工为母作木车马、木人，御者、机关备具，载母其上，一驱不还，遂失其母。如木鸢机关备具，与木车马等，则遂飞不集，机关为须臾间，不能远过三日，则木车等亦宜三日止于道路，无为径去，以失其母。二者必失实者矣。"（《论衡·儒增》）

"夫班输之云梯，墨翟之飞鸢，自谓能之极也。班输作云梯，可以凌虚仰攻。墨子作木鸢，飞三日不集。"（《列子·汤问》）公输般"尝为木鸢，乘之以窥宋城。"（余知古《渚宫旧事》）明陈禹谟《骈志》卷10对偶句："墨子为鸢一日而败，公输为鹊三日不下。"

鲁班复姓公输，名般，惯称鲁班，曾用竹木做成喜鹊形状，使之飞上天。王充说，连续飞三天是夸张。鲁班自认为最巧，墨子对鲁班说："你做喜鹊，不如我做车辖（车轴制动关键），一会儿砍削三寸木头，能承重600斤。所谓功效，有利于人民叫作巧，不利于人民叫作拙。"墨子对巧拙的定义，贯穿以人民利益为标准的价值观。在工匠技艺上，鲁班巧于墨子。在把工匠技艺上升为科学和哲学理论上，鲁班拙于墨子。而老子则对巧拙的辩证机理，有独特表达方式。

二、老子正言若反

《老子》第45章说："大巧若拙。"最灵巧好似笨拙。魏王弼《老子道德经注》说："大巧因自然以成器，不造为异端，故若拙也。"宋苏辙《老子解》说："巧而不拙，其巧必劳。付物自然，虽拙而巧。"清张尔岐《老子说略》说："知之大巧者，行所无事，不为雕琢，故若拙。"宋葛长庚《道德宝章》"大巧若拙"注说："无为。"最大的"巧"，是依据自然规律制成器物，不附加人为雕琢。

墨子主张工艺制作要遵守自然规律。《法仪》说："百工从事者，亦皆有法：百工为方以矩，为圆以规，直以绳，正以悬，无巧工不巧工，皆以此四者为法，巧者能中之，不巧者虽不能中，放依以从事，犹逾已，故百工从事，皆有法度。"《经上》说"法，所若而然也。《经说上》说："意、规、圆三也，俱可以为法。"法则（规律）是人们遵循着它，而能得一确定结果的东西。人按照圆的定义、使用圆规或者拿一个圆形来模仿，都可以作为制圆的法则。"法"是标准、方法，引申为法则，规律。"若"是遵循，依照。《广雅·释言》："若，顺也。"《释名·释言语》："顺，循也。""然"：结果，制成品。"意"：意念，概念，判断。《经上》第71条说："循，所然也。"《经说上》解释说："然也者，民若法也。"遵循规律办事，是人的行动能取得预期结果的原因。"循"：遵循。《说文》："循，顺行也。"

逻辑同一律的公式是："A 是 A"。如果断定"A 是 A，又是非 A"，或者"A 是非 A"，则构成自相矛盾、逻辑矛盾。"大巧若拙"的命题形式是："某种特定的 A 是非 A"。"某种特定的 A"，即"大巧"（最巧）。"非 A"
即"拙"。"巧"和"拙"是对立概念。按照逻辑同一律，
巧是巧，拙是拙，巧不是拙，拙不是巧。巧和拙是不同概
念，需要分别定义，有不同的内涵和外延。

巧是技巧、技艺。《说文》："巧，技也。"《广韵》：
"巧，能也，善也。"《韵会》："巧，机巧也。"《周礼·冬
官·考工记》"工有巧。"《增韵》："巧，拙之反。"《韵
会》："巧，黠慧也。"《孟子·离娄上》："公输子之巧。"
《荀子·荣辱》："百工以巧尽械器。"拙是笨拙，与"巧"
相对。

老子"大巧若拙"命题的意义，不是表达同一律，不
是说"巧是巧，拙是拙，巧不是拙，拙不是巧"的意思，
是说有一种特定的"巧"，即"大巧"（最巧），它"若
拙"，即像"拙"。这是把对立概念"巧"和"拙"，赋予
特定的语义，用肯定语气，构造肯定命题。中国语言，特
别是古汉语，常省略肯定联项。大巧若拙是断定"大巧"
和"拙"的对立概念有某种具体的同一性。"某种特定的
A 是非 A"，或"大 A 若非 A"，词项"大 A""非 A"和
整个命题，都有具体的意义，特定的内涵，与逻辑同一律
"A 是 A"和"巧是巧，拙是拙，巧不是拙，拙不是巧"
的意义不构成矛盾，二者是运用不同逻辑方法从不同角度
思考的结果。

"大巧若拙"是典型案例，"正言若反"是一般概括。"大巧"是"正言"，"若拙"是"若反（言）"。《说文》："正，是也。"从一、止或一、足会意，原为用足一直前进，引申为正面或肯定。矛盾一方为"正"，对方为"反"。"正"为肯定，"反"为否定。"言"，即言词。"正言若反（言）"式的命题，主、谓项是对立概念。"正言若反（言）"：正面、肯定的言词，好像反面、否定的言词。汉刘熙《释名·释言语》："巧，考也，考合异类，共成一体也。"老子"大巧若拙"这一类"正言若反"式的命题，反映事物本性内在的对立统一，是巧妙的思维表达艺术。

"大巧若拙"命题的上下文，还有如下陈述："大成若缺。""大盈若冲。""大直若屈。大巧若拙。大辩若讷。"（第45章）"明道若昧。进道若退。夷道若纇。上德若谷。大白若辱。广德若不足。建德若偷。质真若渝。大方无隅。大器晚成。大音希声。大象无形。"（第41章）以上17个命题，是"大巧若拙"的语境。大巧若拙见表22。

表22　大巧若拙

序号	原文	语译	所在篇章
1	明道若昧	明显的大道好似暗昧	41
2	进道若退	前进的大道好似后退	41

序号	原文	语译	所在篇章
3	夷道若纇	平坦的大道好似崎岖	41
4	上德若谷	崇高的大德好似山谷	41
5	大白若辱	最光彩好似卑辱	41
6	广德若不足	宽宏的大德好似不足	41
7	建德若偷	刚健的大德好似怠惰	41
8	质真若渝	质朴真纯好似不能坚持	41
9	大方无隅	最方正好似没有棱角	41
10	大器晚成	最贵重的器物最后才制成	41
11	大音希声	最伟大的声音好似没有声音	41
12	大象无形	最伟大的形象好似无形	41
13	大成若缺	最成功好似欠缺	45
14	大盈若冲	最充实好似空虚	45
15	大直若屈	最正直好似枉屈	45
16	大巧若拙	最灵巧好似笨拙	45
17	大辩若讷	最高超的辩论好似不会说	45

·425·

参考历代先哲的诠释、发挥，有助于加深对"大巧若拙"命题及其语境的理解：

（1）"明道若昧"。明显的大道好似暗昧。唐马总《意林》卷1注："明道之人，若暗昧无所见也。"

（2）"进道若退"。前进的大道好似后退。《意林》注："进取道者，若退不及。"

第五章　思维方法

（3）"夷道若颣"。平坦的大道好似崎岖。

（4）"上德若谷"。崇高的大德好似山谷。旧题河上公《老子道德经》注："上德之人，若深谷不耻垢浊也。"

（5）"大白苦辱"。最光彩好似卑辱。《老子道德经》注："大洁白之人，若污辱不自彰显。"

（6）"广德若不足"。宽宏的大德好似不足。《老子道德经》注："德行广大之人，若愚须不足也。"

（7）"建德若偷"。刚健的大德好似怠惰。《老子道德经》注："建设道德之人，若可偷引使空虚也。"

（8）"质真若渝"。质朴真纯好似不能坚持。《老子道德经》注："质朴之人，若五色有渝浅不明。"

（9）"大方无隅"。最方正好似没有棱角。《老子道德经》注："大方正之人，无委曲廉隅。"

（10）"大器晚成"。最贵重的器物最后才制成。《老子道德经》注："大器之人，若九鼎、瑚琏，不可卒成也。"

（11）"大音希声"。最伟大的声音好似没有声音。旧题河上公《老子道德经》注："大音犹雷霆，待时而动，喻常爱气希言也。"

（12）"大象无形。"最伟大的形象好似无形。《老子道德经》注："大法象之人，质朴无形容。"

（13）"大成若缺"。最成功好似欠缺。宋葛长庚《道德宝章》注："自晦。"最成功者不居功自傲，而是韬光养晦，自隐其能。

（14）"大盈若冲"。最充实好似空虚。宋葛长庚《道德宝章》注："自然。"《论语·泰伯》说："有若无，实若虚。"唐吴兢《贞观政要》卷6引孔颖达答唐太宗问："已之虽有，其状若无。已之虽实，其容若虚。"真正的饱学之士虚怀若谷。

（15）"大直若屈"。最正直好似枉屈。宋苏辙《老子解》："直而不屈，其直必折。循理而行，虽曲而直。"宋葛长庚《道德宝章》注："顺适。"顺遂适应自然规律，虽若屈枉，实为大直（最正直）。清张尔岐《老子说略》："行之大直者，循理而动，不与物竞，故若屈。"清成克巩《道德经》注："大直若屈：循理而行，委曲皆直。"清纪昀评其注："简要明畅，真足以益心智，阅治理。"

（16）"大巧若拙"。最灵巧好似笨拙。

（17）"大辩若讷"。最高超的辩论好似不会说。魏王弼《老子道德经注》："大辩因物而言，己无所造，故若讷也。"宋苏辙《老子解》："辩而不讷，其辩必穷。因理而言，虽讷而辩。"清成克巩《道德经》注："大辩若讷：讷者若不出口也，因理而言，虽讷而辩。"清张尔岐《老子说略》："言之大辩者，理有固然，不以口争，故若讷。"宋葛长庚《道德宝章》注："忘言。"陶渊明《饮酒》诗说："采菊东篱下，悠然见南山。山气日夕佳，飞鸟相与还。此中有真意，欲辩已忘言。"言以达理，重物理，不重多言。

以上"正言若反"式的命题，表达"理性在他物中认识到此物，认识到在此物中包含着此物的对方"①。

《老子》第36章又说：

（1）"将欲歙之，必固张之。"将要收缩它，必须先扩张它。《意林》注："先开张之，欲令极其奢淫。"

（2）"将欲弱之，必固强之。"将要削弱它，必须先增强它。《意林》注："先强大之，欲使遇害。"

（3）"将欲废之，必固兴之。"将要废弃它，必须先兴盛它。《意林》注："先兴之，使骄危。"

（4）"将欲夺之，必固与之。"将要夺取它，必须先给予它。《韩非子·喻老》："越王入宦于吴，而劝之伐齐以弊吴。吴兵既胜齐人于艾陵，张之于江济，强之于黄池，故可制于五湖。故曰'将欲歙之，必固张之。将欲弱之，必固强之。'晋献公将欲袭虞，遗之以璧马。知伯将袭仇由，遗之以广车。故曰'将欲取之，必固与之。'"《意林》注："先与之者，欲极其贪心也。"宋苏辙《老子解》："未尝与之而遽夺，则势有所不极，理有所不足。势不极则取

---

① 黑格尔：《哲学史讲演录》第1卷，生活·读书·新知三联书店1956年版，第300页。

之难，理不足则物不服。"事物质变，有赖于量变的积累。以上命题，表达目的和手段的对立统一。目的和手段正言若反见表23。

表23　目的和手段正言若反

序号	原文	语译	所属范畴	所在篇章
1	将欲歙之，必固张之	将要收缩它，必须先扩张它	目的和手段	36
2	将欲弱之，必固强之	将要削弱它，必须先增强它	目的和手段	36
3	将欲废之，必固兴之	将要废弃它，必须先兴盛它	目的和手段	36
4	将欲夺之，必固与之	将要夺取它，必须先给予它	目的和手段	36

· 429 ·

明焦竑《老子翼》说："将欲云者，将然之辞也。必固云者，已然之辞也。造化有消息盈虚之运，人事有吉凶倚伏之理，故物之将欲如彼者，必其已尝如此者也。将然者虽未形，已然者则可见。能据其已然，而逆睹其将然，则虽若幽隐，而实至明白矣。"

焦竑"将欲云者，将然之辞也"，即上文"将欲歙之""将欲弱之""将欲废之"和"将欲夺之"，是主体的预期目的，用将来时的时间模态命题"我将要如何"表示。

"必固云者，已然之辞也"，即上文"必固张之""必固强之"必固兴之"和"必固与之"，是主体采用的手段，用现在时的时间模态命题"我现在如何"表示。

"将然者虽未形"：目的是尚未实现的可能性。"已然者则可见"：手段是可见可感的现实性。"能据其已然，而逆睹其将然"：以所采取的现实手段为论据，推论未来将实现的目标。

清张尔岐《老子说略》说："天道之盈虚，人事之倚伏，皆有自然必至之势。""此其理至微也，而实至明。"肯定自然、社会的必然规律可认知。

《老子》第22、78章又说：

（1）"曲则全"。委曲反能保全。元吴澄《道德真经注》卷2说："曲，一偏也。《易》《礼》《中庸》《庄子》所言'曲'字，皆以偏而不全为曲。曲者，不全也。然能专攻其所偏，致精乎此，旁达乎彼，举一反三，通一毕万，久必会其全也。自初即欲求全，则志大心劳，分而不专，终不能全矣。"

（2）"枉则直"。屈枉反能伸直。吴澄说："枉者，不直也。尺蠖之屈，而枉所以能伸而直。"

（3）"洼则盈"。卑下反能充盈。吴澄说："洼者，不盈也。科坎之陷而洼，所以能受水而盈。"

（4）"敝则新"。敝旧反能新奇。吴澄说："敝者，不新也。秋冬之凋而敝，所以能逢春而新。"

（5）"少则得"。少反有所得。吴澄说："少则易于有得，所以能积累而多。"

（6）"多则惑"。多反而迷惑。吴澄说："贪多则杂而生惑，于一旦无所得，岂能多乎？"

（7）"不自见故明"。不专靠眼睛才看得分明。

（8）"不自是故彰"。不自以为是才是非昭彰。

（9）"不自伐故有功"。不自己夸耀才有功劳。

（10）"不自矜故长"。不自高自大才能率领。

（11）"受国之垢是谓社稷主"。承担全国屈辱才算社稷主导。明焦竑《老子翼》卷2注："汤武之言曰：'万方有罪，在予一人。'此知以国之垢与不祥而受之者也。"

·431·

（12）"受国不祥是为天下王"。承担全国灾殃才算天下王者。清成克巩《道德经注》："夫垢与不祥，世人之所恶也，而谓王者受之，此正言若反之妙也。"

（13）"天下莫柔弱于水，而攻坚强者莫之能胜。"天下没有比水更柔弱的，而攻击坚强的力量，没有能胜过它的。明焦竑《老子翼》卷2注："天下之物，唯水为能因物之曲直、方圆而从之，则是柔弱莫过于水者也，而流大物，转大石，穿突陵谷，浮载天地，唯水为能，则是攻坚强者无以先之也。所以然者，以其虽曲折万变，而终不失其所以为水，是其无以易之也。夫水之为柔弱，而柔弱之胜刚强，天下莫不知，而老子数数称之，何也？以天下虽莫不知，而莫能行也。"

（14）"正言若反"。正言若反见表24。

表24　正言若反

序号	原文	语译	所属范畴	所在篇章
1	曲则全	委曲反能保全	因果	22
2	枉则直	屈枉反能伸直	因果	22
3	洼则盈	卑下反能充盈	因果	22
4	敝则新	敝旧反能新奇	因果	22
5	少则得	少反有所得	因果	22
6	多则惑	多反而迷惑	因果	22
7	不自见故明	不专靠眼睛才看得分明	因果	22
8	不自是故彰	不自以为是才是非昭彰	因果	22
9	不自伐故有功	不自己夸耀才有功劳	因果	22
10	不自矜故长	不自高自大才能率领	因果	22
11	受国之垢是谓社稷主	承担全国屈辱才算社稷主导	因果	78
12	受国不祥是为天下王	承担全国灾殃才算天下王者	因果	78
13	天下莫柔弱于水，而攻坚强者莫之能胜	天下没有比水更柔弱的，而攻击坚强的力量，没有能胜过它的	现象本质	78
14	正言若反	正说像反说	总概括	78

以上第1至12个命题，用"则""故""是谓（是

为）"为联结词，表达因果或条件和结果的关系。这些联结词前面的支命题，表达事物的一种性质、状态、原因或条件，联结词后面的支命题表达前者引起的结果，整个命题表达条件和结果的对立统一。第13个命题"天下莫柔弱于水，而攻坚强者莫之能胜"，用转折联词"而"，其前的支命题表达水的表面现象"柔弱"，但"柔弱"现象背后，蕴藏着"攻击坚强，不可战胜"的本质，是现象和本质的对立统一。

第14个命题"正言若反"，是老子对这一类命题表达方式的总概括，表现了中华先哲巧妙的思维、语言艺术，极有启发价值，受世人关注。"正言若反"一语，《四库全书》用例33次，《四部丛刊》3次。先贤对"正言若反"的阐发：

（1）旧题河上公《老子道德经》"正言若反"句注："此乃正直之言，世人不知，以为反言。"

（2）宋褚伯秀《南华真经义海纂微》卷3："虽语若乖宜（异），而理实精到，所谓正言若反，可与知者道也。"又卷74："此皆与世之名相反，而实相顺，老子云正言若反，此有道者所以异于俗。"

（3）元吴澄《道德真经注》卷3说："《老子》一书，皆是此意，大抵相反而相为用。"又卷4"正言若反"句注："老子以反为道之动"，"故虽正言之，每若反于正。

正而若反，亦如明而若昧，进而若退，直而若屈，巧而若拙之类，盖若昧乃所以为明，若退乃所以为进，若屈乃所以为直，若拙乃所以为巧，若反乃所以为正。"

（4）明焦竑《老子翼》卷2"正言若反"句注："正言合道而反俗。""此盖若反于正言，其实天下之正言也。"

（5）清成克巩《道德经注》："正言若反，似反一世之常言，其实正论。"

（6）清张尔岐《老子说略》："正言若反"句注："斯言也，是合道之正言也，世俗视之，若以为反正之言。"

（7）清徐大椿《道德经注》："正言若反，此言确然不可易，乃正道也。然骤闻之，若反背者。"

（8）清魏源《老子本义》解"正言若反"："此言若反乎俗情，而实含乎正道。"

（9）清高延第《老子证义》解"正言若反"："此语并发明上、下篇玄言之旨。凡篇中所谓'曲则全，枉则直，洼则盈，敝则新'，柔弱胜强坚，不益生则久生，无为则有为，不争莫与争，知不言，言不知，损而益，益而损，言相反而理相成，皆正言（若反）也。"把"正言若反"看作《老子》相反相成之言的概括，颇有见地。

（10）任继愈《老子新译》（1985年版）译"正言若反"为："正面的话恰像是反面的。"冯友兰《中国哲学史新编》（1984年版）解为："这些道理是跟一般人的常识相违反的"，"似乎是反，而却真正是正确的。"《中国哲学史教学资料汇编》（中华书局1962年版）释为："正面的话恰像反面的，真理好像违反常识。"

以上10项资料，说明"正言若反"的含义是"似非而是"，真正言论（"正言"）看来像是"反论"（"若反"）。与此对应的西方术语是英文 paradox，拉丁文 paradoxum，希腊文 paradoxos。即与通常见解对立、违反常识、超脱尘俗、"似非而是"的论点，译为"反论""异论""佯谬""悖论"等，与老子"正言若反"切近。这一术语的另一意义，是"自相矛盾的议论""谬论"。

老子"正言若反"的概括，以概念的辩证理解为前提，是对中华民族认识史的总结。老子作过周朝守藏室史官（相当于国家图书馆馆长），通晓古代文化，后隐居乡村，熟悉民情、民意和民间文化。上述"明道若昧"至"大象无形"等12个命题，《老子》说是"建言有之"。"建言"，奚侗《老子集解》说"当是古载籍名"；任继愈《老子新译》说是古谚语、歌谣。上述"曲则全"至"多则惑"等6个命题，是引证古语。《老子》第22章说："古之所谓'曲则全'者。"

三、庄子正言若反

唐陆德明《经典释文》卷1说，庄子"辞趣华深，正言若反"。庄子运用"正言若反"的表达方式，联结对立概念，构成违反常识的悖论式命题，表达事物的对立统一。

（1）"以众小不胜为大胜。"《庄子·秋水》说，风"蓬蓬然起于北海，而入于南海也"，用手指挡风，风不能折断指，指却能胜过风。用足踏风，风不能折断足，足却能胜过风。然而风却能折断大树，掀翻大屋。这是"以众小不胜为大胜"，表达事物局部和整体的对立统一。从局部说是"小不胜"，从整体说是"大胜"。"以众小不胜为大胜"，是违反常识的悖论式语句。

（2）"君子之交淡如水。"《庄子·山木》说，君子交情出于志同道合，在物质利益上淡薄如水，但却由于淡薄如水，而致于亲密无间。小人交情出于物质利益，由于"利不可常"，竟致决裂断绝。这是交友之道的表达。

（3）"无为而无不为。"《庄子·至乐》论证说，天地在没有人为干预的情况下，按照自然规律创生万物，是无为而无不为。

（4）"至乐无乐，至誉无誉。"你认为"至乐"，换一角度看，是"不乐"；你认为"至誉"，换一角度看，是"无誉"。乐极生悲，物极必反。用不正当手段获取美誉，最不名誉。

（5）"合则离，成则毁，廉则挫，尊则议，有为则亏，贤则谋，不肖则欺。"唐成玄英疏说："合则离之，成者必毁，清廉则被挫伤，尊贵者又遭议疑。""廉则伤物，物不堪化，则反挫也。自尊贱物，物不堪辱，反有议疑也。亏，损也。有为则损也。贤以志高，为人所谋。"清郭嵩焘注说："廉则挫，峣峣者易缺。尊则议，位极者高危。有为则亏，非俊疑杰，固庸（常）态也。"

这些"正言若反"式的表达，包含深刻智慧和哲理。黑格尔也举过一些和庄子的命题接近的例子。黑格尔说："如果事物或行动到了极端总要转化到它的反面。这种辩证法在流行的谚语里，也得到多方面的承认。譬如在 Summum jus Summa injuria（至公正即至不公正）这一谚语里，意思是说抽象的公正如果坚持到它的极端，就会转化为不公正。同样，在政治生活里，人人都熟知，极端的无政府主义与极端的专制主义是可以相互转化的。在道德意识内，特别在个人修养方面，对于这种辩证法的认识表现在许多著名的谚语里：如'太骄则折'、'太锐则缺'等等。即在感情方面、生理方面以及心灵方面也有它们的辩证法。最熟知的例子，如极端的痛苦与极端的快乐，可以互相过渡。心情充满快乐，会喜得流出泪来。最深刻的忧愁常借一种苦笑以显示出来。"[1]

· 437 ·

---

① 黑格尔：《小逻辑》，贺麟译，商务印书馆 1980 年版，第 180 页。

第五章　思维方法

四、儒者正言若反

《论语·泰伯》说："有若无，实若虚。"唐吴兢《贞观政要》卷6说，贞观三年（629年），唐太宗李世民问经学家孔颖达，《论语·泰伯》"有若无，实若虚"是什么意思？孔颖达回答："圣人设教，欲人谦光，己虽有能，不自矜大，仍就不能之人求访能事。己之才艺虽多，犹病以为少，仍就寡少之人更求所益。己之虽有，其状若无；己之虽实，其容若虚。"这是儒者的"正言若反"。

《荀子·天论》说："故大巧在所不为，大智在所不虑。"唐杨倞注："大巧在所不为，如天地之成万物，若偏有所为，则其巧小矣。大智在所不虑，如圣人无为而治也。若偏有所虑，则其智窄矣。"《荀子·荣辱》说："斩而齐，枉而顺，不同而一：夫是之谓人伦。"不齐而齐，不顺而顺，不同而同，这叫作人事伦理。

诸葛亮的激将法也是一种正言若反。《三国演义》第65回说，张飞听到马超攻关，大叫去战马超，诸葛亮假装没听见，故意对刘备说："马超侵犯关隘，无人可敌，除非去荆州请关云长，方可与敌。"张飞说："你为什么如此小看我，我曾独拒曹操百万兵，岂愁马超一匹夫。我只今便去，如胜不得马超，甘当军令。"诸葛亮这才表示同意派他去。本想派，故意说不派，用不派的言词激励，以达到真派的目的。[①]

五、毛泽东正言若反

毛泽东喜用"正言若反"式的表达。《论十大关系》讲话说："你对发展重工业究竟是真想还是假想,想得厉害一点,还是差一点?你如果是假想,或者想得差一点,那就打击农业、轻工业,对它们少投点资。你如果是真想,或者想得厉害,那你就要注重农业、轻工业,使粮食和轻工业原料更多些,积累更多些,投到重工业方面的资金将来也会更多些。""这也是一个对于发展内地工业是真想还是假想的问题。如果是真想,不是假想,就必须更多地利用和发展沿海工业,特别是轻工业。"

这种"欲正先反""反为了正""以反为正""正言若反"的思维表达方式,为先哲喜用常用,为国人喜闻乐见。其表达形式像是谬误,思索内容确为真理。这是故意使用似乎谬误的形式来包装科学真理。其语言效果妙趣横生,令人惊异;其哲学意味精警隽永,发人深省,引人深思。这是中华先哲思维表达技艺的极致,对后世具有启迪和借鉴意义,影响深远。

[①] 《三国演义》第65回,作家出版社1953年版,第536页。